LITERATURSTUDIUM

Novalis

LITERATURSTUDIUM

Herbert Uerlings

Novalis
(Friedrich von Hardenberg)

Philipp Reclam jun.
Stuttgart

Mit 14 Abbildungen

Die Deutsche Bibliothek – CIP-Einheitsaufnahme

Uerlings, Herbert:
Novalis (Friedrich von Hardenberg) / Herbert Uerlings. –
Stuttgart : Reclam, 1998
(Universal-Bibliothek ; Nr. 17612 : Literaturstudium)
ISBN 3-15-017612-3

Universal-Bibliothek Nr. 17612

Gesamtherstellung: Reclam, Ditzingen. Printed in Germany 1998

ISBN 3-15-017612-3

Inhalt

Novalis

Georg Friedrich Philipp Freiherr von Hardenberg (Novalis)
Ölgemälde von Franz Gareis

I
Leben und Schreiben

1. Herkunft

Georg Philipp Friedrich von Hardenberg, der sich später Novalis nennen sollte, wurde am 2. Mai 1772 in Schloß Oberwiederstedt im damaligen Kursachsen geboren. Die Hardenbergs konnten ihre Abstammung bis ins 12. Jahrhundert zurückverfolgen und waren damit eines der ältesten niederdeutschen Adelsgeschlechter; ihr Stammschloß Nörten-Hardenberg liegt in der Nähe Göttingens. Aus dieser niedersächsisch-gräflichen Linie ging der große preußische Staatskanzler Karl August von Hardenberg (1750–1822) hervor, einer der Beförderer der Stein-Hardenbergschen Reformen, mit denen das krisengeschüttelte Preußen am Anfang des 19. Jahrhunderts den Anschluß an die beginnende Moderne suchte und fand. Freilich war der Staatskanzler auch der Hauptgegner Heinrich von Kleists (1777–1811) im Kampf um dessen *Berliner Abendblätter* im Jahre 1811 und hat zur Selbsttötung des modernsten preußischen Dichters, der selbst eine Novalis-Ausgabe plante, im Herbst desselben Jahres sein Scherflein beigetragen.

Sein Verwandter Novalis gehörte zur obersächsisch-freiherrlichen Linie des Geschlechts: kleiner, im Mansfeldischen ansässiger mitteldeutscher Landadel. Die Geburtsstätte, Schloß Oberwiederstedt, wurde durch den mutigen Einsatz einiger Dorfbewohner 1989 vor dem Abriß bewahrt und ist heute Sitz einer Forschungsstätte für Frühromantik, des Novalis-Museums und der Internationalen Novalis-Gesellschaft. Auch die Lindenallee, die der Vater Heinrich Ulrich Erasmus Freiherr von Hardenberg (1738–

von Hardenbergisches Gut Ober-Wiederstedt.

1814) im Jahr der Geburt seines ersten Sohnes dort anpflanzen ließ, gibt es noch.

Auf Schloß Oberwiederstedt hat Novalis Kindheit und Jugend verbracht. Von hier aus unternahm er ausgedehnte Harzreisen und kehrte auch später immer wieder hierher zurück. Mitteldeutschland, begrenzt durch Harz, Thüringer Wald, Erzgebirge und Elbe, das war die Landschaft, in der Novalis gelebt hat.

Die Atmosphäre, die das Kind Novalis im Schloß, das besser ein Gut genannt würde, umgab, hat Sophia von Hardenberg (1821–1898), eine Nichte des Dichters, einzufangen versucht:

> Wie schön spielte es sich in dem dämmerigen großen Hausflur, in den langen Gängen, auf der steinernen Wendeltreppe mit den kleinen runden Fensterscheiben, durch welche das Licht so seltsam gebrochen hereinfiel, und welche vom Thurm herab durch die kleine verborgene Thür in den engen Hof geleitete, wo eine Menge alter hochstämmiger Fliederbäume im Frühling so köstlich blühten [...]. Führwahr, es war eine fröhliche Kinderzeit, ein glückliches Leben. (B5: 1873, 13 f.)

Novalis wird es zu Zeiten so erlebt haben, aber insgesamt gesehen hatte er keine glückliche Kindheit. Der Vater, Heinrich Ulrich Erasmus von Hardenberg, war ein harter, strenger Charakter. Er hatte die Kinderlosigkeit seiner ersten Ehe und den Tod der Frau als Strafe Gottes für einen sündigen Lebenswandel gedeutet und war, Buße und Besserung gelobend, der Herrnhuter Brüdergemeine beigetreten. Seine Überzeugung von der Sündhaftigkeit jedes Menschen und

---

Schloß Oberwiederstedt

Zeichnung, 18. Jahrhundert

Heinrich Ulrich Erasmus Freiherr von Hardenberg

Ausschnitt einer Kopie eines Gemäldes von Anton Graff. Aquarell

der Notwendigkeit ihrer harten Bekämpfung prägte die Atmosphäre in der Familie, sogar gesellige Kontakte von Frau und Kindern unterband der Vater. Novalis' Bruder Erasmus (1774–1797) sprach später vom »[b]linde[n] Religionseifer« des Vaters und seiner »wütende[n] Feindschaft gegen alles, was Neuerung heißt« (IV,371). Es dürften der Eifer und die Härte eines innerlich unsicheren und gebrochenen Mannes gewesen sein, der sich in einer schweren Krise ein Korsett angelegt hatte, aus dem er dann nicht mehr herauskam. Frau und Kinder hatten es schwer mit ihm.

Die Mutter der Kinder, des Vaters zweite Frau, war die 12 Jahre jüngere Bernhardine Auguste von Bölzig (1749–1818), eine arme Verwandte. Sie hatte dem scheinbar nichts entgegenzusetzen und keine andere Wahl, als sich zu fügen. Innerhalb von 25 Jahren gebar sie 11 Kinder, beim letzten war sie über 45 Jahre alt. Von diesen Kindern hat nur ein einziges, der Sohn Anton (1781–1825), die Mutter überlebt. Krankheit und Tod waren in dieser Familie nichts Unbekanntes.

Dennoch bildete die Mutter einen Gegenpol zum Vater. Die von Hardenbergs lebten ohne große gesellschaftliche Verpflichtungen und Repräsentation, sie waren eher einer bürgerlichen Kernfamilie vergleichbar, und dazu gehört auch, daß sich eine besondere emotionale Intimität zwischen Mutter und Kindern ausgeprägt hat. Das galt vor allem für die Beziehung zwischen der Mutter und Novalis. Friedrich war zunächst ein schwächliches, zartes Kind, dessen geistige Entwicklung zu wünschen übrig ließ. Der Vater verlor schnell das Interesse an dem Erstgeborenen, und dieser wurde das Lieblingskind der Mutter, die die Zeitgenossen als kluge, feingeistige und verständnisvolle Frau beschreiben. Die für das spätere Werk so charakteristische Überschneidung von Mutter und Geliebter hat hier ihre biographische Wurzel.

Mit 9 Jahren erkrankte Friedrich an der Ruhr. Es war eine Krankheit auf Leben und Tod, die ihn monatelang ans Bett fesselte und schmerzhaften Behandlungen aussetzte. Doch nach der Genesung entwickelte er sich körperlich und geistig sehr schnell zu einem lebhaften und aufgeweckten Jungen. Drei Jahre nach seiner Rekonvaleszenz blieb bei der Mutter nach der Geburt des 3. Kindes eine »Hypochondrie«, wie man damals sagte, ein Wechsel zwischen Schwermut und Erregungszuständen, zurück. Dieses fortwährende Kränkeln war zeitweise so stark, daß eine der Töchter, Caroline (1771–1801), den großen Haushalt im Schloß führen mußte.

Waren solche Krankheiten Zufall? Oder waren es auch Fluchten, Flucht vor der Überforderung durch den Vater bei Friedrich, der den Erwartungen nicht entsprach, und durch den Ehemann mit seinen Demütigungen bei der Mutter? Wobei das Kind sich durch eine besonders enge Bindung an die Mutter besser retten konnte als diese? Krankheit dürfte Novalis hier jedenfalls nicht nur als lebensgefährliche Bedrohung, sondern auch als Schonzeit erlebt haben und als Bereich besonderer Zuwendung.

Denn neben der engen Mutter-Kind-Beziehung fällt der Zusammenhang von Liebe und Krankheit auf. Nicht nur so, daß fehlende Liebe krank macht und daß Krankheit entlastet und kompensiert, sondern auch in der Weise, daß Liebe als Reaktion auf die Bedürftigkeit des anderen verstanden wird. Die Verbindung von Liebe und Mitleid ist ebenfalls für das spätere Leben von Novalis und sein Werk charakteristisch geblieben. (Das mag eine ödipale Komponente haben: Weil der Vater als Liebender versagt, tritt der Sohn an seine Stelle; das Defizit der Mutter wird zur Möglichkeit und vielleicht auch zur Verpflichtung, die Lücke zu füllen, die der Vater hinterläßt, der zu wenig liebt. Jedenfalls wird so die Intensität verstärkt. Vielleicht verweist diese Konstellation außerdem auf das für Novalis' Werk so charakteristische Motiv vom Kind als Heilsbringer, mit dem er freilich auch christliche Symbolik variiert.)

Man sollte jedoch einen dritten Aspekt dieser Mutter-

Sohn-Beziehung nicht übersehen. Im Sommer 1791 schreibt der 19jährige Novalis aus Jena an seine Mutter:

> Ich weiß, daß Du es so gern siehst, wenn ich an Dich schreibe, ob ich Dich gleich versichre, daß auch gewiß sonst die Errinnerung an Dich mir die glücklichsten meiner Stunden macht, wenn meine Fantasie schwelgt und Dein Bild lebendig mir vorschwebt. Wenn alle die schönen Szenen der Vorzeit und Zukunft, die ich mit Dir erlebte und erleben werde vor mir stehn und jeder Zug in ihnen beseelt ist: Wenn gar der blaue Schleyer der Zukunft sich hebt und ich Dich als Schöpferinn aller jener kühnen Entwürfe sehe, die eine allzukühne Zuversicht in meine Kräfte wagte. Denn wem dankten alle Männer beynah, die etwas großes für die Menschheit wagten, Ihre Kräfte; Keinem als ihren Müttern. Du trugst beynah alles zur Entwicklung meiner Kräfte bey, und alles, was ich einst gutes wage und thue, ist Dein Werk und der schönste Dank, den ich Dir bringen kann. (IV,86 f.)

Ein bemerkenswerter Liebes- und Dankesbrief an die Mutter, sehr offen und herzlich, gelegentlich etwas überschwenglich, aber insgesamt sehr verbindlich, sehr dicht an dem Gefühl bleibend, das ausgedrückt werden soll, und deshalb für die Mutter sicher bewegend.

Bemerkenswert ist zugleich die Ablösung von der Mutter auf der Schwelle zum eigenständigen Leben. Noch liegt kein Werk vor, auf das der Sohn verweisen könnte. Rückblick und Vorblick halten sich die Waage. Hier spricht einer, der zu neuen Ufern aufbrechen will und noch gar nicht weiß, welche das sein werden, der aber genügend Kräfte verspürt, sich auf diese Reise zu begeben. Für diese Kräfte bedankt er sich, es sind keine geliehenen, sondern solche, die er sich zu eigen gemacht hat, eben »meine Kräfte«. Der Brief dokumentiert eine Ablösung vom Elternhaus, die ein Abschied ist und keine schroffe Trennung.

Bernhardine Auguste Freifrau von Hardenberg

Miniaturmalerei, um 1790

Die Übergangsstellung, die hier zum Ausdruck kommt, wird entworfen als endloses Ineinanderschlingen von Rückblick und Vorblick, von, wie Novalis bereits mit seinen späteren, romantischen Worten schreibt, der »Vorzeit« und einer »Zukunft«, über der noch der »blaue Schleyer« liegt. Diese Gedankenfigur ist ein Kennzeichen der Frühromantiker; das mathematische Zeichen für die Unendlichkeit, die liegende Acht, ist ihr kürzester und anschaulichster Ausdruck. Das hängt zusammen mit der besonderen Sensibilität der Frühromantiker, Novalis' vor allem, für Übergangszeiten oder für Übergänge überhaupt, seien es nun lebensgeschichtliche Phasen wie die Pubertät, der Eintritt ins Erwachsenenalter oder Krankheitszeiten, seien es Epochen wie das Mittelalter als Übergang zwischen Antike und Moderne oder die Gegenwart um 1800 als Zeit eines Epochenumbruchs, seien es mathematische Verfahren wie die Integral- und Differentialrechnung, oder sei es ein Interesse an der Logik der wissenschaftlichen Disziplinen und ihrer interdisziplinären, enzyklopädischen Zusammenführung. Auch Novalis' Sensibilität für die Atmosphäre zwischen Menschen und sein Bedürfnis, mit kongenialen Freunden wie Schlegel zu »symphilosophieren«, stehen damit in Verbindung.

Die Taten, die Novalis sich hier zu wagen vornimmt, sollen Großes für die Menschheit bedeuten. Auch das ist und bleibt charakteristisch: Die dichterischen Werke des Romantikers sollen nicht nur privater Selbstausdruck sein, sondern sie bleiben dem der Aufklärung entstammenden Anspruch einer Beförderung der Humanität verpflichtet.

Freilich gibt es für das Schreiben viele Motive und Anlässe. Einiges davon reicht zurück in die frühe Kindheit und die Beziehung zur Mutter. Sie hatte selbst einiges poetisches Talent und widmete auch ihrem Lieblingskind Verse; es ist sogar ein Gedicht überliefert, in dem sie sich für Friedrich eine Zukunft als Dichter erträumt. Außerdem schrieb sie in Friedrichs Namen um Liebe werbende Gedichte an den Vater. Solches Dichten als Bestandteil intimer Kommunikation in der Kleinfamilie wird in der neueren Forschung als psychobiographischer Ursprung der romantischen Literatur gedeutet. Bei Novalis ist das gut zu greifen, und er hat es mit der ihm eigenen Sensibilität für seelische Prozesse in Klingsohrs Märchen im *Ofterdingen* und anderen Werken auch dargestellt. Offen ist, wie diese Beziehung zwischen Mutterliebe und Schreiben verstanden werden muß. Eine unvoreingenommene Betrachtung dürfte, in Leben und Werk, weniger Pathologisches finden als eine geglückte Ablösung.

Das wäre, in psychobiographischer Hinsicht, nicht verständlich, wenn sich das Verhältnis zum Vater nicht geändert hätte. Mit der rapiden körperlichen und geistigen Entwicklung des Sohnes nach der langen Ruhr-Erkrankung wuchs das Interesse des Vaters an ihm wieder. Er nahm ihn nun gelegentlich auf seinen Reisen mit, und es ist wohl kein Zufall, daß für Novalis später neben der Dichtung, die so deutlich mit der Mutter verbunden ist, der Beruf genauso wichtig wurde, in dem er dem Vater folgte, der Berghauptmann, also Bergfachmann, in der Grafschaft Mansfeld war.

Die Ablösung vom Vater war weitaus schwieriger als die von der Mutter; die Briefe legen davon ein Zeugnis ab. In beiden Fällen hat geholfen, daß Novalis sich viel Zeit genommen und immer wieder Menschen gefunden hat, die für ihn offenbar Elternanteile verkörperten.

Der erste und für die Jugend bedeutendste von ihnen war ein Onkel, Friedrich Wilhelm von Hardenberg (1728–1800), ein älterer Bruder des Vaters. Er residierte als Landkomtur des Deutschritter-Ordens auf Schloß Lucklum zwischen Helmstedt und Wolfenbüttel und ermöglichte Novalis den Zugang zu einer anderen Welt, in der mehr Lebenslust, weniger Strenge, mehr Weltoffenheit und Lässigkeit als Beschränktheit und Askese herrschte. Novalis war schon 1782, also mit 10 Jahren, und dann wieder 1786/87 für längere Zeit auf Lucklum; er hat die Atmosphäre sehr genossen, und der Onkel Friedrich Wilhelm blieb für ihn eine bestimmende, wenngleich nicht unkritisch gesehene Gestalt.[1]

Es gab in Novalis' späterem Leben noch weitere ältere Männer, die positive Aspekte einer Vaterfigur verkörperten, vor allem einige Lehrer und Mentoren, Friedrich Schiller (1759–1805) z. B., bei dem er in Jena studierte, oder Abraham Gottlob Werner (1749–1817), sein Lehrer an der Freiberger Bergakademie. Die Figur des Mentors oder Lehrers ist für Novalis' literarisches Werk mindestens so charakteristisch wie die der Mutter oder der mütterlichen Geliebten; zusammen mit der Gestalt des Kindes ergeben sie die familiale Konstellation vieler seiner Dichtungen.

2. Studium

Das Gut Oberwiederstedt konnte die wachsende Familie bald nicht mehr standesgemäß ernähren. Deshalb übernahm der Vater 1784 den Posten eines Direktors der kursächsischen Salinen Artern, Kösen und Dürrenberg, Salzgewinnungsbetriebe, in denen auch Novalis später gearbeitet hat und deren Anlagen zum Teil bis heute erhalten sind. 1785 siedelte die Familie nach Weißenfels über, in die Nähe der neuen beruflichen Wirkungsstätte.

Weißenfels wurde zum Zentrum von Hardenbergs neuem Lebenskreis und blieb es, trotz gelegentlicher Ortswechsel, bis zu seinem Tode. Die Kleinstadt mit 3800 Einwohnern lag nicht allzu weit entfernt von bedeutenden

1 Vgl. Novalis' Brief an Julius Wilhelm von Oppel von Ende Januar 1800 (IV,308 f.).

Kristallisationspunkten geistigen Lebens wie Leipzig, Jena und Weimar.

Novalis erhielt die gängige Ausbildung seines Standes, d. h. zunächst durch einen Hauslehrer und in der Lateinschule, dann, 1790, mit 18 Jahren, für ein Vierteljahr durch den Besuch des Luthergymnasiums in Eisleben. Er war ein guter, aufgeweckter Schüler, der schon im Alter von 12 Jahren bemerkenswerte Kenntnisse im Lateinischen und Griechischen hatte. Aber seine eigentliche Neigung galt den ›schönen Wissenschaften‹, d. h. der Jurisprudenz, der Geschichtsschreibung und der Philosophie, vor allem aber der Dichtung. Der Jugendnachlaß aus den Jahren 1788–90 und ein Bücherverzeichnis aus der Zeit dokumentieren eine enorme Belesenheit. Außerdem hat er selbst gedichtet: Der Jugendnachlaß umfaßt rund 480 beschriebene Manuskriptseiten mit Gedichten, Verserzählungen, Dramenentwürfen etc. Die mehr als 300 Gedichte aus diesen beiden Jahren sind wesentlich mehr, als er später gedichtet hat.

Literarisch interessant sind diese Fingerübungen meist nicht, Originalität geht ihnen fast völlig ab. Aber sie dokumentieren die Fähigkeit und die Freude, sich in ganz unterschiedlichen, von fremden Autoren übernommenen Stillagen auszusprechen. Auch das ist zeit seines Lebens ein Kennzeichen Hardenbergs geblieben: die Fähigkeit, sich Dinge leicht und schnell anzueignen, die ihm fremd waren, die Neugier darauf und das Vergnügen daran.

Im Oktober 1790 wurde Novalis als Jurastudent in Jena immatrikuliert, an einer der damals führenden Hochschulen. Er studierte bei Karl Leonhard Reinhold (1758–1823) Kantische Philosophie und hörte bei Schiller Vorlesungen zur europäischen Staatengeschichte und zu den Kreuzzügen; Schiller bewunderte er natürlich auch als Dichter des *Don Karlos* (1787) und von Gedichten wie *Die Götter Griechenlandes* (1788), dem er später, in der 5. *Hymne an die Nacht*, seinen eigenen, romantischen Entwurf entgegenstellen sollte. Beiden Lehrern hat er später dankbar-begeisterte Briefe geschrieben.

Die tiefere Bindung entstand zu Schiller, nicht zuletzt, weil dieser im Januar 1791 schwer erkrankte und von einigen Studenten betreut wurde, zu denen auch Novalis gehörte. In Schiller, der diese Leidenszeit mit bewundernswerter Geduld durchstand, glaubte Novalis die Festigkeit und Bestimmtheit verkörpert zu finden, nach der er selbst noch suchte. Von dieser Suche legen die Briefe aus jener Zeit und den folgenden Jahren ein beredtes Zeugnis ab. Immer wieder findet sich der Wunsch, »die fieberhafte Unruhe [zu] stillen, die jezt meine ganze Seele bewegt« (IV,104); Selbstermahnungen und die Aufforderung, sich zu »ermannen«, sind geradezu leitmotivisch. 1793 will er, nach einer ebenso heftigen wie prekären Liebesgeschichte, gar Soldat werden, um sich zu disziplinieren. Die Erfahrung, daß das Militär dafür eine denkbar ungeeignete Institution ist, blieb ihm erspart, denn die Familie konnte keinen Offizier finanzieren.

Mit einem ernsthaften Jurastudium hatte die Jenaer Zeit wenig zu tun. Der Vater bat daher Schiller, dem Sohn ins Gewissen zu reden, was auch geschah und Wirkung zu zeitigen schien. Voller guter Vorsätze verließ der junge Student im Oktober 1791 Jena und wechselte nach Leipzig.

Novalis' Entwicklung stand freilich unter einem anderen Stern. Er war in diesen Jahren in stärkster innerer Bewegung, und bei aller geistiger Beweglichkeit hat er sich doch für die wichtigen Dinge viel Zeit genommen und von dieser ›Entdeckung der Langsamkeit‹ sehr profitiert. Der größte Gewinn der Leipziger Zeit war denn auch nicht der Fortschritt der Studien, sondern die Freundschaft mit dem Kommilitonen Friedrich Schlegel (1772–1829). Damit hatten sich zwei emotional und intellektuell verwandte und doch charakterlich verschiedene Männer getroffen, die einander bis zu Novalis' Tod eng verbunden blieben und deren »Symphilosophieren« sie zu den beiden führenden Köpfen der Frühromantik werden ließ.

Solche produktiven Männerbünde sind charakteristisch für Novalis, der sich später noch mit Ludwig Tieck (1773–1853) verband, aber auch für die klassisch-romantische Zeit insgesamt: die Brüder Schlegel, Tieck und Wackenroder, Arnim und Brentano und Goethes Bund mit Schiller sind weitere berühmte Beispiele. Schlegel und Tieck veranstalteten nach Novalis' Tod die erste Ausgabe der *Schriften* (1802) von Novalis.[2]

Friedrich Schlegel hat im Jahr des Kennenlernens, 1792, in Briefen an seinen Bruder August Wilhelm (1767–1845) ein vielschichtiges Porträt des Freundes entworfen, das die geistige und sensitive Beweglichkeit von Novalis anschaulich erfaßt; Schlegel ist von dieser Persönlichkeit angezogen, dünkt sich aber auch noch überlegen und hält den Gleichaltrigen für jünger:

> Das Schicksal hat einen jungen Mann in meine Hand gegeben, aus dem Alles werden kann. – Er gefiel mir sehr wohl und ich kam ihm entgegen; da er mir denn bald das Heiligthum seines Herzens weit öffnete. Darin habe ich nun meinen Sitz aufgeschlagen und forsche. – Ein noch sehr junger Mensch – von schlanker guter Bildung, sehr feinem Gesicht mit schwarzen Augen, von herrlichen Ausdruck wenn er mit Feuer von etwas schönem redet – unbeschreiblich viel Feuer – er redet dreymal mehr und dreymal schneller wie wir andre – die schnellste Fassungskraft und Empfänglichkeit. Das Studium der Philosophie hat ihm üppige Leichtigkeit gegeben, schöne philosophische Gedanken zu bilden – er geht nicht auf das wahre, sondern auf das schöne – seine Lieblingsschriftsteller sind Plato und Hemsterhuys – mit wildem Feuer trug er mir einen der ersten Abende seine Meinung vor – es sey gar nichts böses in der Welt – und alles nahe sich wieder

2 Zu dieser bei allen Verdiensten problematischen, für das Novalis-Bild späterer Generationen aber sehr folgenreichen Edition vgl. Uerlings, B 5: 1997.

dem goldenen Zeitalter. Nie sah ich so die Heiterkeit der Jugend. Seine Empfindung hat eine gewisse Keuschheit die ihren Grund in der Seele hat nicht in Unerfahrenheit. Denn er ist schon sehr viel in Gesellschaft gewesen (er wird gleich mit jedermann bekannt) ein Jahr in Jena, wo er die schönen Geister und Philosophen wohl gekannt besonders Schiller. Doch ist er auch in Jena ganz Student gewesen, und hat sich wie ich höre oft geschlagen. – Er ist sehr fröhlich, sehr weich und nimmt für itzt noch jede Form an, die ihm aufgedrückt wird. [...] Hardenberg ist rasch bis zur Wildheit, immer voll thätiger unruhiger Freude.

(IV,571 ff.)

Wie Schlegel bald bemerkt haben dürfte, beschreibt er hier einen Zug von Novalis, der weniger mit seiner Jugend zusammenhing, als vielmehr ein Grundzug seiner Persönlichkeit war: die Spannung zwischen der Agilität seines Geistes und ganzen Wesens und dem Bedürfnis, sich eine Bestimmung zu geben. Daraus wurde immer wieder eine quälende Unruhe, es entstand aber auch und vor allem eine produktive Spannung, die aus Novalis den Romantiker werden ließ, dessen Leidenschaft die Grenzüberschreitung ist, die ewige Agilität des Chaos und der utopische Gedankenflug. Romantisch ist daran nicht der Verzicht auf jede Grenze, sondern die Fähigkeit, sich eine Bestimmung zu geben und sie dann wieder zu überschreiten, in der Sprache der romantischen Ironie: der unaufhörliche Wechsel von Bestimmung und Bestimmungslosigkeit.

Etwas davon in die eigene Lebenspraxis umzusetzen, war schwer, aber es gelang: Novalis wechselte zum zweiten Mal die Universität und ging, wieder mit guten Vorsätzen, 1793 nach Wittenberg. Wieder wird ein wenig geflirtet, und der Kontakt zu Schlegel hält sich brieflich. Vor allem aber legte Novalis 1794 endlich das juristische Staatsexamen ab, und zwar, wie er Schlegel stolz mitteilte, mit »der ersten Censur« (IV,140). Das Prädikatsexamen belegt einmal mehr seine große Auffassungsgabe, aber auch seine Fähigkeit zur Selbstbestimmung. Mindestens so sehr wie die fachliche Qualifikation zählte, und das ließ das Studiumsende zur echten Übergangszeit werden, der Gewinn an Selbstbewußtsein und innerer Freiheit, den das Examen bedeutete: »Jetzt hat mein ganzer Charakter einen politisch philosophischen Schwung erhalten« (ebd.). Das Beiwort »politisch-philosophisch« ist bezeichnend: die Selbstsuche und Selbstfindung vollzieht sich nicht im nur privaten Raum, sondern Novalis orientiert sich an dem Gedanken einer allgemeinen, über ihn selbst hinausreichenden Verpflichtung und Verantwortung. Das wird im Brief an Schlegel vom 1. August 1794 in Ansätzen konkretisiert:

> Ich habe nur *einen Zweck* – der ist überall erreichbar, wo ich thätig sein kann – doch hab ich mir nicht, wie ein Spießbürger, allzu enge Gränzen gemacht – [...]. Mich interessiert jetzt zehnfach jeder übergewöhnliche Mensch – denn eh die Zeit der Gleichheit kommt, brauchen wir noch übernatürliche Kräfte [...]. Es sind die Tage des Brautstandes – noch frei und ungebunden und doch schon bestimmt aus freier Wahl – Ich sehne mich ungeduldig nach Brautnacht, Ehe und Nachkommenschaft. Wollte der Himmel, meine Brautnacht wäre für Despotismus und Gefängnisse eine Bartholomäinacht, dann wollt ich glückliche Ehestandstage feiern. Das Herz drückt mich – daß nicht jetzt schon die Ketten fallen wie die Mauern von Jericho. [...] Aber immer ein Zirkel - zum Freidenken gehört Freiheit, zur Freiheit Freidenken – zum Zerhauen ist der Knoten – Langsames Nisteln hilft nichts. (IV,140 f.)

Ein Bedürfnis nach Tätigsein also und eine Orientierung an einem Ideal, das auf die Französische Revolution verweist: »die Zeit der Gleichheit«. Daher auch die Vorstellung, in einem »Brautstand« zu leben, einem »politisch-philosophischen« Brautstand, in dem eine utopische Zukunft bereits greifbar zu sein scheint. Aber es heißt eben auch: »eh die Zeit der Gleichheit kommt, brauchen wir noch übernatürliche Kräfte«. Die Französische Revolution hat also ihr Ziel nicht oder nicht ganz erreicht, sie kann daher nicht der letzte Bezugspunkt für Novalis sein.

Eine solche emphatische Anknüpfung an das politisch-historische Ereignis der Französischen Revolution bei gleichzeitigem philosophisch grundierten Überbietungswunsch findet sich noch ein zweites Mal im Brief an Schlegel: »Heutzutage muß man mit dem Titel Traum doch nicht zu verschwenderisch sein – Es realisieren sich Dinge, die vor zehn Jahren noch ins philosophische Narrenhaus verwiesen wurden« (IV,140).

Die Französische Revolution wurde für die Frühromantiker in ganz anderer Weise als für die ältere Generation um die Weimarer Klassiker zum Bezugspunkt der Selbstverständigung. Die Generation der in den 1770er Jahren Geborenen – Hölderlin, Friedrich Schlegel, Novalis, Tieck, Wackenroder, Kleist, Brentano und die ihnen zeitlich nahestehenden August Wilhelm Schlegel und Achim von Arnim – hat das Ancien régime kaum noch »als eine bei allen inneren Spannungen doch stabile Ordnung kennengelernt. Für sie ist [vielmehr] die Krise des politischen und gesellschaftlichen Systems bereits ›normal‹, Ausgangspunkt der persönlichen Lebensgestaltung wie der Reflexion« (Ribbat, B4: 1978, 96). So ist die innere Unruhe bei Novalis nicht nur ein privates, zufälliges Einzelschicksal. Unruhe, begeisterte oder quälende weitreichende Suchbewegungen ohne wirklichen Abschluß sind generationsspezifisch und verweisen darauf, daß der Epochenumbruch am Beginn der historischen Moderne die private Biographie mitbestimmt.

Wenn es aber in dieser Weise um tiefliegende strukturgeschichtliche Zusammenhänge geht, dann ist auch verständlich, daß ein politisch-geschichtliches Ereignis wie die Französische Revolution in erster Linie als Ausdruck der Krise

– durchaus im Novalisschen, der Medizin entlehnten Sinne einer Übergangszeit – verstanden wurde und nicht schon als ihr Ende. Ein Übriges tat die Entwicklung nach 1789 mit dem revolutionären Terror, den endlosen Parteikämpfen und den Kriegen.

So standen zwar »die Anfänge der romantischen Bewegung im Zeichen der Französischen Revolution und im Zeichen der Zustimmung zu ihr« (Ribbat, B 4: 1978, 96). Das muß aber sofort ergänzt werden. Zum ersten war die Zustimmung zur Revolution nicht bedingungslos, sondern an ihr wurde auch Kritik geübt. Zum zweiten verweisen der »geistige Brautstand« und der »politisch philosophische Schwung« auf eine umfassendere kulturpolitische Orientierung, eine Suche auf allen Gebieten, nicht nur auf dem Feld der Politik. Neben die Französische Revolution treten, gleichberechtigt, weitere »Tendenzen«. Schlegel hat diese frühromantische Ansicht im 216. Athenaeumsfragment auf den Punkt gebracht: »Die Französische Revolution, Fichtes Wissenschaftslehre, und Goethes Meister sind die größten Tendenzen des Zeitalters«. Und er fährt fort: »Wer an dieser Zusammenstellung Anstoß nimmt, wem keine Revolution wichtig scheinen kann, die nicht laut und materiell ist, der hat sich noch nicht auf den hohen weiten Standpunkt der Geschichte der Menschheit erhoben.«[3]

Diese drei Tendenzen gehörten auch für Novalis zu den wichtigsten der Zeit, aber es waren, wie Schlegel ursprünglich hinzugefügt hatte, »doch nur Tendenzen«[4]. An sie war anzuknüpfen, wenn man den Herausforderungen des Epochenumbruchs begegnen wollte. Worum es dabei im einzelnen ging, wird bei den Werkinterpretationen zu zeigen sein. Was aber den frühromantischen Neuansatz insgesamt ausmacht, läßt sich vorweg resümieren: die Überzeugung,

3 *Kritische Friedrich-Schlegel-Ausgabe*, hrsg. von Ernst Behler unter Mitw. von Jean-Jacques Anstett und Hans Eichner, Abt. 1, Bd. 2, München/Paderborn/Wien 1967, S. 198.

4 Ebd.

durch eine umfassende kulturpolitische Neuorientierung zur Überwindung der seit der Französischen Revolution manifest gewordenen Krise der Gesellschaftsordnung wie der individuellen Lebenspraxis zu gelangen. Es ging also um mehr als Dichtung. Die Krise sollte durch eine »romantische« Erneuerung der Literatur, der Künste und Wissenschaften, die auf alle Bereiche der Gesellschaft wirken sollte, behoben werden. Deshalb haben die Texte von Novalis – nicht nur seine Dichtungen – eine utopische Struktur. Es sind Utopien im Sinne von Gegenbildern zu bestehenden Ordnungen, die auf die gesellschaftliche Praxis wirken wollen. Das spezifisch Frühromantische besteht, im Unterschied zur älteren Tradition der literarischen Utopie und zu den Fortschrittsutopien des 19. Jahrhunderts, u. a. darin, daß es keinen ausgemalten Zielzustand mehr gibt, daß dagegen an der Unabschließbarkeit der Überbietung jeder einmal erreichten Ordnung festgehalten wird (vgl. Mähl, B 5: 1985). So bleibt die frühromantische Utopie vor jener Ernüchterung bewahrt, die noch jede Verwirklichung einer Utopie begleitet hat, und bewahrt sich ihren utopischen Überschuß gegenüber jeder Praxis. Der Preis dafür, wenn man es denn so nennen will, ist die Lockerung der Bezüge zu der Welt, die verändert werden soll. Oft ist schwer auszumachen, inwieweit die Autonomie des Ästhetischen einen Bereich sui generis konstituieren oder gerade vermittels ihrer Distanz Bezüge zum Nicht-Ästhetischen ermöglichen soll.

3. Nüchternheit und »höherer Standpunkt«

Anfang November 1794, ein halbes Jahr nach dem Examen und nachdem sich Versuche, über den preußischen Staatskanzler von Hardenberg eine Anstellung zu erreichen, arg lange hingezogen hatten, begann Novalis eine Ausbildung zum Verwaltungsfachmann und wurde Aktuarius beim Kreisamt in Bad Tennstedt. Der Leiter dieser obersten Verwaltungs- und Gerichtsbehörde des kursächsischen Thüringen war der Amtmann August Cölestin Just (1750–1822), eine für ihre Sachkenntnisse wie für ihre Bildung, Aufgeschlossenheit und Humanität weithin bekannte Persönlichkeit. Novalis zog in sein Haus, wo Caroline (1768–1844), eine Nichte Justs, den Haushalt des Junggesellen führte.

Just wurde für Novalis ein Mentor, und im vertraulichen Umgang miteinander und im gegenseitigen herzlichen Austausch fand er manches, was in der Beziehung zum Vater zu kurz gekommen war. Trotz des Alters- und Erfahrungsunterschiedes wurde aus dem Dienstverhältnis schnell eine Freundschaft und ein wechselseitiges Geben und Nehmen. Vertraute Beziehungen unterhielt Novalis auch zu Caroline und zu Justs späterer Frau Rahel (1757–1833); zum Zustandekommen dieser Ehe hatte er seinen Teil beigetragen. Just wiederum wurde nach Novalis' Tode dessen Biograph, und seine Lebensbeschreibung ist die beste, die im 19. Jahrhundert geschrieben wurde (vgl. IV,536–550). In ihr findet sich eine kleine Charakteristik, die die Umkehr des Mentor-Schüler-Verhältnisses belegt und ein anschauliches Bild vom jungen Novalis zeichnet:

> Ich sollte sein Lehrer und Führer werden; aber er ward mein Lehrer. Nicht nur, daß ich selbst in denjenigen Fächern, wo ich vielleicht durch Erfahrung und Uebung ihn an Kenntnissen übertraf, alle meine Kraft aufbiethen mußte, um seinem Forschungsgeiste, der

sich mit dem Gemeinen, Bekannten, Alltäglichen nicht begnügte, sondern das Feine, das Tiefe, das Verborgene überall aufsuchte, einige Gnüge zu leisten; sondern auch hauptsächlich, daß er mich mit sich fortriß, mich von den Fesseln der Einseitigkeit und Pedanterey, in die ein vieljähriger Geschäftsmann so leicht eingeschmiedet wird, befreyte; mich zu vielseitiger Ansicht desselben Gegenstandes durch sein Sprechen und Schreiben nöthigte, mich zu den Idealen, die seinem Geiste immer vorschwebten, so weit es mir meine Schwerfälligkeit erlaubte, erhob, und den fast entschlummerten ästhetischen Sinn in mir erweckte [...]. [E]r wollte das, was er seyn wollte, nicht halb, sondern ganz seyn. Nichts trieb er oberflächlich, sondern alles gründlich. Dabey kam ihm die herrliche Anlage, das Gleichgewicht aller Geisteskräfte, und die Leichtigkeit, womit er Alles betreiben konnte, vorzüglich zustatten. Ein neues Buch durchlas er in dem vierten Theile des Zeitraums, den wir andere Erdensöhne dazu nötig haben. Dann legte er es still bey Seite, als ob er es nicht gelesen hätte. Wenn nun nach Wochen oder Monathen über dieses Buch gesprochen ward; so war er im Stande, den ganzen Inhalt des Buchs zu erzählen, die bedeutendsten Stellen anzuführen, über seinen Werth ein bestimmtes Urtheil zu fällen, und dabey zu sagen: Ob und Warum er es dem oder jenem Freunde zum Lesen empfehlen könne oder nicht. So las er, so arbeitete er, so studierte er – auch die Menschen. (IV,539 f.)

Das ist ein beeindruckendes Zeugnis, geschrieben nach langer und gründlicher Kenntnis von einem nüchtern denkenden Mann. Es ist auch ein schönes Zeugnis einer gelungenen Begegnung zwischen einem Bürger und einem Romantiker. Und schließlich bescheinigt hier ein erfahrener und kenntnisreicher Vorgesetzter schon dem Neuling einen anspruchsvollen Forschergeist, Gründlichkeit in der Arbeit und ein klares Urteilsvermögen. Es gibt viele solcher Zeugnisse, sie sind von der Romantikforschung aber selten zur Kenntnis genommen worden. Favorisiert wurde das vor allem auf Tiecks Biographie in der 3. Auflage der *Schriften* (1815) zurückgehende Bild vom wirklichkeitsfernen sehnsüchtigen Träumer, dem genialen Fragmentisten, der keinen Gedanken und keine Arbeit zu Ende führen konnte (vgl. IV,551–560). Mit den Lebenszeugnissen, insbesondere den Beurteilungen durch Lehrer und Vorgesetzte, ist dieses Bild nicht zu vereinbaren. Natürlich bleibt für die Liebhaber dieser Ansicht immer noch der Ausweg, zwischen Leben und Werk zu spalten und vom »Doppelleben« des Novalis zu sprechen, einer Art Dr.-Jekyll-und-Mr.-Hyde-Existenz, bei der die eine Seite von der anderen nichts weiß und die Werke keinerlei erkennbare Beziehung zu der Lebenspraxis haben. Auch das ist eine unangemessene Sicht, der man widersprechen kann, ohne deswegen gleich das ausblenden zu müssen, was vielen als allein Romantisches gilt, das Abgründige, Irrlichternde, Träumerische und Todessehnsüchtige in den Dichtungen.

Der ersehnte »Brautstand« war von Anfang an nicht nur als »geistiger« oder »politisch-philosophischer« gedacht, sondern auch Ausdruck des Wunsches nach Liebe, Ehe und Familie. Die Liebe ließ, was bei Novalis' Naturell nicht überrascht, in der Tennstedter Zeit nicht lange auf sich warten; »eine Viertelstunde« (IV,367) bestimmte sein Leben, wie er in einem Brief an den vertrauten Bruder Erasmus schrieb. Auf einer Dienstreise lernte Novalis am 17. November 1794 in Grüningen im Haus des Rittmeisters Johann Rudolf von Rockenthien (1755–1820) dessen junge Stieftochter, Sophie von Kühn (1782–1797), kennen. Vier Monate später, am 15. März 1795, verlobten sich die beiden.

Ungewöhnlich daran war zunächst das Alter der Geliebten. Als Novalis Sophie kennenlernte, hielt er sie für eine Vierzehnjährige; eine Verlobung von Frauen in diesem Alter war in adligen Kreisen nichts Außergewöhnliches.

Sophie von Kühn
Medaillon

Tatsächlich aber war Sophie beim Kennenlernen erst gut 12 Jahre alt, bei der Verlobung 13. Sie wirkte älter, aber dennoch war es nicht zuletzt das Kindhafte an ihr, was Novalis anzog.

Wer sie eigentlich gewesen ist, davon können wir uns nur schwer ein Bild machen, zumal die von ihr erhaltenen Briefe kindlich-unbeholfen sind. Daß sie aber ein ganz ungewöhnlich anziehendes Mädchen gewesen sein muß, bezeugen alle Berichte der Verwandten und Freunde bis hin zu Johann Wolfgang von Goethe (1749–1832), der Sophie im Herbst 1796 am Krankenlager besuchte und sich noch zwanzig Jahre später an diese Begegnung erinnerte. Sophie mag einen Reiz und eine Anmut gehabt haben, wie ihn Kinder manchmal beim Übergang von der Kindheit in die Jugend entwickeln. Auch Erasmus, der sich echauffierte, daß Novalis sich in einer »Viertelstunde« statt in einem »Vierteljahr« verliebte (vgl. IV,367), änderte sein Urteil schnell. Gleichwohl hatte er, auch mit seiner Bemerkung, Novalis gehe das Ganze so »tragisch« (ebd.) an, den wunden Punkt berührt: Schwang nicht bei dieser Liebe auf den ersten Blick Willkür mit, der Wunsch, sich eine Bestimmung zu geben, sich zu binden, ohne genau zu schauen, wen man vor sich hat? Gewiß, ohne dies gäbe es kein spontanes Sich-Verlieben, bis zum Verlöbnis verstrich noch ein halbes Jahr, und Novalis hat durchaus gezeigt, daß er es ernst meinte. Aber es blieb doch die Liebe zu einem Kind und eine ganz ungleiche Beziehung. Bei unvoreingenommener Betrachtung drängen sich Fragen auf, die ebenso schwer abzuweisen wie zu beantworten sind, vor allem die, was Novalis damit vermeiden wollte. Dabei braucht man nicht nur an das Nächstliegende zu denken, die Sexualität. Die patriarchalische kleine enge Welt des Thüringer Landadels und die Verlobung mit einem Kind waren nicht gerade der geeignete Rahmen für die weitreichenden Pläne, Hoffnungen und Vorsätze, die Novalis hatte. Vielleicht ist die problematische Partnerwahl Ausdruck eines Widerspruchs zwischen den Hoffnungen und Wünschen einerseits und dem, was Novalis sich zutraute, andererseits.

Etwas leichter fällt die Beantwortung der Frage, wie die Liebe der beiden aussah und was sie Novalis bedeutete. Sie war, anders als es das biographische Klischee will, vergleichsweise nüchtern und nicht unkompliziert; es entstand eine Bindung, die tragfähig war, »romantisch« im landläufigen Sinne aber gerade nicht. Das Tagebuchblatt *Klarisse* von August oder September 1796 (IV,24 f.) bezeugt das Unsentimentale, den Wunsch nach genauer Kenntnis der Geliebten. Novalis hält stenogrammartig eine Fülle von Eindrücken von Sophie fest, von denen einige auch für uns Konturen ergeben. Er notiert ihre »Frühreife«, ihre »Launen«, ihren »Hang zum kindischen Spiel« und viele weitere Eigenheiten wie z. B. ihr »Tabaksrauchen«, ihre »Dreistigkeit gegen den Vater« und ihr »Gesicht bey Zoten«. Insgesamt entsteht ein lebendiges Bild, dem anscheinend genaue Beobachtungen zugrunde liegen. Daneben finden sich hier Bemerkungen grundsätzlicheren Charakters: »Sie *will nichts seyn* – Sie *ist* etwas.« »Sie scheint noch nicht z[u] eigentlichen reflectiren gekommen zu seyn – Kam ich doch auch erst in einer gewissen Periode dazu.« Am Ende heißt es über die Frauen allgemein u. a.: »Sie sind vollendeter, als wir. *Freyer*, als wir.« Sophie scheint für Novalis eine Harmonie verschiedener Kräfte verkörpert zu haben, und er schwankt, ob er dies ihrem Alter oder – ganz im Sinne der damaligen Geschlechtertypologie – ihrem Geschlecht zurechnen soll. In der Liebe zu Sophie scheint Novalis wenigstens vorübergehend jenen gesuchten Halt und Mittelpunkt seiner Existenz gefunden zu haben; geradezu beschwörend heißt es auf dem Ring mit dem Bildnis der Braut: »Sophia sey mein Schuz Geist.« Gelegentlich wird die Harmonie ihres Wesens zum Vorschein utopischer, auf die ganze Menschheit gerichteter Wünsche, so in dem Gedicht *Anfang*:

Einst wird die Menschheit seyn, was Sophie mir
Jezt ist – vollendet – sittliche Grazie –

(I,387)

Hier wird Sophie zur Mittlerin zu einem *»höhere[n] Bewußtseyn«* (ebd.), ein, wie die Schillersche Terminologie deutlich macht, in der klassisch-romantischen Zeit durchaus geläufiger Gedanke; die Verbindung zur christlichen Marienverehrung liegt nahe, wird von Novalis aber vorerst noch nicht hergestellt.

Seine Aufzeichnungen lassen durchscheinen, wie solche

Innenseite von Novalis' Verlobungsring

Datum: den 15. Merz 1796

Zuschreibungen und Deutungen mit der persönlich-individuellen Problematik eines Mannes verbunden sind. Sie zeigen aber auch, daß Novalis durchaus in der Lage war, die wirkliche Sophie wahrzunehmen. Dazu gehört auch, daß die an ihr wahrgenommene Harmonie in seinen Augen nur ein Aspekt ihres Wesens war. Im Tagebuchblatt *Klarisse* findet sich eine ganze Reihe von Notizen, die Unangenehmes, Differenz und Distanz festhalten: »Sie macht nicht viel aus Poësie«, »Herrschsucht«, »Sie hats übel genommen, daß ich mich [wegen der Verlobung] zu früh an die Eltern gewandt habe, und es mir zu bald und zu allgemein merken lassen«. Sophie scheint überhaupt, bei aller Liebe, mit dieser auch ihre Probleme gehabt zu haben: »Ihr Schreck für der Ehe.« Anscheinend wußte sie sich aber auch zu behaupten: »Meine Liebe drückt sie oft. Sie ist *kalt* durchgehends.« Und schließlich: »Sie läßt sich nicht dutzen.«

Von einer schwärmerischen Idealisierung Sophies kann also auch nach fast einem Jahr des Kennens keine Rede sein. Novalis wußte, anders als die Vertreter des Sophien-Mythos in der Forschung, sehr wohl zu unterscheiden zwischen der wirklichen Sophie und dem Gedankenbild »Sophie«, das für die Dichtung so zentral wurde. Zwischen beiden bestehen sehr vermittelte Beziehungen, und alles, was Sophie später für Novalis bedeutete, ist erst allmählich, über Jahre hinweg in ihm entstanden.

Um mit Sophie zusammenleben zu können, gab Novalis seine Pläne, in den Dienst des preußischen Staates zu treten, auf. Sein Vater ersuchte den sächsischen Kurfürsten, den Sohn bei der Salinendirektion anstellen zu dürfen, dem Gesuch wurde stattgegeben, und Novalis fand sich von heute auf morgen in einem Beruf wieder, für den »mich vorher weder Neigung noch Studien bestimmt hatten« (IV,286). Erneut kam ihm seine schnelle Aufnahmefähigkeit zu Hilfe. Er machte einen Schnellkurs in Chemie und Salzwerkskunde und trat sein Amt im Februar 1796 an. Damit war er kursächsischer Salinenbeamter geworden. Er hat die damit verbundenen Tätigkeiten und Verpflichtungen stets als seine Hauptarbeit angesehen, hat diesen Beruf über die Dichtung gestellt und ihn nicht nur gewissenhaft, gründlich und gerne, sondern auch mit einem gewissen Ehrgeiz und Erfolg ausgeübt.

Neben Liebe und Beruf trat 1795/96 noch etwas Drittes: philosophische Studien, in denen erstmals der Romantiker Novalis erkennbar wird und die die Voraussetzung für das ganze spätere Werk bleiben. Er selbst sah in ihnen »[d]ringende Einleitungsstudien auf mein ganzes künftiges Leben« und »nothwendige Uebungen meiner Denkkräfte« (IV,159). Dreh- und Angelpunkt war die Auseinandersetzung mit der Philosophie Johann Gottlieb Fichtes (1762–1814). Novalis hat ihn möglicherweise seit frühester Jugend gekannt, denn sein Vater soll 1774 Vormund Fichtes geworden sein. Zu einer erneuten Begegnung kam es, im Beisein Friedrich Hölderlins (1770–1843), im Mai 1795 im Hause des Jenaer Professors Niethammer (1766–1848). Novalis hat sich mit Fichtes seit 1794 in immer neuen Entwürfen vorgelegter *Wissenschaftslehre* intensiv auseinandergesetzt. Die von Fichte vorgenommene Rückführung aller Tatsachen des Bewußtseins auf eine erste, ursprüngliche Tathandlung eines reinen Ich erschien Novalis als eine »Aufforderung zur Selbstthätigkeit« (II,271:567), die auf »Emancipation« von allem Gegebenen abzielt (II,273:568).

Gleichzeitig mußte Novalis jedoch die Abhängigkeit von allem Gegebenen erleben. Sophie von Kühn erkrankte im November 1795 schwer an einer Leberentzündung, und es begann eine furchtbare Leidensgeschichte, an der der damalige Stand der Medizin nicht ganz unschuldig war. Nach einer vorübergehenden Besserung erlitt das Mädchen im Juli 1796 einen Rückfall, der sie fortan ans Krankenbett fesselte. Am 19. März 1797, kurz nach ihrem 15. Geburtstag, starb sie.

Für Novalis war der Verlust der Geliebten eine Katastrophe, die alle seine Kräfte mobilisierte, sie ihm aber auch beinahe raubte. Er hat während ihrer Leidenszeit und nach ihrem Tode eine Fülle von Gedanken und Reflexionen notiert, in denen wir heute ebenso wie in den Fichte-Studien den Romantiker Novalis sehen, und die zum Ideal erhobene und in eine Kunstgestalt überführte Sophie wurde zu einer zentralen Figur der späteren dichterischen Werke. Dennoch wäre es falsch zu sagen, diese Liebe und dieser Tod hätten Novalis zum romantischen Dichter gemacht. So will es die von weiten Teilen der Forschung in affirmativer wie kritischer Absicht vorgetragene Sophien-Legende. Schon wenn man nach der Bedeutung der Todeserfahrung für das Werk fragt, muß man neben Sophie auf Erasmus verweisen, den Lieblingsbruder, der kurz vor Sophies Tod unheilbar an Tuberkulose erkrankt in sein Elternhaus zurückgekehrt war und kurz nach Sophie, am 14. April 1797, starb. Auch dieser Tod hat Novalis schwer getroffen.

Die Reduzierung des Werkes auf ein Sophien-Erlebnis trägt aber vor allem der Tatsache nicht Rechnung, daß die Art und Weise, wie Novalis Liebe, Krankheit und Tod erlebt und erfahren hat, nachhaltig beeinflußt wurde durch seine Auseinandersetzung mit Fichte und dem holländischen Philosophen Frans Hemsterhuis (1721–1790). Schon vor Sophies Tod ergibt sich für Novalis aus seiner Beschäftigung mit Fichte:

> Wenn wir von uns sprechen, so reden wir von der Gattung und dem Einzelnen. Unser Ich ist Gattung und Einzelnes – allg[emein] und bes[onders]. Die zufällige, oder einzelne Form unsers Ich hört nur für die einzelne Form auf – der Tod macht nur dem *Egoïsmus* ein Ende. (II,248 f.:462)

Damit ist, soweit das im Bereich des Denkens möglich ist, die Macht des Todes gebrochen. Er ist keine absolute Grenze mehr, sondern die Aufhebung der Individuierung (»Egoismus«), durch die alles einzelne zurückgeführt wird in seinen Ursprung. Erfahrbar ist das für uns nicht im eigenen Tode, der das Ende aller Erfahrung bedeutet, da Erfahrung Endlichkeit voraussetzt, sondern in einer Liebe, die dem Tod des anderen und damit seinem Verschwinden etwas entgegenzusetzen vermag: »Was du wircklich liebst, das bleibt Dir« (II,249:462).

Die Liebe zu Sophie hat Novalis die Augen geöffnet für die zeitgenössische Liebesphilosophie und umgekehrt; Privates und Philosophisches verschränken sich schon vor Sophies Tod zu einem existentiell beglaubigten Philosophieren und einer philosophischen Deutung der eigenen Existenzerfahrung. An den Freund Schlegel schreibt Novalis über diese Wechselbezüglichkeit von Liebe und Leben am 8. Juli 1796, er sei »ernster, zärter, fester und wärmer« geworden. »Mein Lieblingsstudium heißt im Grunde, wie meine Braut. Sofie heißt sie – Filosofie ist die Seele meines Lebens und der Schlüssel zu meinem eigensten Selbst« (IV,188). Hier wird nicht Privates und Emotionales mit dem begrifflichen Anspruch der Philosophie verwechselt, sondern der enge Bezug zwischen beidem als Erfahrung beschrieben:

> Ich fühle in Allem immer mehr die erhabnen Glieder ein[es] wunderbaren Ganzen – in das ich hineinwachsen, das zur Fülle meines Ichs werden soll – und muß ich nicht alles gern leiden, da ich liebe und mehr liebe, als die 8 Spannenlange Gestalt im Raume, und länger liebe, als die Schwingung der Lebenssayte währt. Spinotza und Zinzendorf haben sie erforscht, die unendliche Idee der Liebe und geahndet die Methode – sich für sie und sie für sich zu realisiren auf diesem Staubfaden. (ebd.)

Hier ist im Grunde alles bereits vorhanden, was die romantische Liebesreligion ausmacht, einschließlich der Rückwendung der Sehnsucht nach dem Unendlichen auf das Endliche. Die unendliche Idee der Liebe für sich und sich für sie zu realisieren auf diesem Staubfaden – treffender läßt sich Novalis' romantisches Credo nicht formulieren.

In der Konfrontation mit dem wirklichen Tod der Geliebten schien diese Überzeugung erst einmal zusammenzubrechen. Novalis hat in der Zeit nach Sophies Tod oft von seinem »Entschluß« gesprochen, ihr »nachzusterben«. Damit waren keine Selbsttötungsabsichten gemeint, sondern die Erwartung, ihr mehr oder weniger von selbst, durch Verlöschen der eigenen Lebenskräfte, nachsterben zu müssen. In seinen Briefen wird das Bewußtsein einer Katastrophe auf Leben und Tod immer wieder ausgesprochen: »Sie allein hat mich an das Leben, an das Land, an meine Beschäftigungen gefesselt. Mit ihr bin ich von allem getrennt, denn ich habe mich selbst fast nicht mehr« (IV,206). Mit Sophies Tod war für Novalis, wie für jeden, der einen innig geliebten Menschen verliert, ein Selbstverlust verbunden, der ein Weiterleben unmöglich erscheinen ließ.

Das war freilich nur die eine Seite. Neben dem Nachsterbe-Wunsch gab es eine andere, gegenläufige Tendenz, zunächst schwach, dann immer stärker werdend. Neben das Nachsterben trat das Weiterleben-Wollen, und eine lange Auseinandersetzung begann, zu der auch intensive Lektüre gehörte, vor allem die von Goethes *Wilhelm Meisters Lehrjahre* (1795/96), dessen Formel »Gedenke zu leben« geradezu zum Leitmotiv dieser Monate wurde (vgl. Mähl, B 5: 1963a); hinzu kamen Werke anderer Autoren: Shakespeare (1564–1616), Edward Young (1681–1765) oder Jean Paul (1763–1825).

Novalis begann wenige Tage nach Erasmus' Tod ein Tagebuch, wobei er neben das Datum die Zahl der seit Sophies Tod vergangenen Tage eintrug. Dieses über zweieinhalb Monate hinweg geführte *Journal* mit seinen zum Teil sehr intimen Aufzeichnungen gibt manchen Aufschluß über seinen Kampf zwischen Nachsterben und Fortleben. Auffallend sind seine Bemühungen um die Gegenwärtigkeit Sophies. Er besucht das Grab, vertieft sich betrachtend in ihre

Briefe, Kleider und von ihr hinterlassene Gegenstände und hat mehrfach das Gefühl inniger Verbundenheit oder gar ihrer Anwesenheit. Die methodisch bewußten Übungen scheinen sich am 13. Mai 1797 zu einer regelrechten Vision verdichtet zu haben:

> Abends gieng ich zu Sophieen. Dort war ich unbeschreiblich freudig – aufblitzende Enthusiasmus Momente – Das Grab blies ich wie Staub, vor mir hin – Jahrhunderte waren wie Momente – ihre Nähe war fühlbar – ich glaubte sie solle immer vortreten.
>
> (IV,35 f.)

Am darauffolgenden Tag notiert er rückblickend: »Gestern abend war ich am Grabe und hatte einige wilde Freudenmomente« (IV,36). Diese Erfahrung der Gegenwärtigkeit (»Nähe«) der Verstorbenen war nicht nur durch den Kult mit den Reliquien der Verstorbenen vorbereitet worden, sondern auch durch intensive Lektüren, die sogar in der Tagebuchnotiz ihre Spuren hinterlassen haben. Novalis paraphrasiert Passagen aus Jean Pauls Roman *Die unsichtbare Loge* (1793), die von Gustavs Gefühlen am Sterbebette seines Freundes Amandus handeln. Darüber hinaus gibt es Bezüge zu Gustav Ernst Wilhelm Dedekinds *Ueber Geisternähe und Geisterwirkung* (1793) und zu Shakespeares *Romeo und Julia* (1597). Auch das gerade stattgefundene christliche Osterfest, dessen Thema ja Grablegung und Auferstehung sind, mag seinen Teil beigetragen haben. Bemerkenswert ist ferner, daß die Sätze über die Gegenwärtigkeit Sophies in einem Tagesabriß stehen, der Heterogenes und Wichtiges wie Beiläufiges ohne Überleitung aneinanderreiht. Auch die der Grabes-Notiz unmittelbar folgenden Sätze zeugen nicht gerade von der Überwältigung durch ein Durchbruchserlebnis: »Wie ich nach Hause kam – hatte ich einige Rührungen im Gespräch mit Machere [der Gouvernante Jeannette Danscour]. Sonst war ich den ganzen Tag sehr vergnügt. Niebekker war Nachmittags da. Abends hatte ich noch einige gute Ideen. Shakespeare gab mir viel zu dencken« (IV,36).

Man muß deswegen die Tatsächlichkeit einer Vision nicht bestreiten. Es scheint so gewesen zu sein, daß die Erfahrung der besonderen Nähe der Geliebten in Novalis jene Überzeugung vom Vorhandensein einer höheren Welt wieder befestigt hat, von der er schon vor Sophies Tod gesprochen hat. Eine abschließende Antwort auf alle drängenden Fragen hat sie jedoch nicht gebracht. Das kommt nicht nur darin zum Ausdruck, daß die ersten romantischen Werke von Novalis nicht von Sophie sprechen und bis zur Nachgestaltung der Vision in einer Dichtung, der 3. *Hymne an die Nacht*, noch zweieinhalb Jahre verstrichen, sondern auch in der Fortführung jener Suchbewegungen, die der Selbstvergewisserung und der Bewältigung des Rückschlages dienten, den der Tod Sophies für ihn, gemessen am bereits erreichten Stand, bedeutete. Gegen Ende des Tagebuches notiert Novalis: »Xstus und *Sophie*« (IV,48); damit wird die bereits früher ausgesprochene Mittlerrolle erneut bekräftigt und vertieft und zugleich der spezifisch romantische Zusammenhang zwischen Liebe, Religion und Philosophie wiederhergestellt, der in der »Philosophie der Liebe« bereits in nuce enthalten war und sich als »Mittlerreligion« bezeichnen läßt.

Die philosophische Auseinandersetzung hörte damit nicht auf. Neben Abhandlungen von Fichte und August Ludwig Hülsen (1765–1810) las Novalis vor allem die Werke Friedrich Wilhelm Schellings (1775–1854), den er Ende 1797 persönlich kennengelernt hatte. Er studierte dessen *Philosophische Briefe über Dogmatismus und Kriticismus* (1795), die Schrift *Vom Ich als Princip der Philosophie oder Über das Unbedingte im menschlichen Wissen* (1795), seine *Ideen zu einer Philosophie der Natur* (1797) und die Abhandlung *Von der Weltseele, eine Hypothese der höhern Physik zur Erklärung des allgemeinen Organismus* (1798). Vor allem aber vertiefte Novalis sich erneut in die ihm zum Teil bereits 1792 bekannten Schriften von Hemsterhuis und, vermittelt durch Dieterich Tiedemanns philosophiegeschichtliche Darstellung *Geist der spekulativen Philosophie* (6 Bde., 1791–97), in die Werke des griechischen Philosophen Plotin (um 205–270). Sodann wird der Kontakt mit Friedrich Schlegel wieder aufgenommen, in Jena trifft er mit Fichte und August Wilhelm Schlegel zusammen. In seinen Briefen gibt Novalis zu erkennen, daß er weiß, daß die Wissenschaften für ihn jetzt Mittel der Bewältigung wie der Flucht, »Heilkräfte« und (Schmerz wie Erinnerung) betäubende »Opiate« (IV,202) in einem sind.

Ernsthafte Arbeit ist es jedoch auch. Zu ihren wesentlichen Ergebnissen außerhalb der Bewältigung unmittelbar drängender Lebensprobleme gehört eine veränderte Haltung zu den sogenannten exakten Wissenschaften. In Briefen aus der Zeit spricht Novalis mehrfach davon, sich jetzt von »einem höheren Standpunkte« (IV,215) für sie zu interessieren.

4. Der Romantiker

Am 1. Dezember 1797, ein Dreivierteljahr nach Sophies Tod, geht Novalis nach Freiberg, einem kleinen Städtchen in der Nähe von Dresden, um sich an der dortigen Bergwerksakademie in den naturwissenschaftlichen Fächern, vor allem der Geologie, Mineralogie, Bergbaukunde, Chemie und Mathematik, weiter auszubilden. Freiberg war damals eine der führenden Technischen Hochschulen Europas und Abraham Gottlob Werner, bei dem Novalis studierte, ihr berühmtester Lehrer. Novalis absolvierte das auf 3–4 Jahre angelegte Ausbildungsprogramm in eineinhalb Jahren; vor allem aber wurde Freiberg zum Katalysator der Transfor-

Hauptgebäude der Bergakademie Freiberg
Aquarell

n der in den Fichte-Studien und der Beschäftigung mit Hemsterhuis gewonnenen Philosophie zur frühromantischen Universalutopie. Gestützt durch die interdisziplinäre Ausbildung in Freiberg und angeregt durch Werners Forschung und Lehre sowie durch eine vertiefte Auseinandersetzung mit Kant (1724–1804) und Schelling hat sich Novalis in dieser Zeit an der Suche nach einer anspruchsvollen Theorie der Einheit der Natur beteiligt. Er hat in den *Freiberger naturwissenschaftlichen Studien* und dem parallel entworfenen *Allgemeinen Brouillon* seine Form spekulativer Naturphilosophie entworfen und seinem Unternehmen den Titel »Enzyklopädistik« gegeben. Hier wurde das Ergebnis seiner einzelwissenschaftlichen Studien und seiner Auseinandersetzungen mit neuen, zeitgenössischen Synthese-Versuchen entwickelt, und hier entstanden die ersten romantischen Werke.

Die Freiberger Akademie wurde so zur Geburtsstätte des Romantikers Novalis.[5] Hier war es denn auch, wo er auf den Gedanken kam, seine neue, romantische Autorschaft durch einen neuen Namen zu bekräftigen. Als er im Februar 1798 August Wilhelm Schlegel seine *Vermischten Bemerkungen* sandte, schrieb er in einem Begleitbrief: »Hätten Sie Lust öffentlichen Gebrauch davon zu machen, so würde ich um die Unterschrift *Novalis* bitten – welcher Name ein alter Geschlechtsnahme von mir ist, und nicht ganz unpassend« (IV,251). »Novalis«, »de novali«, bedeutet soviel wie »von Roden« oder »der Neuland Bestellende«. Als Friedrich Schlegel Ostern 1798 den ersten romantischen Text von Novalis im ersten Heft der Zeitschrift *Athenaeum*, dem Sprachrohr der Frühromantik, erscheinen ließ, da hatten die *Vermischten Bemerkungen* einen neuen Namen, der zu »Novalis« und zu dessen Einschätzung, er habe mit seinen Fragmenten »litterairische Sämereyen« (II,462:104) vorgelegt, wunderbar paßte: *Blüthenstaub*.

5 Zur Bedeutung Freibergs und der Akademie für den Romantiker Novalis vgl. Uerlings, B 5: 1996.

Noch im selben Jahr 1798 erschien eine zweite romantische Fragmentsammlung von Novalis, *Glauben und Liebe oder Der König und die Königin*, eine der bedeutendsten Schriften zur romantischen Staatsphilosophie. Hier erhebt Novalis den jungen preußischen König Friedrich Wilhelm III. (1770–1840) und die Königin Louise (1776–1810) anläßlich ihrer Thronbesteigung zu Repräsentanten des Ideals eines künftigen »poetischen« Staates – eine riskante, und denn auch bald von Zensur und Mißverständnissen betroffene Verquickung von Ideal und Wirklichkeit, von Fiktion und politischer Realität.

Intensive belletristische Lektüren und philosophische Studien, Niederschrift eigener romantischer Werke, aber all dies in den wenigen Stunden, die neben einem gründlichen Akademie-Studium noch blieben – 1797/98 war ein produktives, aber auch ein viel zu anstrengendes Jahr. Im Mai 1798 erkrankte Novalis und mußte sich für vier Wochen ins böhmische Teplitz zur Kur begeben, wo, wie die *Teplitzer Fragmente* bezeugen, die Selbstverständigung freilich fortgeführt wurde.

Später im Jahr ergab sich ein neuer Kristallisationspunkt für romantisches »Symphilosophieren«. Am letzten Augustwochenende 1798 traf Novalis sich mit Friedrich, August Wilhelm und Caroline Schlegel (1763–1809) und Schelling in Dresden zum Besuch der Antikensammlung und der Gemäldegalerie. August Wilhelm und Caroline Schlegel verfaßten nach dem Besuch ein für die romantische Kunstauffassung grundlegendes Gespräch unter dem Titel *Die Gemälde*, das mit einem Preisgedicht auf Raffaels »Sixtinische Madonna« ausklingt und im 3. Heft des *Athenaeum* erschien. Dieses Bild, bis heute das Herzstück der Dresdner Gemäldegalerie, hat auch Novalis stark beeindruckt, und diese Bedeutung des Madonnen-Bildnisses ist für die Orientierung der Romantiker an Mittelalter und christlicher Symbolwelt im Gegensatz zur Rückwendung der Weimarer Klassiker auf die Antike bezeichnend.

Das 1798/99 entstandene *Allgemeine Brouillon* war angelegt als eine universale Wissenschaftskunde. Novalis sammelte Materialien aus den verschiedensten Disziplinen und setzte sie durch den Aufweis von Ähnlichkeiten zueinander in Beziehung, um so eine »Enzyklopädistik«, eine Universalwissenschaft, zu begründen. Parallel dazu entstand der naturphilosophische Roman *Die Lehrlinge zu Sais*, der Fragment blieb, weil die Arbeit daran Ende 1799 zugunsten des *Heinrich von Ofterdingen* zurückgestellt wurde.

Gleich zu Beginn seines Freiberger Aufenthaltes lernte Novalis im Hause des Berghauptmanns Charpentier (1738–1805) dessen Tochter Julie (1776–1811) kennen, und die beiden verliebten sich ineinander. Diese Liebe blieb nicht ungetrübt. Julie wurde von einem »fürchterlichen Gesichtsschmerz« (IV,265) befallen und litt monatelang sehr. Erst gegen Ende des Jahres 1798 erholte sie sich, und Weihnachten 1798 verlobten sich die beiden.

Man mag dieses Ineinander von Liebe, Schwäche und Krankheit nur für einen Zufall oder einen einfach bedauernswerten und nicht weiter deutungsbedürftigen Zusammenhang halten. Eine gewisse Parallele zur ersten großen Liebe ist aber schwer zu bestreiten, und aus Novalis' Aufzeichnungen geht klar hervor, daß das Mitleid mit einer Kranken eine gewisse Rolle bei der Entstehung einer tieferen Neigung zu Julie gespielt hat. Welche Rolle spielten dabei die Prägung durch eine intensive Beziehung zur Mutter, deren Bedürftigkeit durch eine Krankheit verstärkt wurde, und der durch den Vater erschwerte Kampf um »Männlichkeit«, wie Novalis es selbst nannte?

Solche Fragen zu stellen bedeutet nicht, Novalis zu pathologisieren. In seinem Leben scheinen die notwendigen Ablösungs-, Internalisierungs- und Integrationsprozesse sehr weitgehend stattgefunden zu haben. Die Erfahrung der eigenen körperlichen Hinfälligkeit und die starke Konfrontation mit Krankheit und Tod anderer haben offenbar dazu geführt, daß Novalis äußerst sensibel auf diese Phänomene und überhaupt auf die Welt in sich und außerhalb seiner reagiert hat. Wer die Rolle von Krankheit und Tod bei Novalis untersucht, stößt zunächst einmal (wie bei der Sexualität) auf eine freie und freimütige Art des Denkens und Schreibens darüber, und er wird immer wieder auch auf die Gegenseite geführt, eine lebensrettende Vitalität und eine beeindruckende Realitätstüchtigkeit, wie sie etwa durch die erstaunliche, durch erstklassige fachliche Leistung begründete Berufskarriere dokumentiert ist. Die Krankheit selbst hat Novalis häufig als Mittel der Steigerung seiner Existenz zu verstehen gesucht, als Aufforderung, die Grenzen des gewöhnlichen Daseins zu überschreiten: »Frühzeitig hab ich meine precaire Existenz fühlen gelernt und vielleicht ist dieses Gefühl das erste Lebensgefühl in der Künftigen Welt« (IV,201).

Auch steht die Liebe zu Julie, im ganzen genommen, unter anderen Vorzeichen als die zu Sophie. Julie war kein Kind mehr, sondern nur vier Jahre jünger als Novalis; sie sollte ihn überleben und drei Jahre nach seinem Tod, 1804, einen ungarischen Magnaten, Karl Freiherr von Podmanitzky, heiraten. Novalis' Hinwendung zu Julie und die zweite Verlobung, eineinhalb Jahre nach dem Tode der ersten Braut, bedeuteten vor allem die Durchsetzung des Lebenswunsches gegenüber dem Nachsterbe-Gedanken. (Was Spekulationen darüber, ob der Sterbewunsch ins Unbewußte abgesunken ist, nicht ausschließt.)

In der Freiberger Zeit erwachte sehr bald wieder das für Novalis so charakteristische Sendungs- oder Missionsbewußtsein, d. h. der Wunsch, in irgendeiner Weise einen Beitrag zu leisten zur Lösung der Probleme von Zeit und Gesellschaft. Dafür gab es im Deutschland des 18. Jahrhunderts für einen Bürger oder einen kleinen Adligen vor allem drei Möglichkeiten: Er konnte sich auf politischem, wissenschaftlichem oder künstlerischem Gebiet betätigen. Der Minister, Naturwissenschaftler und Dichter Goethe ist nur der prominenteste Vertreter jener Zeit, in der es, bei einigem

Glück und guten Voraussetzungen, möglich schien, daß einzelne die zunehmende Trennung von Politik, Wissenschaft und Kunst noch einmal aufhoben. Auch Novalis hat sich bei seiner Suche nach den Möglichkeiten öffentlicher Wirksamkeit mit allen drei Gebieten befaßt, keines von ihnen hat seine Bedeutung für ihn je völlig verloren.

Schon in dem Brief, in dem er Schlegel zum erstenmal von Julie berichtete, hatte er einen weit ausgreifenden Plan entwickelt. Es ging um die »*Errichtung eines literrairischen, republicanischen Ordens* – der durchaus *mercantilisch* politisch ist – einer ächten Cosmopoliten Loge« (IV,268 f.). Eine überstaatliche, internationale Vereinigung von Intellektuellen sollte entstehen, offenbar in Anlehnung an die Freimaurerlogen und die philanthropischen Gesellschaften. Daraus wurde nichts, aber der Plan ist für Novalis' Realitätssinn und die Lage der frühromantischen Bewegung charakteristisch.

Hinter dem Vorschlag, einen »literarischen, republikanischen Orden« zu gründen, standen der Wunsch nach intellektuellem Austausch und Zusammenfassung der geistigen Kräfte sowie – daher »merkantilisch politisch« – nach politischer und ökonomischer Unabhängigkeit. Der Verleger des *Athenaeum* hatte seine Unterstützung aufgekündigt, eine eigene Druckerei hätte das Sprachrohr der neuen Bewegung retten können, in der man dachte, als säße man »im Comité du Salut public universel« (IV,262), also etwa einem »Wohlfahrtsausschuß für die ganze Welt«, wie Novalis schrieb, wieder einmal auf die Französische Revolution anspielend, deren Anspruch aufgenommen, aber auch weiterentwickelt werden sollte.

Neben ökonomischen gab es politische Gründe für die Gründung einer eigenen Gesellschaft. Eine Möglichkeit, der Zensur ein Schnippchen zu schlagen, war es, außerhalb der jeweiligen Landesgrenzen drucken zu lassen, und bis ins Ausland war es auf dem politischen Flickenteppich, der Deutschland damals war, nicht weit. Kleist z. B. hat im

Streit um seine *Berliner Abendblätter* damit gedroht, und er hat seinen Gegner in Preußen, Karl August von Hardenberg, damit vorübergehend zum Einlenken gezwungen. Novalis' Plan war klüger: Statt auf den Einzelkämpfer setzte er auf die Gruppe; die Mitglieder einer internationalen Vereinigung hätten die Möglichkeit, dem staatlichen Druck mit Hilfe von bereits vorhandenen Beziehungen und Druckmöglichkeiten, also schneller und leichter, zu entkommen. Auch der finanzielle Ruin des Schriftstellers, wie ihn Kleist erleben sollte, hätte durch die Hilfe einer Gesellschaft leichter abgewendet werden können.

Mit der Zensur war Novalis, wenn auch nur leicht, 1798 bei der Veröffentlichung der Staatsschrift *Glauben und Liebe* in Berührung gekommen. Wesentlich härter hatte es einen anderen aus dem Umfeld der Frühromantiker getroffen: Freund Fichte hatte 1798 in Jena im Niethammerschen *Journal* eine Abhandlung veröffentlicht mit dem Titel *Über den Grund unsers Glaubens an eine göttliche Weltregierung*. Der Aufsatz erregte einen Skandal, der unter dem Namen »Atheismusstreit« in die deutsche Geistesgeschichte eingegangen ist. Er endete mit der Vertreibung Fichtes von seinem Jenaer Lehrstuhl und wurde zum Dokument der Engstirnigkeit und Intoleranz der damaligen kursächsischen Regierung. Fichte bewies in dieser Auseinandersetzung eine für deutsche Verhältnisse ungewöhnliche Zivilcourage. Er veröffentlichte eine *Appellation an das Publikum*, in der er nachdrücklich die Freiheit des Selbstdenkens forderte, und er versah die Publikation mit dem Untertitel: *Eine Schrift, die man zu lesen bittet, ehe man sie confiscirt*. Novalis war natürlich auf Fichtes Seite und schrieb an einen Freund:

> *Fichtes* Apellation ans Publicum bitt ich Dich aufmerksam zu lesen. Es ist ein vortreffliches Schriftchen und macht Dich mit einem so sonderbaren *Geiste* und *Plane* unsrer *Regierungen* und Pfaffen bekannt, mit einem zum Theil in der Ausführung begriffenen Unter-

drückungsplane der öffentlichen Meynung – daß es die Achtsamkeit jedes vernünftigen Menschen erfodert, diese Schritte zu verfolgen und einen bedeutenden Schluß aus diesen Prämissen zu ziehn. (IV,277)

Ausgerechnet während des Atheismusstreites erhielt Novalis nun von seinem Freund Hans-Georg von Carlowitz (1772–1840) die Aufforderung, direkt politisch tätig zu werden. Als freiherrliche Familie hatten die Hardenbergs Sitz und Stimme im sächsischen Landtag, und Hans-Georg von Carlowitz bat Novalis, davon Gebrauch zu machen und mit Freunden gegen »das mächtige Banner der Ignoranz, der Brutalität und des Egoismus« (IV,516) aufzutreten, das sich unter den sächsischen Landständen entfaltet hatte. Mit dieser Einschätzung des sächsischen Landtages stand von Carlowitz nicht alleine da, sie findet sich auch in anderen Dokumenten der Zeit; die Dummheit des Landtages und sein ausschließliches Bemühen, alte Vorrechte zu sichern, scheinen geradezu sprichwörtlich gewesen zu sein.

In einem Brief an von Carlowitz, der leider nicht erhalten ist, legte Novalis sein eigenes Bild der Stände dar und lehnte eine Rolle als Oppositionsführer im Landtag ab. Der – erhaltene – Antwortbrief von Carlowitz' gibt ihm einerseits, d. h. was die Einschätzung der Stände angeht, recht; andererseits ist von Carlowitz enttäuscht, daß er und seine wenigen Mitstreiter von Novalis, dem sie diese Rolle als einzigem zutrauen, keine Unterstützung erhalten. Ob Novalis ablehnte, weil er vorauszusehen glaubte, daß die Arbeit im Landtag kräftezehrend und fruchtlos werden würde, oder weil er sich von einer bloßen Reform der Ständeverfassung nichts erhoffte und statt dessen lieber ihre Abschaffung gesehen hätte – einzelne Aufzeichnungen im *Allgemeinen Brouillon* deuten darauf hin –, ist schwer zu sagen.

Jedenfalls war es Novalis bewußt, daß die Grenzen für eine politische Betätigung in Kursachsen äußerst eng gesteckt waren und daß Appelle wie *Glauben und Liebe* nichts nutzten. Das dürfte dazu beigetragen haben, daß Kunst und Wissenschaft die Felder blieben, auf die sich der Wunsch nach öffentlicher Wirksamkeit konzentrierte. Beides blieb auch künftig auf die wenige arbeitsfreie Zeit beschränkt. »Die Schriftstellerei ist eine Nebensache«, schreibt Novalis einmal an Rahel Just, »Sie beurteilen mich wohl billig nach der Hauptsache – dem praktischen Leben« (IV,266).

Nach Abschluß der Freiberger Studienzeit nahm Novalis Pfingsten 1799 seine Tätigkeit bei den Salinen wieder auf, zunächst als Akzessist (Anwärter), wenige Monate später folgte, nach sehr positiven Gutachten, die Ernennung zum Assessor. Damit erhielt er ab Ende 1799, also mit fast 27 Jahren, erstmals ein Gehalt, mit dem bei guter Kalkulation ein ökonomisch selbständiges Leben möglich war. Zur Realisierung der Heiratspläne reichte es allerdings noch nicht.

Die Arbeit bei den Salinen forderte Novalis sehr, zudem stand eine grundlegende Umstrukturierung an: Die Salzproduktion sollte erhöht und verbilligt werden, dazu mußte u. a. der Verbrauch von Brennholz beim Salzsieden reduziert werden. Zu dieser Rationalisierung des Arbeitsprozesses hat Novalis handfeste und durchdachte Vorschläge gemacht, die so verschiedene Bereiche betreffen wie die Umstrukturierung der Verwaltung, die Erkundung neuer Braunkohlelager, die Nutzung der Sonnenwärme oder die soziale Lage der Arbeiter und eines Pächters.

Ein Haupthindernis bei der Arbeit im vierköpfigen Direktorium, dem Novalis angehörte, war der Vater. Er erwies sich als konservativer, allen Veränderungen abgeneigter und den Untergebenen gegenüber mißtrauischer Pedant. Offenbar aber ist es Novalis gelungen, die beständige Opposition des schwierigen Kollegen auf ein erträgliches Maß zurückzustutzen.

Zwischendurch blieb Raum für neue Begegnungen, vor allem für die Freundschaft mit Ludwig Tieck, den Novalis im Juli 1799 in Jena kennenlernte und dessen Werke ihn beeindruckt hatten, wenn auch wohl nicht in dem Maße, in dem Tieck dies später vor allem mit Blick auf seinen Roman *Franz Sternbalds Wanderungen* (1798) behauptet hat. Zum Theologen Friedrich Schleiermacher (1768–1834) wurde ein indirekter Kontakt über Schlegel hergestellt, nachdem Novalis im Herbst 1799 Schleiermachers soeben erschienene Reden *Über die Religion* gelesen hatte.

Anfang November 1799 kam es in Jena zu einem berühmt gewordenen Romantikertreffen, einem Höhepunkt der frühromantischen Bewegung. Es trafen sich Novalis, der in Begleitung seines Bruders Karl (1776–1813) angereist war, Friedrich Schlegel und seine Lebensgefährtin Dorothea Veit (1763–1839), August Wilhelm Schlegel und seine Frau Caroline, Schelling, Tieck und dessen Frau sowie der junge Physiker Johann Wilhelm Ritter (1776–1810). Ritter war mit galvanisch-elektrischen Experimenten auf der Suche nach der »Weltseele« und machte dabei bahnbrechende Entdeckungen. Novalis, der an einer verbindlichen Erklärung des Zusammenhangs von Geist und Natur interessiert war, hatte Ritters *Beweis, daß ein beständiger Galvanismus den Lebensprocess in dem Thierreich begleite* (1798) gelesen und schätzte den Naturforscher sehr.

Bei dem Jenaer Romantikertreffen ging es aber vor allem um Religion und Poesie. Sie haben Novalis in den Jahren 1799/1800 ohnehin stark beschäftigt: Viele der *Geistlichen Lieder* entstanden, und im Anschluß an die Schleiermacher-Lektüre schrieb er die *Europa*-Rede, die dann im Jenaer Kreis lebhaft und kontrovers diskutiert wurde. Um die Jahreswende erfolgte die Niederschrift der *Hymnen an die Nacht*, die noch zu Novalis' Lebzeiten im 6. und letzten Heft des *Athenaeum* im August 1800 erschienen.

Ebenfalls noch 1799, kurz vor dem Jahreswechsel, begann die Arbeit am *Heinrich von Ofterdingen*, der der bedeutendste Roman der Frühromantik werden sollte. Trotz aller beruflichen Pflichten konnte Novalis schon am 5. April 1800 Schlegel und Tieck brieflich den Abschluß des ersten

Teils des Romans mitteilen. Daneben betrieb er weiter philosophische Studien, vor allem eine intensive Lektüre der Schriften des Mystikers Jakob Böhme (1575–1624).

Im Frühjahr 1800 bewarb er sich um eine zusätzliche Stelle: die eines Amtshauptmanns, vergleichbar der eines heutigen Landrats, damals eine Beamtenstelle mit einiger Kompetenz in wirtschaftlichen und sozialen Fragen. Sie hätte endlich die ökonomischen Voraussetzungen für eine Heirat geschaffen, und zugleich hätte Novalis sich mit ihr eine Stellung erworben, von der aus er über den Kreis der erst noch zu gründenden Familie hinaus hätte tätig sein können. Novalis legte dar, daß ihn dieser zweite Beruf eines Amtshauptmanns nicht daran hindern werde, den Pflichten seines ersten Berufes bei den Salinen in gewohnter Weise nachzukommen, und er verfaßte eine Probeschrift. Sie wurde für sehr gut befunden, und das zuständige Gremium, das Geheime Finanzkollegium in Dresden, empfahl dem sächsischen Kurfürsten, Novalis zum Amtshauptmann zu ernennen.

Als er die Ernennung am Ende des Jahres 1800 erhielt, war er bereits seit längerer Zeit schwer krank. Eine Phthisis, eine Art Lungenschwindsucht bzw. Lungentuberkulose, die mit einer Schrumpfung und Einschmelzung des Lungengewebes verbunden ist, war ausgebrochen; Anfang November 1800 hatte Novalis einen Blutsturz erlitten, von dem er sich nicht mehr erholen sollte. Er starb am 25. März 1801 in Weißenfels, im Beisein des Bruders Karl und des Freundes Friedrich Schlegel.

Damit könnte eine biographische Darstellung ihr Ende finden. Betrachtet man aber dieses Leben im Zusammenhang, drängen sich Fragen auf: War es wirklich nur ein Zufall, daß Novalis starb, als er alles für ein eigenes Leben beisammen hatte und endlich aus der Herkunftsfamilie ganz heraustreten und eine neue, eigene gründen wollte? Ist es ein Zufall, daß er, als er sterben wollte, nämlich Sophie nachsterben, weiterlebte, aber dann, als er sein eigenes Leben leben wollte, starb? Oder gab es einen inneren Widerspruch, der durch den Tod beendet werden mußte? War es ein Leben gegen den Tod, gegen eine schon früh vorhandene Todesahnung?

Natürlich muß man mit solchen Fragen vorsichtig sein: Im 18. Jahrhundert war die durchschnittliche Lebenserwartung gering, und in der Familie Hardenberg hat nur eines der 11 Kinder die Mutter überlebt. Auch sollte man den Biographismus und den Glauben an die Einheit von Leben und Werk nicht übertreiben.

Angesichts eines Lebens und eines Werkes, in denen das Leben so oft vom Tode her gedacht wird, liegen diese Fragen gleichwohl nahe und sind auch immer wieder gestellt worden. Die Versuche ihrer Beantwortung sind dann besonders interessant, wenn Novalis nicht einfach zum Kronzeugen für bereits bekannte Wahrheiten des Interpreten wird, sondern wenn die Bewegung seines Geistes, das Suchende oder auch Kämpferische daran, in den Blick genommen wird.

Sehr eindringlich hat dies Georg Lukács in seinem Essay »Novalis« (1907) getan. Lukács zufolge versuchen die Romantiker wie die Klassiker, die von ihnen erlebten Widersprüche zu einem harmonischen Ausgleich zu bringen. Das ist im wirklichen Leben immer eine Unmöglichkeit. Während nun aber die Klassiker, allen voran der von Lukács stets geschätzte Goethe, einen Ausgleich durch Entsagung und Kompromiß finden, versuchen die Romantiker die Unbedingtheit der Harmonieforderung zu retten. Mit großer Bewußtheit gehen sie zum Leben in Distanz und konzipieren eine Poesie, in der sie sich eine einheitliche Welt schaffen. Dabei sei dann aber, unter der Hand, unbewußt, die wirkliche Welt entschwunden; statt die Widersprüche zwischen Poesie und Leben auszuhalten, hätten die Romantiker das Leben durch Poesie ersetzt. Auch das philosophische Denken des Novalis sei im Grunde die Suche nach einer Herrschaft über das Leben gewesen. Gegner einer solchen Herrschaft, einer solchen Harmonie sei alles Diskontinuierliche, Dissonante, alles, was einen Bruch bedeutet oder blanken Zufall, also alles, was an Endlichkeit erinnert, letzten Endes also der Tod. In diesem Sinne habe Novalis, wie alle Romantiker, aber, bedingt durch die beständige Konfrontation mit Krankheit und Tod, so konsequent wie kein zweiter, gegen den Tod angeschrieben:

> Er war es, dem das grausamste Schicksal begegnete, und nur er konnte in diesem Kampf wachsen. Von allen diesen Suchern nach einer Herrschaft über das Leben ist er der einzige praktische Lebenskünstler.
> Doch auch er erhielt seine Antwort nicht auf seine Frage: er frug das Leben und der Tod brachte die Antwort. [...] und Novalis scheint uns vielleicht nur deshalb so groß und ganz, weil er der Sklave eines unbezwingbaren Herrschers wurde. (Lukács, B 5: 1907, 35)

Lukács' These, der deutschen Klassik und Romantik sei es um eine unbedingte Harmonisierung aller Gegensätze gegangen, war lange die Communis opinio der Literaturwissenschaft, und als Behauptung vom »Narzißmus« des Novalis oder seinem »Herrschaftsdenken« lebt sie hier und da bis heute fort. Dabei entspricht seine Vorstellung von »Meisterschaft« eher einem Jongleur, der mit den Gesetzen der Welt so gut vertraut ist, daß er potentiell unendliche Beziehungen stiften kann. Im Falle von Lukács entsprach die Harmonie-These zudem einer persönlichen Disposition, die er zunächst unter lebensphilosophischem, dann unter marxistischem Vorzeichen auf die Geschichte der deutschen Literatur projizierte. Heute dagegen ist deutlich, daß das Konzept der Einheit gerade in der deutschen Frühromantik durchkreuzt wird von Elementen der Diskontinuität, Kontingenz, Disseminalität, Offenheit, daß also Endlichkeit und Grenze konstitutiv sind für das Denken und Schreiben dieser Gruppe. Auch Lukács' Unterstellung, daß ein Autor

»ganz« sein müsse, um »groß« sein zu können, ist längst nicht mehr selbstverständlich.

Seine – bei vielen Kritikern der Romantik zu findende – Formel von der »Ersetzung des Lebens durch die Kunst« trifft zwar etwas von der Sehnsucht der Romantiker, das Leben zur Kunst zu steigern, verkennt aber, daß insbesondere Novalis sich der Grenze zwischen Leben und Kunst bewußt blieb und eben deshalb seinen Ordo inversus und seine Vorstellung von der Uneinholbarkeit des utopischen Überschusses entwickelte. Das wird bei den Werkinterpretationen zu berücksichtigen sein. Die Diskussion um den Zusammenhang von Leben und Werk bei Novalis wird sich nie beenden lassen, dazu sind die angeschnittenen Fragen zu komplex und von zu großer existentieller Bedeutung und ihre Beantwortung zu sehr dem Leser und Interpreten anheimgestellt.

Charakteristisch für Novalis waren offenbar die Unruhe und Beweglichkeit seines Geistes, seine Sensitivität, die schnelle Auffassungsgabe und die Fähigkeit zur Aneignung und Anverwandlung alles Fremden und Neuen, eine unauflösliche Spannung zwischen Suchen und Finden, zwischen einem aktiv-schöpferischen und einem passiven Zug, einer Bereitschaft und Fähigkeit zur Hingabe und liebender Verbundenheit, zwischen der lebensfrohen, weltbejahenden Seite und der (vor allem in Krankheitsphasen wieder aufbrechenden) pietistischen Herkunft.

Solche Spannungen suchten zunächst ihre Auflösung in der Suche nach mehr »Festigkeit« und »Männlichkeit«; je näher Novalis diesem Ziel lebensgeschichtlich kam, desto deutlicher verschob sich die Problematik ins Werk, als romantische Sehnsucht, die prinzipiell unendlich ist. Statt von »Festigkeit« und »Bestimmtheit« wird jetzt von »Erlösung« und »Erfüllung« gesprochen, und zwar im Bewußtsein der Unerfüllbarkeit der Sehnsüchte. Allenfalls momenthaft, als Vorschein einer nie ganz zu realisierenden Zukunft, in der poetischen Erfahrung, lassen sie sich befriedigen. Man muß diese Spannungen und Spannweiten nicht gleich als Narzißmus pathologisieren oder als Herrschaftsdenken denunzieren. Es gibt eine Form des Künstlertums, die sich aus solchem Narzißmus speist und aus dem Versuch, dem Tod ins Auge zu sehen. Für sie ist Unruhe nicht Anzeige eines zu lösenden Problems, sondern Prinzip des Lebendigen und der Kreativität. Max Ernst hat es in einem Dokumentarfilm über sein Leben prägnant gesagt: »Ein Künstler darf nie zur Ruhe kommen, sonst ist es aus.«

Entsprechendes gilt für die romantische Liebe wie für die Liebesreligion und -philosophie des 18. Jahrhunderts. Auch hier werden fühlend, denkend und schreibend Intensitäten erzeugt, von denen die Autoren nicht nur wissen, daß sie nicht lebbar sind, sondern daß der Versuch, sie zu leben, ihr Ende brächte. Diese »romantische« Konstellation ist nicht auf die Epoche beschränkt, Tristan und Isolde stehen dafür oder Gustav Aschenbach in Thomas Manns *Tod in Venedig* (1912); ihn erlöst die Cholera von der Schreckensvorstellung, mit Tadzio leben und damit an dessen Banalität zugrunde gehen zu müssen. Hier haben jene Kritiker recht – und leichtes Spiel –, die den Romantikern aller Zeiten ihren Anteil an Idealisierung, Imaginärem, Unerfüllbarem und Illusionärem vorhalten. Nur daß es bei Novalis (wie bei Thomas Mann) durchaus ein Bewußtsein dieses Widerspruchs gibt und sowohl den Wunsch, ihn lebensgeschichtlich zu mildern oder aufzulösen, wie den, ihn als Basis der eigenen Kreativität in der Poesie zu bewahren.

Es geht also um die Bereitschaft und die Fähigkeit, Intensitäten, Sehnsüchte und Erfahrungen zuzulassen, die nicht lebbar, aber für das eigene Überleben unabdingbar sind. Das führt in den Kern des Schöpferischen bei Novalis und macht seine Tragik aus. Und wie viele große Künstler und sensible Naturen lebt er damit einen ausweglosen Kampf. Was im Werk als »Romantisieren« entworfen wird, als Wechselrelation von Erhöhung und Erniedrigung, als Potenzieren und Logarithmieren und als Versuch, das Leben als Grenze, die überschritten werden kann und soll, zu denken, das wurde im Leben häufig genug als der »beständige Kampf, um mich selbst zu erhalten« (IV,249) erfahren.

II
Romantisieren

Novalis hat ein umfangreiches philosophisches Werk, aber kein geschlossenes System hinterlassen. Vieles muß und kann man den Aufzeichnungen entnehmen, die er sich während der Lektüre der Werke anderer gemacht hat; darin liegt die große Bedeutung der sogenannten Fichte-, Hemsterhuis-, Kant- und Plotin-Studien. »Man studirt fremde Systeme um sein *eignes System* zu finden« (III,278:220), hat Novalis einmal vermerkt. Wie dies im einzelnen geschehen ist, ist hier nicht nachzuzeichnen, sondern nur das Ergebnis darzulegen.

Vorauszuschicken ist, daß Novalis sich mit der Philosophie und den Wissenschaften seiner Zeit intensiv auseinandergesetzt hat. Er war mit dem Stand der Mineralogie, der Geologie, der Mathematik, der Chemie, der Physik und der Medizin relativ gut vertraut und in den zeitgenössischen Auseinandersetzungen zwischen Transzendentalphilosophie und frühem deutschen Idealismus ein kompetenter Mitstreiter (vgl. Uerlings, B 2: 1991, 105–195; »Novalis und die Wissenschaften«, B 3: 1997). Daraus resultiert ein argumentativer Anspruch seines Denkens, der ernstgenommen sein will.

Deshalb kommt Novalis im ausgehenden 18. Jahrhundert eine besondere Rolle zu. Er darf wohl der neben Goethe naturwissenschaftlich kompetenteste Dichter jener Zeit genannt und bezüglich seiner philosophischen Qualifikation in die Nähe des jungen Schelling gerückt werden. Unter den Romantikern hat kein zweiter eine so gründliche und vielseitige Ausbildung genossen und so intensiv an einer Poeti-

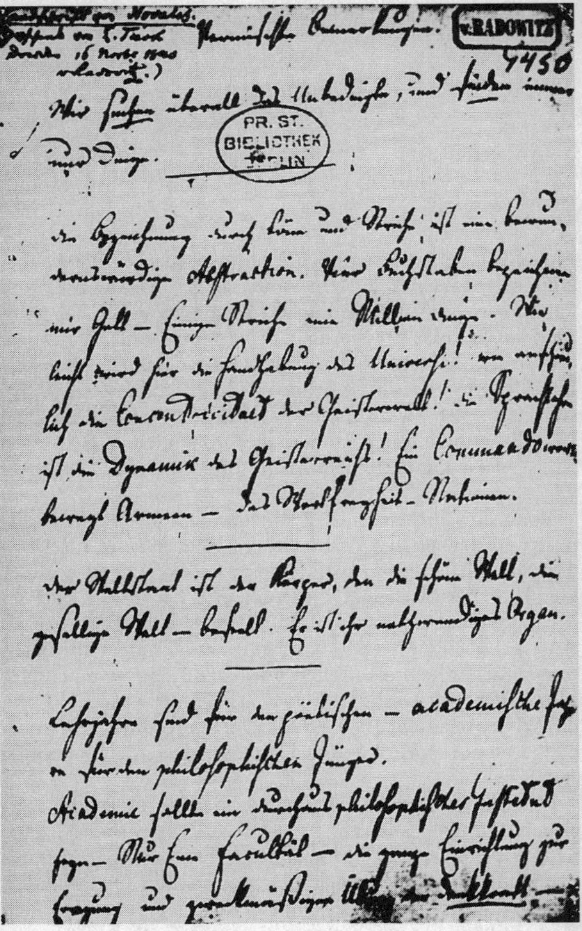
Vermischte Bemerkungen.

Wir suchen überall das Unbedingte, und finden immer nur Dinge.

Die Bezeichnung durch Töne und Striche ist eine bewunderns-
würdige Abstraction. Vier Buchstaben bezeichnen
mir Gott – einige Striche eine Million Dinge. Wie
leicht wird hier die Handhabung des Universums! wie anschau-
lich die Concentricität der Geisterwelt! Die Sprachlehre
ist die Dynamik des Geisterreichs! Ein Commandowort
bewegt Armeen – das Wort Freyheit – Nationen.

Der Weltstaat ist der Körper, den die schöne Welt, die
gesellige Welt – beseelt. Er ist ihr nothwendiges Organ.

Lehrjahre sind für den poëtischen – academische Jahre
für den philosophischen Jünger.
Academie sollte ein durchaus philosophisches Institut
seyn – Nur Eine Facultät – die ganze Einrichtung zur
Erregung und zweckmäßigen Übung der Denkkraft –

Vermischte Bemerkungen, Nr. 1–8

organisirt.

Lehrjahre im vorzüglichen Sinn sind, die Lehrjahre der Kunst zu leben. Durch planmäßig geordnete Versuche lernt man ihre Grundsätze kennen und erhält die Fertigkeit nach ihnen beliebig zu verfahren.

Der Geist führt einen ewigen Selbstbeweis.

Ganz begreifen, werden wir uns nie, aber wir werden und können uns weit mehr, als begreifen.

Gewisse Hemmungen gleichen den Griffen eines Flötenspielers, der um verschiedne Töne hervorzubringen, bald diese, bald jene Oeffnung zuhält, und willkührliche Verkettungen stummer und tönender Oeffnungen zu machen scheint.

Der Unterschied zwischen Wahn und Wahrheit liegt in der Differenz ihrer Lebensfunktionen.

sierung der Wissenschaften gearbeitet wie Novalis. Seine poetischen Texte, vor allem die *Lehrlinge zu Sais* und Klingsohrs Märchen, sind voller Anspielungen auf Ergebnisse, Modelle und Theorien der zeitgenössischen Wissenschaften und der Naturphilosophie. Umgekehrt mündet die außerästhetische Behandlung der Wissenschaften in Fragen der Darstellung und endet mit der Überlegung, daß die Vielfalt des Wissens eine Vielfalt von Ausdrucksformen benötigt.

Was war nun das »eigne System«, das Novalis finden wollte? Selbst wer von der Romantik wenig versteht, ahnt, daß ein »romantisches System« ein Widerspruch in sich ist. »Systemlosigkeit, in ein System gebracht« (II,289:648) schwebte Novalis denn auch vor. »Nur ein solches System kann die Fehler des Systems vermeiden und weder der *Ungerechtigkeit*, noch der Anarchie bezogen [bezichtigt] werden« (ebd.).

Etwas Eignes, wenn auch vielleicht kein System, oder eben ein sehr romantisches System, hat Novalis in einer Denkbewegung gefunden, die er das »Romantisieren« genannt hat und die nicht nur das theoretische, sondern auch das politische und poetische Werk entscheidend geprägt hat. Hier liegt der Mittelpunkt seines Denkens und Dichtens.

Als Beginn und Grundlage seines spezifisch romantischen Denkens dürfen seine Fichte-Studien gelten, in denen Novalis 1795/96 das bei Kant offengebliebene Problem der Einheit des Bewußtseins im Selbstbewußtsein und Fichtes Lösungsversuch aufgreift. Novalis kommt zu der Erkenntnis, daß Fichtes Versuch, das Selbstbewußtsein als Bewußtsein zu denken, in dem Subjektives und Objektives dergestalt unmittelbar vereinigt sind, daß das Ich sich selbst anschaut, widersprüchlich war: Die Selbstanschauung in einem Akt präreflexiven Sichselbstsetzens, in der das Ich sich wiedererkennen soll, setzt voraus, daß es sich schon kennt. Fichtes Erklärung ist also zirkulär.

Novalis' Lösungsvorschlag ist derselbe, zu dem unabhängig voneinander auch Hölderlin, Friedrich Schlegel und Schelling gelangten und der als spezifisch »romantisch« bezeichnet werden darf: die Fundierung des Selbstbewußtseins in einem transreflexiven »Sein schlechthin«.[1]

Die für das Selbstbewußtsein unabweisbare Paradoxie, daß ich mich immer schon kennen muß, um »ich« sagen zu können, wird nicht mehr durch die Annahme eines Selbstbewußtseins, sondern durch das »Selbstgefühl« (II,113:15) erklärt, ein nicht-thetisches Bewußtsein, das auf einen unaufhebbaren Mangel an Sein führt und das Schleiermacher treffend als »Gefühl einer schlechthinnigen Abhängigkeit« bezeichnet hat.

Der höchste Punkt, zu dem die Philosophie steigen kann, ist dann die Wahrnehmung des Zusammenspiels von thetischem und nicht-thetischem Bewußtsein, von Reflexion und Gefühl, oder, wie Novalis häufig schreibt, von »Gefühl und Gedanke«. Das Absolute bleibt transzendent, es kann auch in der »intellektualen Anschauung«, wie Novalis den höchsten Punkt der Philosophie bezeichnet, nur *»[m]ittelbar«* (II,119:22) angeschaut werden. Anders als bei Fichte setzt sich das Ich nicht mehr ein Nicht-Ich entgegen, sondern Thesis und Antithesis sind beide im Ich, im Prozeß seiner Selbstvermittlung durch die Wechselrelation, den Ordo inversus von Gefühl und Reflexion. Folgerichtig wird dann das Absolute nicht mehr als Ich gedacht. Gegen Fichtes absolutes Ich, das Subjekt, dem alles andere zum bloßen Nicht-Ich wird, setzt Novalis: »Statt N[icht] I[ch] – Du« (III,430:820).

Ein solches Subjekt-Objekt-Verhältnis aber kann als Liebe gedacht werden, und damit öffnet sich für Novalis der Weg für eine Rezeption und Integration vorkantischer Philosophien und religiöser Überzeugungen: »Spinotza und

1 Zu Novalis' Fichte-Studien und zum frühromantischen Kontext vgl. Frank, B 5: 1969, 1972, 1977, 1987 und 1994.

Zinzendorf haben sie erforscht, die unendliche Idee der Liebe und geahndet die Methode – sich für sie und sie für sich zu realisiren auf diesem Staubfaden. Schade, daß ich in Fichte noch nichts von dieser Aussicht sehe, nichts von diesem Schöpfungsathem fühle« (an Friedrich Schlegel, 8. Juli 1796; IV,188). Diese Idee der Liebe, der Wechselbeziehung zwischen Ich und Du, Subjekt und Objekt, Unendlichem und Endlichem gehört dann zeitlebens zu Novalis' Grundvorstellungen: »Die Liebe ist der Endzweck der *Weltgeschichte* – das Unum des Universums« (III,248:50).

Der Ordo inversus, die Wechselrelation, die auf die Idee der Liebe führte, prägt dann auch die Definition des Romantisierens:

> Die Welt muß romantisirt werden. So findet man den urspr[ünglichen] Sinn wieder. Romantisiren ist nichts, als eine qualit[ative] Potenzirung. Das niedre Selbst wird mit einem bessern Selbst in dieser Operation identificirt. So wie wir selbst eine solche qualit[ative] Potenzenreihe sind. Diese Operation ist noch ganz unbekannt. Indem ich dem Gemeinen einen hohen Sinn, dem Gewöhnlichen ein geheimnißvolles Ansehn, dem Bekannten die Würde des Unbekannten, dem Endlichen einen unendlichen Schein gebe so romantisire ich es – Umgekehrt ist die Operation für das Höhere, Unbekannte, Mystische, Unendliche – dies wird durch diese Verknüpfung logarythmisirt – Es bekommt einen geläufigen Ausdruck. romantische Philosophie. *Lingua romana*. Wechselerhöhung und Erniedrigung.
>
> (II,545:105)

Eine berühmte Aufzeichnung, deren Gedankengang ebenso verblüffend wie charakteristisch für Novalis ist. Er bildet eine Analogie zwischen der Integral- und Differentialrechnung auf der einen Seite und Philosophie, Anthropologie und, am Rande, Sprachtheorie auf der anderen Seite. Diese Analogie verleiht beiden Seiten einen schillernden Status, der ihr einen Schein von Evidenz gibt. Die Voraussetzung für diese Analogie, das gemeinsame Dritte, ist jedoch schwer zu greifen. Sie scheint im »ursprünglichen Sinn« zu liegen, der aber soll erst noch gefunden werden. Eine paradoxe Struktur, die offenbar beabsichtigt ist, denn sie wiederholt sich noch einmal. Die Formel vom »ursprünglichen Sinn« suggeriert eine Abschließbarkeit des Romantisierens, der das mathematische Modell gerade widerspricht: Potenzierung und Logarithmierung, Wechselerhöhung und -erniedrigung können ad infinitum fortgesetzt werden, so daß der »ursprüngliche Sinn« zum Grenzwert wird und das Romantisieren zu einer unendlichen Tätigkeit.

Novalis hat hier auch häufig von »Construction« gesprochen, ein Schlüsselwort, das ebenfalls in die Mathematik zurückweist, auf ein Verfahren, das der Romantiker dann universalisiert:

> Wie man in der Mathem[atik] durch regelmäßiges *Functioniren* bekannter *Glieder* und Theile der ganzen Gleichung – die Unbekannten successive findet und construirt, so findet und construirt man in allen Wissenschaften – die Unbekannten, Fehlenden Glieder und Theile des Wissenschaftlichen Ganzen durch *Functionirungen* der Bekannten Glieder und Theile.
>
> (III,92)

»Constructionen« findet Novalis aber nicht nur in der Mathematik. Er nennt auch Fichtes Ich einen »Robinson – eine wissenschaftliche *Fiction* – zur Erleichterung d[er] Darstellung und Entwickl[ung] d[er] *W[issenschafts]L[ehre]*« (III,405:717); andere Beispiele sind die Idee eines Anfangs der Geschichte, »die Schilderung des phil[osophischen] Naturstandes – eines isolirten Princips – oder Begriffs« (ebd.). Grundsätzlich hält Novalis fest: »Jeder Anfang ist ein Actus d[er] Freyheit – eine *Wahl* – Construction eines abs[oluten] Anfangs« (ebd.).

Die hier gemeinte »Construction« bezeichnet ein hypothetisches Vorgehen, das von Voraussetzungen Gebrauch macht, deren Legitimität sich immer erst im nachhinein erweisen ließe, und zwar dadurch, daß gezeigt wird, daß das Vorauszusetzende eine notwendige und hinreichende Bedingung von etwas Gegebenem ist. Die Möglichkeit eines solchen Beweises, des Abschlusses einer solchen »Construction« aber gibt es in den Augen von Novalis nicht. Insofern überschreitet die romantische Konstruktion die Grenzen der Wissenschaften und des im engen Sinne rationalen Denkens. An die Stelle rationaler Selbst- und Letztbegründung tritt eine romantische Konstruktion, die Novalis in einem schönen Bild veranschaulicht hat: »Das Ganze ruht ohngefähr – wie die spielenden Personen, die sich ohne Stuhl, blos Eine auf der andern Knie kreisförmig hinsetzen« (II,242:445).

Aus dem Paradox von Notwendigkeit und Unmöglichkeit ergibt sich die spezifisch frühromantische Figur eines gegenläufigen Denkens, die in den Fichte-Studien als »ordo inversus« entwickelt wurde und dann als »Hin und her«, »Weg nach innen und wieder heraus«, als »Vor- und rückwärts«, »Hereinwärts und herauswärts«, »Von unten hinauf und von oben hinunter«, als »Transitus« und »Wechselrepräsentation« die gedankliche und formale Struktur des Gesamtwerkes sehr weitgehend bestimmt. Sie läßt sich als »narrative Konstruktion immanenter Transzendenz« (vgl. Uerlings, B 2: 1991) verständlich machen.

So konnte Novalis seine »Enzyklopädistik«, seine geplante universale Wissenschaftslehre, eine »symbolische, indirecte, Constructionslehre des schaffenden Geistes« (IV,263) nennen. Eine Aufzeichnung macht deutlich, wie hier durch Konstruktion Bekanntes und Unbekanntes, Begriffliches und Nichtbegriffliches, Endliches und Unendliches verbunden werden sollen:

> Jede W[issenschaft] hat ihren Gott, der zugleich ihr Ziel ist. So lebt eigentlich die Mechanik vom Perpetuo mobili – und sucht zu gleicher Zeit, als ihr höchstes Problem, ein *Perpetuum mobile* zu construiren. So die Chymie mit dem Menstruo universali – und dem *geistigen* Stoffe, oder dem Stein der Weisen. Die Phil[osophie] sucht ein erstes und einziges Princip. Der Mathem[atiker] die Quadratur des Zirkels und eine Principalgleichung. Der *Mensch - Gott.* Der Mediciner ein Lebenselixier – eine Verjüngungsessenz [...]. Der Politiker einen vollkomnen Staat – Ewigen Frieden – *Freyer Staat.* (III,296:314)

Hier wird eine frühromantische Universalutopie entworfen, die aus Teilutopien besteht (vgl. Mähl, B 5: 1985). Dabei wird ein mögliches szientistisches Selbstverständnis der Einzelwissenschaften utopisch aufgebrochen. Um es am letztgenannten Beispiel zu verdeutlichen: Einem Verständnis von Politik als politischer Klugheitslehre, als Lehre von den Strategien der Verwaltung, Erhaltung und Vergrößerung der Macht, wird die Idee des »freien Staates« entgegengehalten. Der »freie Staat« aber ist eine regulative Idee, ein notwendiges, aber nie ganz zu realisierendes Ideal, kurz: eine Utopie.

Die Bedeutung dieser und anderer utopischer Zielvorstellungen besteht nicht in ihrer Realisierbarkeit, sondern in ihrer Wirksamkeit als »Approximationsprincipe« (III, 296:314). Das bedeutet auch, daß die Einheit der Wissenschaften, ja sogar die Einheit der Welt den Status eines Ideals, einer unendlichen Aufgabe hat.

Die frühromantische Utopie geht davon aus, daß wir über *»unvollkommne Wahrheiten«* (III,174) nicht hinauskommen. »Um diese ist es uns aber gerade zu thun« (ebd.), denn die »Frage nach der *Weltsubstanz* etc. ist eine antinomische Frage« (III,178), deren Lösung nur durch Relation – »Differentiation – Integration« (III,174) – gefunden werden kann. Über das Spiel dieser Relationen und ihr Zusammenschließen führt kein Weg hinaus. Schon in den Fichte-Studien hatte Novalis festgehalten: »[...] das Ziel des Menschen ist nicht die goldne Zeit« (II,269:565).

Das frühromantische Utopie-Konzept beruht also auf dem Konzept der »Construction«. Es schließt, wie Hans-Joachim Mähl (B 5: 1985) gezeigt hat, an Kants Postulatenlehre an. Im Blick auf die Utopie wird deutlich, wie sehr der Begriff der Einheit nicht nur als Fluchtpunkt epistemologischer Bemühungen, sondern auch als Ausgangspunkt für die Praxis fungiert.

Dieser produktive Aspekt kehrt wieder, wenn im 5. *Dialog* die Hypothese als Mittel zur »Erweiterung der Wissenschaft« (II,668 f.) gefeiert wird. Hypothesen sind unbewiesene Annahmen, mit deren Hilfe Bekanntes erklärt werden soll. Sie sind also selbst nicht beweisbar, sondern nur aus Beobachtbarem konstruierbar. In den Wissenschaften können solche Hypothesen dann etwa durch Experimente verifiziert oder falsifiziert werden. Nicht so die romantische Hypothese, die so weit ausgreift, daß sie den Rahmen dessen, was sich nachprüfen läßt, und damit den eines eingeschränkten Wissenschaftsverständnisses überschreitet.

In diesem Sinne ist auch die Einheit der Natur nicht gegeben, sondern aufgegeben, d. h., sie ist eine romantische Hypothese: »Die Natur fängt, um mich so auszudrücken mit dem Abstracten, an. Der Grund der Natur, ist, wie Mathematik, durchaus nothwendige Hypothese« (III,667:607). Solche Hypothesen oder Konstruktionen werden von Novalis als die notwendige andere Hälfte der Wissenschaft gedacht. »Wissenschaft ist nur Eine Hälfte. Glauben ist die Andre« (II,257:490), schreibt er einmal und fordert gezielte »Glaubensconstruction – Construction durch Annahmen« (II,387:44).

In dieser Verbindung von Wissenschaft und Glauben entsteht die romantische Konstruktion der Einheit der Welt. Diese Einheit ist mit szientifischen Mitteln immer nur via negationis zu sichern, aber auch für den politischen Bereich etwa gilt: »Jede immer getäuschte und immer erneuerte Erwartung deutet auf ein Capitel in der Zukunftslehre hin« (III,296:314). Auf diese Wechselrelation deutet auch das berühmte erste *Blüthenstaub*-Fragment: »Wir suchen überall das Unbedingte, und finden immer nur Dinge« (II,413:1).

Neben Utopie und Hypothese ist noch ein drittes wichtiges Konzept dem Muster der romantischen Konstruktion verpflichtet, die Novalis einmal auf die Formel gebracht hat: »Das Unbekannte, Geheimnißvolle ist das *Resultat*, und der *Anfang* von Allem« (III,302:342). Dieses dritte Konzept ist das wichtigste – und viel gescholtene – Handwerkszeug des Romantikers, der »Zauberstab der Analogie« (III,518).

Die Lehre von der Analogia entis, der Ähnlichkeit alles Seienden, ist eines der ältesten Modelle der Einheit zwischen idealer und realer, göttlicher und natürlicher Welt. So ist die Entsprechung von Mikrokosmos und Makrokosmos eine seit der Antike geläufige strukturelle Analogie. Die Analogiebildung als Form der Beziehungsstiftung zwischen ganz verschiedenen Gegenständen, Bereichen, Zeiten und Räumen genießt aber in der Wissenschaft kein hohes Ansehen. Zum einen läßt sich mit ihr keine unbedingte Gewißheit erreichen, und zum zweiten ist sie häufig zirkulär. Die Plausibilität von Analogiebildungen hängt davon ab, wie einsichtig das gemeinsame Dritte gemacht werden kann, das die Vergleichbarkeit der beiden Glieder einer Analogie sichert. Bei Novalis kehrt hier die Grundfigur der romantischen Konstruktion wieder.

»Analogie« meint bei ihm das, was wir heute eine »Homologie« nennen: eine Gleichheit, die durch einen gemeinsamen Ursprung verbürgt ist, auf den die Analogie verweist, der aber unbekannt ist und bleibt. Die Analogie wird also möglich durch ein gemeinsames Drittes, das vorausgesetzt wird und zugleich erwiesen werden soll. Auch die Analogie führt demnach letztlich in die Räume des Nicht-Beweisbaren. Analogieschlüsse dieser Art sind ein szientifisch-poetisches Mischprodukt, wie schon Novalis wußte: »Geheimnisse der Kunst jede Naturerscheinung, jedes Naturgesetz zur *Formel* zu gebrauchen – oder die Kunst *analogisch zu construiren*« (III,561:40). Gleichwohl aber kann und soll die Analogiebildung als Erkenntnis-Verfahren dienen, darauf zielt die Aufforderung aus der *Europa*-Rede »lernt den Zauberstab der Analogie gebrauchen« (III,518). Novalis befand sich hier in guter Gesellschaft. Im Bereich der Geschichtsschreibung konnte er sich auf Schiller berufen, der in seiner Antrittsrede von 1789 von der Analogie als einem »mächtigen Hülfsmittel«[2] für den Historiker gesprochen hatte. Auch Goethe war zu dem Ergebnis gekommen: »Nach Analogien denken ist nicht zu schelten.«[3]

Goethe konnte auf seine Entdeckung des Zwischenkieferknochens beim Menschen durch das Analogieverfahren verweisen, und Novalis schrieb schon 1798/99: »Der Magnet[ism] ist die verkehrte Elektricität und die Elektr[icität] der verkehrte Magnetism« (III,64). Bis die Experimentalphysiker die magnetische Wirkung des Stroms ›entdeckten‹, sollten noch 20 Jahre ins Land gehen.

Aber bei Goethe und Novalis steht nicht so sehr die Vergrößerung empirischen Wissens, sondern die Konstruktion eines lebendigen Ganzen im Vordergrund, und deshalb begründet auch Goethe seine Rehabilitierung der Analogie mit ihrem Respekt vor dem Besonderen. Er schreibt:

> Nach Analogien denken ist nicht zu schelten: die Analogie hat den Vorteil, daß sie nicht abschließt und eigentlich nichts Letztes will; dagegen die Induktion ver-

2 Friedrich Schiller, »Was heißt und zu welchem Ende studiert man Universalgeschichte? Eine akademische Antrittsrede«, in: *Schillers Werke. Nationalausgabe*, Bd. 17: *Historische Schriften. 1. Teil*, hrsg. von Karl-Heinz Hahn, Weimar 1970, S. 373.

3 Johann Wolfgang von Goethe, »Maximen und Reflexionen«, in: J. W. v. G., *Werke. Hamburger Ausgabe*, hrsg. von Erich Trunz, Bd. 12, 7., überarb. Aufl., München 1973, S. 368 f.

> derblich ist, die einen vorgesetzten Zweck im Auge trägt und, auf denselben losarbeitend, Falsches und Wahres mit sich fortreißt.[4]

Auch Novalis will nichts Letztes; er benötigt die Idee eines Letzten vor allem, um die »Verwandtschaft« (vgl. II,540:72) aller Ideen behaupten zu können und dann, als wäre er selbst ein »Ideenwebstuhl« (IV,211), die zahllosen Analogien aufzudecken. Man kann deshalb, statt die fehlende Letztbegründbarkeit zu beklagen, auch die Offenheit, die Produktivität und die Gegenstandsnähe eines solchen Denkens und Schreibens betonen, wie das im Blick auf das Analogiendenken zuletzt Ulrich Stadler getan hat: »Zumindest bei Novalis dokumentiert der planvolle Umgang mit der Homologie [die Novalis ›Analogie‹ nennt – H. U.] eine Konvergenz von Natur- und Subjektsbezug, eine Konvergenz, die es erlaubt, das Hardenbergsche Werk jener ›zarten Empirie‹ zuzurechnen, welche Goethe aufs Höchste geschätzt hat« (B5: 1993, 105). Goethe hatte formuliert: »Es gibt eine zarte Empirie, die sich mit dem Gegenstand innigst identisch macht und dadurch zur eigentlichen Theorie wird.«[5]

Etwas von dieser Nähe zwischen Gegenstand und Theorie wird greifbar in der Vielfalt der Formen, in der die »Enzyklopädistik« ihren Ausdruck finden sollte. Schon relativ früh plant Novalis, Schlegel brieflich ein Bruchstück daraus vorzutragen, und zwar »so romantisch, als möglich«, und er überlegt:

> Soll es eine Recherche (oder Essai), eine Sammlung Fragmente, ein Lichtenbergischer Commentar, ein Bericht, ein Gutachten, eine Geschichte, eine Abhandlung, eine Recension, eine Rede, ein *Monolog* oder *Bruchstück eines Dialogs* etc. werden? (III,278:218)

4 Ebd.
5 Ebd., S. 435 (Nr. 509).

Und noch gegen Ende seiner Arbeit am *Allgemeinen Brouillon* hält Novalis fest, daß jedes »Stück meines Buchs [...] in äußerst verschiedner Manier geschrieben seyn kann – In Fragmenten – Briefen – Gedichten – wiss[enschaftlich] strengen Aufsätzen etc.« (III,450:945).

Das führt auf die Darstellungsproblematik, deren sich Novalis schon in den Fichte-Studien bewußt wurde. »Wir verlassen das *Identische* um es darzustellen« (II,104:1), heißt es gleich zu Beginn, und daß jede Form der Darstellung vom unaufhebbaren Mangel an Sein geprägt ist, wird seine Überzeugung bleiben. Das wird bei der Interpretation der literarischen Werke zu zeigen sein, Novalis hat sich darüber aber auch in einem meisterhaften kurzen essayistischen Prosatext mit dem Titel *Monolog* (II,672 f.) Rechenschaft abgelegt und es seinen Lesern dabei zugleich vorgeführt (vgl. Uerlings, B 2: 1991, 209–212). Ganz unmißverständlich hält er im *Allgemeinen Brouillon* einmal fest:

> Auf Verwechselung des *Symbols* mit dem Symbolisirten – auf ihre Identisirung – auf den Glauben an wahrhafte, vollst[ändige] Repraesentation – und Relation des Bildes und des Originals – der Erscheinung und der Substanz – auf der Folgerung von äußerer Aehnlichkeit – auf durchgängige innre Übereinstimmung und Zusammenhang – kurz auf Verwechselungen von Subj[ect] und Obj[ect] beruht der ganze Aberglaube und Irrthum aller Zeiten, und Völker und Individuen. (III,397:685)

Diese Grenze gilt auch für die frühromantische Vorstellung von den Möglichkeiten religiöser Erfahrung (vgl. Stockinger, B 5: 1992). Im – sehr langen – 74. *Blüthenstaub*-Fragment skizziert Novalis eine Mittlerreligion, die für sein Werk charakteristisch ist. Gleich im zweiten Satz wird das Verfehlen des Absoluten mitbedacht: »Nichts ist zur wahren Religiosität unentbehrlicher als ein Mittelglied, das uns mit der Gottheit verbindet. Unmittelbar kann der Mensch schlechterdings nicht mit derselben in Verhältniß stehn. In der Wahl dieses Mittelglieds muß der Mensch durchaus frey seyn. Der mindeste Zwang hierin schadet seiner Religion« (II,441 ff.:74). Später heißt es dann: »Es ist ein Götzendienst im weitern Sinn, wenn ich diesen Mittler in der That für Gott selbst ansehe«. Alles kann daher Mittler werden, aber:

> Je selbständiger der Mensch wird, desto mehr vermindert sich die Quantität des Mittelglieds, die Qualität verfeinert sich, und seine Verhältnisse zu demselben werden mannichfaltiger und gebildeter: Fetische, Gestirne, Thiere, Helden, Götzen, Götter, Ein Gottmensch. Man sieht bald, wie relativ diese Wahlen sind, und wird unvermerkt auf die Idee getrieben, daß das Wesen der Religion wohl nicht von der Beschaffenheit des Mittlers abhange, sondern lediglich in der Ansicht desselben, in den Verhältnissen zu ihm bestehe.
> (II,443:74)

Gerade im Mittler-Fragment ist unübersehbar, wie sehr sich Novalis darum bemüht, Religiosität und geistig-moralische Autonomie des Menschen zu verbinden. Damit verfolgt er ein Grundanliegen der deutschen Aufklärung weiter, wie dies auf ihre Weise auch die Weimarer Klassik getan hat. Das lenkt den Blick noch einmal auf die übergreifenden Epochenzusammenhänge.

Die Romantik ist lange Zeit als Wendung gegen die Aufklärung interpretiert worden. Das ist, in dieser Einseitigkeit, falsch. Es ist vielmehr so, daß Novalis (und mit ihm die Frühromantik insgesamt) in vielfacher Weise an die Aufklärung anschließt und sie fortführt, sie aber andererseits auch kritisiert. Der polemischen Kritik der Romantiker verfällt die vorkantische Aufklärungsphilosophie, d. h. insbesondere der dualistische Rationalismus und der monistische Empirismus, und diese Kritik wird ausgeweitet auf den Geist der europäischen Neuzeit. Angeschlossen wird dagegen an die von den Aufklärern Herder und Lessing vorgelegten Versuche, normativ-moralische Ideale durch Vermittlung von Rationalismus und Empirismus zu begründen, aber dies geschieht bei Novalis auf dem Diskussionsstand der neunziger Jahre. Die Einheit von Sinnlichkeit und Vernunft wird als regulative Idee konzipiert, diese aber soll sinnlich vergegenwärtigt werden können. Das führt auf den »Gedanken der anschaubaren Einheit von Erscheinungswelt und Idee in der stetigen Bewegung der Erscheinungen« (Stockinger, B 4: 1994, 92), eine Vorstellung, die Friedrich Schlegel und Novalis vor allem in der Infinitesimalrechnung in reiner Form ausgedrückt fanden.

Von dieser Vorstellung einer durch regulative Ideen gesteuerten unendlichen Perfektibilität her wird dann das Politikmodell der Aufklärung kritisiert als eines, das den Egoismus der Bürger über die Ideen stelle. Das ist einerseits eine Fortführung des moralistischen Konzeptes der Aufklärung, andererseits aber zugleich eine Radikalisierung durch nichteudämonistische, transzendentalphilosophische Konzepte. Aus ihnen ergibt sich das Verständnis für den religiös-moralischen Impetus der Jakobinerherrschaft, aber nicht mehr für dessen Funktionalisierung für politische Zwecke bei Robespierre. Im Religionsdiskurs knüpfen die Romantiker an Vermittlungsversuche der Aufklärung an. Die »große Kette der Wesen« wird aufgegriffen als Ort unendlicher Perfektibilität, der Einheit von Immanenz und Transzendenz des Göttlichen und der die moralische Freiheit sichernden Einheit und Differenz von Geist und Materie. So entsteht, auf der Basis von Transzendental- und Geschichtsphilosophie, d. h. unter Einschluß der aufklärerischen Religionskritik, ein Christentum mit mythologischen Strukturen, das »den Anforderungen der Aufklärer in ganz besonderer Weise genügt« (Stockinger, B 4: 1994, 97).

Auch im Blick auf das Kunstkonzept läßt sich das Verhältnis zur Aufklärung als eines von Kritik und Fortführung beschreiben. Für die romantische Kunst charakteristisch sind die Abkehr vom Prinzip der Naturnachahmung und die Radikalisierung der Kunstautonomie. Allerdings bezieht sich auch die romantische Kunst auf die Erscheinungswelt, und zwar insofern es um »die verzeitlichte Verwirklichung der Idee in den Produkten der Natur und im geschichtlichen Handeln« (ebd., 99) geht. Die Differenz ergibt sich erst aus der Ersetzung der Philosophie durch die Kunst. In der Aufklärung gab die Philosophie der Dichtung die Wesenserkenntnis vor. In der Romantik dagegen garantiert die Einbildungskraft die Darstellung einer Bewegung der Natur und Geschichte auf ein mit Verstandesbegriffen nicht mehr faßbares, von der Poesie aber symbolisch zu vergegenwärtigendes Ziel hin. Solche Darstellungsweise dient, das ist gegen einseitige Betonungen der romantischen Kunstautonomie festzuhalten, der Vergrößerung der moralischen Freiheit des Rezipienten und dem Totalitätsanspruch der romantischen Kunstreflexion gegenüber anderen gesellschaftlichen Teilbereichen. Auch das ist, einschließlich der Abwehr gegenüber dem Anspruch der Theologie, ein aufklärerischer Impetus.

III
Das politische Werk

1. *Glauben und Liebe*

Glauben und Liebe überträgt die frühromantische Mittlerreligion auf den Bereich des Politischen und führt dabei Gedanken aus, die bereits in einigen *Vermischten Bemerkungen* zu finden waren. Zum Kristallisationspunkt der Dichtung über den »ächten Republikanismus«, die Repräsentation des Geistes des Ganzen im Fürsten und den »poetischen Staat« wird das preußische Königspaar, und aus dieser Mischung aus Fiktion und Wirklichkeit entsteht der »Gedankenreiz« (Nr. 3)[1] der Schrift.

Den historischen Hintergrund für die Poetisierung der preußischen Monarchie bilden die hohen Erwartungen, die sich allenthalben mit der Thronbesteigung Friedrich Wilhelms III. am 16. November 1797 verbanden. Daß sie später weitestgehend enttäuscht wurden, steht auf einem anderen Blatt. Die ersten Amtshandlungen des Königs jedenfalls waren geeignet, das Bild dessen, der einen neuen, freieren Geist in Preußen verbreiten und die Achtung der Bürger durch den Staat wiederherstellen werde, zu bestätigen. Das Vertrauen, das dem König entgegengebracht wurde, gründete freilich eher in moralischen als in politischen Erwägungen. Die 1793 mit Prinzessin Luise geschlossene Ehe galt als Liebesehe und das Königshaus als Musterbild einer glücklichen häuslichen Familie – im Gegensatz zur Mätressenwirtschaft und Bigotterie unter Friedrich Wilhelm II. Eine

1 Zitate aus *Glauben und Liebe* (II,483–503) werden im folgenden nur durch Angabe der Fragment-Nr. nachgewiesen.

neugegründete Zeitschrift, die *Jahrbücher der Preußischen Monarchie unter der Regierung von Friedrich Wilhelm III.*, beförderte dieses Bild nach Kräften. Die *Jahrbücher* machten es sich zur Aufgabe, »die Regierungstätigkeit und das persönliche Leben dieses Fürstenpaares zu verfolgen und neben Kabinettsordres, politischen Berichten u. dgl. kleine Züge aus dem Leben des Königs und der Königin zu veröffentlichen und huldigende Aufsätze und Gedichte zu bringen, die den Hoffnungen und Erwartungen des Volkes Ausdruck gaben« (Samuel; II,475).

Diese Vermengung von Privatheit und Öffentlichkeit auf beiden Seiten ist Ausdruck der Bestrebungen einer Moralisierung der Politik, die für das ausgehende 18. Jahrhundert charakteristisch ist und – auf höherem Niveau als bei Hofe – auch den Blick der Dichter und Denker auf die Politik prägt (vgl. Peter, B 5: 1980). Gerade *Glauben und Liebe* ist stark dadurch beeinflußt, insoweit es seine Zielvorstellungen aus den Normen des bürgerlichen Privatbereichs ableitet. Die zentrale Rolle, die Ehe, Familie und traditionelle Geschlechtercharaktere in *Glauben und Liebe* spielen, ist nur vor diesem Hintergrund verständlich (dazu kritisch: Peter, B 5: 1997). Andererseits unterscheidet sich Novalis' frühromantische Poetisierung des Herrscherpaares grundlegend von bloßer Panegyrik. Der König und die Königin wurden bei ihm »nicht konkretes Vorbild«, sondern »Anlaß für das zu entwickelnde Bild eines idealen Fürstenpaares« (Paschek, Nachwort, in: *Fragmente und Studien*, 143).

Novalis schrieb *Glauben und Liebe* im Frühjahr 1798 und schickte es an Friedrich Schlegel mit der Bitte um Veröffentlichung entweder als Separatdruck oder in den *Jahrbüchern*. Schlegel reagierte schnell und vereinbarte die Publikation in den *Jahrbüchern*. Das lange Manuskript mußte dazu aber aufgeteilt werden, ein erster Teil sollte schon im Juni-Heft erscheinen. Zu diesem Zweck zerstörte Schlegel die Komposition der Sammlung, zog die Gedichte heraus und veröffentlichte sie, unter der Überschrift *Blumen*, als erstes. Im Juli-Heft erschien dann *Glauben und Liebe*; die *Politischen Aphorismen* waren wiederum abgetrennt worden und sollten im August-Heft der *Jahrbücher* erscheinen.

Über die Reaktion der Berliner Öffentlichkeit schrieb der Verleger der *Jahrbücher*, Johann Unger, gleich nach dem Erscheinen an Friedrich Schlegel, der dies sofort Novalis wissen ließ: »Im Allgemeinen wird dieser Aufsatz bewundert. Jedermann ist damit zufrieden« (IV,497). Ein bemerkenswertes Echo auf einen frühromantischen Text! Leider blieb es nicht dabei. Auch der König hatte die Schrift, oder was davon veröffentlicht war, gelesen, und Unger ließ wissen: »Ueber einige Aeußerungen in Glauben und Liebe soll der König etwas verdrießlich gewesen seyn« (ebd.). Kurz darauf mußte er ergänzen: »Der kleine Unwille des Königs, den er über Glauben und Liebe geäußert hat, erregte solche Furcht bey der Censur, daß die politischen Aphorismen nicht erlaubt wurden zu drucken« (IV,499). Nachforschungen nach dem Verfasser, dessen Pseudonym »Novalis« aus der Veröffentlichung der *Blüthenstaub*-Fragmente im *Athenaeum* bekannt war, wurden angestellt, Unger sperrte sich aber dagegen und legte eine falsche Fährte, die nach Rußland wies. Während Unger »die sclavische Furcht« (ebd.) der Zensurbehörde vor dem König für deren Aktivitäten verantwortlich machte, sah Friedrich Schlegel dahinter einen gezielten Angriff auf die politisch mißliebige freie Geistigkeit der Frühromantik. An Novalis schrieb er: »Du kannst schon aus Obigem einige Schlüsse auf die Umgebung des Königs machen, und Dir leicht hinzu denken, daß die Berliner Klicke, die auch sehr gegen das Athen[aeum] schreyt, es ganz besonders gegen Dich hat« (ebd.).

Diese Bemerkung Schlegels weist auf politisch-ideologisch motivierte Grenzen des Sagbaren in den 1790er Jahren hin, die beachten mußte, wer keinen Konflikt mit Staat und Kirche riskieren wollte. Noch im selben Jahr 1798 kam es, in Sachsen, zum sogenannten Atheismusstreit, in dem Novalis unmißverständlich Stellung bezog (s. S. 49 f.).

Friedrich Schlegel
Bleistiftzeichnung eines Unbekannten vom 4. März 1798

Es war also schwierig, sich in den 1790er Jahren öffentlich zu den »letzten Dingen« zu äußern, denn darum ging es bei diesem Streit: um das Verhältnis von Moral und Politik und um das von Vernunft und Offenbarung. Die Probleme waren mit der Philosophie der Aufklärung entstanden: Die neue, universalistische Moral beanspruchte Geltung auch und gerade für den Bereich des Politischen, der im Absolutismus dem öffentlichen Raisonnement weitestgehend entzogen war, und zugleich mußte die neue Subjektsautonomie, die die Normen in der Vernunft zu begründen unternahm, mit der Heteronomie der Offenbarung in Konflikt geraten. Das war schon das Thema von Fichtes *Versuch einer Kritik aller Offenbarung* (1791/92) gewesen.

Auf diese Situation hatte man in Preußen bereits unter Friedrich Wilhelm II. reagiert: Mit dem Wöllnerschen Religionsedikt von 1788 wurde eine antiaufklärerische, an den Dogmen der Orthodoxie orientierte Religionspolitik festgeschrieben. Auch wenn Friedrich Wilhelm III. das Edikt und die Zensurregelungen 1797 wieder aufgehoben und mit Wöllner und Bischoffwerder zwei einflußreiche Berater seines Vaters entlassen hatte, hatte Novalis gute Gründe, sich in dieser Situation einer besonderen, verschlüsselten Sprache zu bedienen. Auf diese macht er selbst in der Vorrede zu *Glauben und Liebe* aufmerksam:

> 1. Wenn man mit Wenigen, in einer großen, gemischten Gesellschaft etwas heimliches reden will, und man sitzt nicht neben einander, so muß man in einer besondern Sprache reden. Diese besondre Sprache kann entweder eine *dem Ton* nach, oder *den Bildern* nach fremde Sprache seyn. Dies letztere wird eine Tropen und Räthselsprache seyn.
> 2. Viele haben gemeynt, man solle von zarten, mißbrauchbaren Gegenständen, eine gelehrte Sprache führen, z. B. lateinisch von Dingen der Art schreiben. Es käme auf einen Versuch an, ob man nicht in der ge-

wöhnlichen Landessprache so sprechen könnte, daß es nur *der* verstehn könnte, der es verstehn sollte. Jedes wahre Geheimniß muß die Profanen von selbst ausschließen. Wer es versteht ist von selbst, mit Recht, *Eingeweihter.*

Novalis spricht in *Glauben und Liebe* eine »Tropen und Räthselsprache«: Sie zielt nicht auf die bleibende Trennung zwischen denen, die ein Geheimnis haben, und der Öffentlichkeit, sondern sie verrätselt das Mitzuteilende, um es zu schützen und eine Kommunikation allererst zu ermöglichen, deren Ziel es ist, »alle« einzuweihen. Der Rätselcharakter impliziert also auch die Aufforderung an alle, das Rätsel zu lösen: »Der mystische Ausdruck ist ein Gedankenreiz mehr« (Nr. 3).

Die begründete Furcht vor der Zensur ist aber, wie Ludwig Stockinger (B 5: 1988) gezeigt hat, nur die eine Seite des Problems. Die zweite ist eng mit dem Stand der philosophischen Diskussion in den 1790er Jahren verbunden. Mit der kritischen Philosophie Kants war die Begründung von Normen zum offenen Problem geworden, denn anders als in der vorkritischen rationalen Metaphysik konnte das Sollen jetzt nicht mehr aus dem Sein, die Moral nicht mehr aus dem theoretischen Wissen abgeleitet werden. Auch bei Kant blieb die Frage nach der Einheit von theoretischer und praktischer Vernunft und der Begründung der Postulate der letzteren aus der Sicht mancher Zeitgenossen unbefriedigend gelöst. Damit war die moralisch argumentierende Aufklärungstradition in eine Schwierigkeit geraten, die die schnell aufeinander folgenden Systementwürfe des jungen deutschen Idealismus und der Frühromantik durch das Konzept einer intellektualen Anschauung und einer unendlichen Prozessualisierung des transzendentalen Selbst zu lösen versuchten.

Das aber bedeutete, daß der höchste Punkt der Philosophie begrifflich nicht faßbar und somit anders als in bildlicher Rede nicht sagbar war. Wenn Novalis also von »mystischem Ausdruck« spricht und zwischen »Profanen« und »Eingeweihten« unterscheidet, dann verweist das auch auf die Tradition religiöser Rede seit den antiken Mysterienkulten. Angeschlossen wird insbesondere an christliche Auffassungen von der prinzipiell bildlichen Erkenntnis Gottes und dem Sensus mysticus, einem allegorischen Sinn von Natur und Geschichte. Seine spezifisch frühromantische Umdeutung oder doch Interpretation dieser Zusammenhänge bringt Novalis ebenfalls bereits in der Vorrede ins Spiel, mit dem Begriff der Liebe:

> 4. Was man liebt, findet man überall, und sieht überall Ähnlichkeiten. Je größer die Liebe, desto weiter und mannichfaltiger diese ähnliche Welt. Meine Geliebte ist die Abbreviatur des Universums, das Universum die Elongatur meiner Geliebten. Dem Freunde der Wissenschaften bieten sie alle, Blumen und Souvenirs, für seine Geliebte.

Dem für frühromantisches Denken offenen Leser könnte spätestens hier dämmern, daß auch der Titel der Schrift, *Glauben und Liebe*, sich zwar an die christlichen Vorstellungen vom Verhältnis von sichtbarer Welt und unsichtbar angebrochenem Reich Gottes, vom Handeln aus dem Glauben, das das Reich Gottes sichtbar werden läßt, und vom Glauben, der durch die Liebe tätig ist, anlehnt, daß diese Begriffe hier aber transzendentalphilosophisch umgedeutet werden.

Neben dem politischen Druck, dem Interesse am Gedankenreiz und dem unvermeidbaren Mystizismus der Philosophie gibt es aber noch einen weiteren Grund für die »Tropen und Räthselsprache«, die Notwendigkeit einer symbolischen Vergegenwärtigung des Absoluten.

Unger zufolge hat der preußische König nach der Lektüre von *Glauben und Liebe* gesagt: »Von einem König wird mehr verlangt als er zu leisten fähig ist. Immer wird vergessen daß er ein Mensch sey. Man solle nur einem Mann, der dem König seine Pflichten vorhält vom Schreibepult zum Thron bringen und dann wird er erst die Schwierigkeiten sehen die [ihn] umgeben und die nicht möglich zu heben sind« (IV,497). Friedrich Schlegel hat in dieser Rezeption »die litterairische und intellektuelle Mediocrität des königlichen Geistes« (ebd.) gesehen. Damit hatte Schlegel recht: Angesprochen als Künstler, reagierte der König als Mensch. Er reagierte damit aber auch auf eine programmatische Überforderung, die freilich anderer Art war, als er glaubte. Dem wahren Sachverhalt näher kommt August Wilhelm Schlegel, wenn er in einem Brief an Gottlieb Hufeland schreibt, *Glauben und Liebe* sei eine Schrift, in der Novalis »ein Ideal der monarchischen Verfassung als in der Person des jetzigen Königs realisirt betrachtet, und dieß zum Vehikel braucht, seine Philosopheme darüber beynah poetisch einzukleiden« (IV,621).

Glauben und Liebe demonstriert wie kein zweiter Text die Probleme einer Repräsentation des Unbedingten im Bereich des Politischen. Novalis wußte, daß sein Konzept des »*Repraesentativen Glauben[s]*« (III,421:782) eine Gratwanderung war, er hatte die »Verwechselung des *Symbols* mit dem Symbolisirten« (III,397:685) als größte Gefahr erkannt.

Es geht in der Tat darum, den Glauben an die Identität des preußischen Königspaares mit dem Ideal der Politik zu erzeugen und so das Handeln in Richtung auf das Ideal anzustoßen. Und die dafür eingesetzte »rhetorische Gewalt des Behauptens« führt gelegentlich zu Sätzen, die, isoliert betrachtet, nichts Romantisches erkennen lassen, sondern sich wie eine übersteigerte traditionelle Huldigung lesen: »Wer den ewigen Frieden jetzt sehn und lieb gewinnen will, der reise nach Berlin« (Nr. 42). Aber bei diesem Glauben handelte es sich um eine – als solche ausgewiesene – Setzung des Subjekts, nicht um die Annahme von subjektunabhängig Gegebenem.

Die Einsicht, gegen die der König von Preußen sich durch seine Verwechslung des Symbols mit dem Symbolisierten erfolgreich gewehrt hat, war die, auf ein Zeichen für die frühromantische Utopie vom poetischen Staat reduziert zu werden. Sich darauf einzulassen hätte die vollständige Erosion der überkommenen, am natürlichen Gottesgnadentum orientierten Legalität zugunsten einer frühromantischen ohne Grund und Boden bedeutet, selbst wenn diese, wie im folgenden Fragment, in der Begrifflichkeit der (hier) voraufklärerischen, mittelalterlichen Staatskonzeptionen daherkommt: »Bedarf der mystische Souverain nicht, wie jede Idee, eines Symbols, und welches Symbol ist würdiger und passender, als ein liebenswürdiger treflicher Mensch?« (Nr. 15.) Gewiß, auch Novalis spricht von der Legalität aufgrund der Abstammung – aber wie: »Übrigens ist auch ein geborner König besser, als ein gemachter« (ebd.). Zudem erweist sich dann auch der preußische König, in etwas anderer Weise, als ein »gemachter«: »Das ist eben das Unterscheidende der Monarchie, daß sie auf den Glauben an einen höhergebornen Menschen, auf der freiwilligen Annahme eines Idealmenschen, beruht. [...] Der König ist ein zum irdischen Fatum erhobener Mensch. Diese Dichtung drängt sich dem Menschen nothwendig auf. Sie befriedigt allein eine höhere Sehnsucht seiner Natur. Alle Menschen sollen thronfähig werden. Das Erziehungsmittel zu diesem fernen Ziel ist ein König. Er assimilirt sich allmählich die Masse seiner Untertanen. Jeder ist entsprossen aus einem uralten Königstamm. Aber wie wenige tragen noch das Gepräge dieser Abkunft?« (Nr. 18.) Es geht offenbar um zwei verschiedene Begriffe vom »König«: Einmal wird damit ein Mensch an der Spitze der Monarchie bezeichnet, ein andermal einer, der in sich das Ideal der Menschheitsentwicklung realisiert hat. Also bleibt, daß in *Glauben und Liebe* der preußische König mit dem »König« in des Wortes zweiter (und auch in anderen Texten von Novalis zu findender) Bedeutung identifiziert wird, wenn auch nur als »Dichtung«?

Ja, aber wenig später wird dann der preußische König aufgefordert, mit Hilfe der wissenschaftlichen und künstlerischen Elite seines Landes erst »in der That sich zu einem königlichen Menschen zu bilden« (Nr. 38). Erst dann wäre er, wie das folgende Fragment festhält, ein »wahrhafter Fürst« (Nr. 39) und damit »Künstler der Künstler«, der den poetischen Staat wie ein Schauspiel inszeniert. Auch Friedrich Wilhelm III. wird also bei seiner Erhebung zur Verkörperung des Ideals eingespannt zwischen den Polen Wirklichkeit und Utopie. Auch für ihn gilt, wie für die Schrift insgesamt:

> Der ganze Staat läuft auf Repraesentation hinaus.
> Die ganze Repraesentation beruht auf einem Gegenwärtig machen – des Nicht Gegenwärtigen und so fort – (Wunderkraft der *Fiction.*) Mein Glauben und Liebe beruht auf *Repraesentativen Glauben.* So die Annahme – der ewige Frieden ist schon da – Gott ist unter uns – hier ist Amerika oder Nirgends – das goldne Zeitalter ist hier – wir sind Zauberer – wir sind moralisch und so fort. (III,421:782)

Seine kritische Kraft entfaltet das utopische Konzept aber erst dort, wo gesagt wird, wofür dieser Monarch bzw. das »Liebes«-Paar an der Spitze des Staates eigentlich stehen soll. Das ist insbesondere im 36. Fragment der Fall, dem längsten der ganzen Sammlung. Es führt auf das eigentliche Thema der Schrift, das »Ideal eines Staats« (Nr. 36) oder die »politische Quadratur des Zirkels« (ebd.).

Das Fragment beginnt mit einer Kritik: »Kein Staat ist mehr als Fabrik verwaltet worden, als Preußen, seit Friedrich Wilhelm des Ersten Tode.« Das zielt auf den aufgeklärten Absolutismus, für den hier exemplarisch die Regierung Friedrichs II. seit 1740 steht und dessen (positiv gemeinte) Leitmetapher von der »Maschine« Novalis angreift, wenn er fortfährt: »So nöthig vielleicht eine solche maschinistische Administration zur physischen Gesundheit, Stärkung und Gewandheit des Staats seyn mag, so geht doch der Staat, wenn er bloß auf diese Art behandelt wird, im Wesentlichen darüber zu Grunde.« Diese Kritik am »Maschinenstaat« war unter den jungen deutschen Denkern und Schriftstellern in der zweiten Hälfte des 18. Jahrhunderts weit verbreitet. Die radikalste Kritik findet sich im sogenannten *Ältesten Systemprogramm des deutschen Idealismus* (1796), dessen Verfasser entweder Hegel oder Hölderlin oder Schelling oder alle drei waren: »Die Idee der Menschheit voran, will ich zeigen, daß es keine Idee vom *Staat* gibt, weil der Staat etwas *Mechanisches* ist, so wenig als es eine Idee von einer *Maschine* gibt.«[2] Im *Systemprogramm* wird deshalb die Aufhebung des Staates gefordert, eine Vorstellung, die Novalis ganz fremd war: »Das Bedürfniß eines Staats ist das dringendste Bedürfniß eines Menschen. Um Mensch zu werden und zu bleiben, bedarf er *eines Staats*. Der Staat hat natürlich Rechte und Pflichten, wie der einzelne Mensch. Ein Mensch, ohne Staat ist ein Wilder. Alle Kultur entspringt aus den Verhältnissen eines Menschen mit dem Staate« (III,313:394).

Schon in der – nicht in die *Blüthenstaub*-Sammlung aufgenommenen – *Vermischten Bemerkung* Nr. 122 entwirft Novalis daher die Vorstellung, »diese Maschine in ein lebendiges, autonomes Wesen [zu] verwandeln« und so »das große Problem« zu lösen: »Naturwillkühr und Kunstzwang durchdringen sich, wenn man sie in Geist auflößt. Der Geist macht beydes flüssig. Der Geist ist jederzeit poëtisch. Der poëtische Staat – ist der wahrhafte, vollkommne Staat« (II,468:122).

Dazu aber muß erst bestimmt werden, was den Staat der Gegenwart zur Maschine gemacht hat: »Das Prinzip des alten berühmten Systems ist, jeden durch Eigennutz an den Staat zu binden. Die klugen Politiker hatten das Ideal eines Staats vor sich, wo das Interesse des Staats, eigennützig, wie

2 Georg Wilhelm Friedrich Hegel, *Werke*, Bd. 1, Frankfurt a. M. 1971, S. 234.

das Interesse der Unterthanen, so künstlich jedoch mit demselben verknüpft wäre, daß beide einander wechselseitig beförderten« (Nr. 36). Das zielt auf die naturrechtliche Begründung des Staates, wie sie sich, in unterschiedlichen Ausprägungen, bei Hobbes, Wolff, Mandeville und Helvétius findet. Im Rahmen der naturrechtlichen Vertragstheorie legitimiert sich der Souverän durch die Ermöglichung des Interessenausgleichs zwischen den Bürgern. Diese nehmen dafür die »Nötigung« durch staatliche Gesetze und Handlungen auf sich. Damit war zugleich ein Bruch zwischen Einzelinteresse und Gemeinwohl zugestanden, dessen Aufhebung oder doch Milderung zum zentralen Thema der intensiven, durch die Französische Revolution entscheidend vertieften Diskussion über die beste Staatsform im späten 18. Jahrhundert wurde. Für die Frühromantiker kam hinzu, daß die Staatsphilosophie nicht hinter Kants Eudämonismus-Kritik zurückfallen durfte.

Die avanciertesten Neuentwürfe waren Kants *Zum ewigen Frieden* (1795), Friedrich Schlegels *Versuch über den Begriff des Republikanismus* (1796) und Fichtes *Grundlage des Naturrechts* (1796). Keiner der drei Autoren hatte in den Augen von Novalis eine gelungene Synthese von Moral und Recht entwickelt. Darüber hinaus schien der Verlauf der Französischen Revolution zu bestätigen, daß auch die Demokratie einer solchen Synthese nicht förderlich war, sondern dem »Prinzip des alten berühmten Systems«, der Verfolgung des Eigennutzes, auf andere Weise und ungehemmt Geltung verschaffte und so »eine Krisis permanent zu machen« (Nr. 21) drohte.

Vor diesem Hintergrund versuchte Novalis, mit der in *Glauben und Liebe* entwickelten politischen Mittlerreligion ein »neues Konzept der gesellschaftlichen Integration und Legitimation zu finden«, das »die Autonomie des Subjekts achtete und die Wahrung von Freiheit mit der Stiftung von Einheit zu verbinden vermochte« (Stockinger im Kommentarband der *Werke, Tagebücher und Briefe*, 374). Im Zentrum steht dabei die Idee der Liebe, die die Begründung des Staates vom Ich und vom Eigentum her ablöst.

Die Liebe soll, ähnlich wie in Hegels gleichzeitigen Überlegungen, die Kraft sein, mittels derer die vielen endlichen einzelnen sich selbst als Individuen und damit zugleich den Staat hervorbringen und vollenden. »Uneigennützige Liebe im Herzen und ihre Maxime im Kopf, das ist die alleinige, ewige Basis aller wahrhaften, unzertrennlichen Verbindung« (Nr. 36). Die neue Gesellschaft wäre eine »freye Verbindung selbständiger, selbstbestimmter Wesen« (II,457:95). Das bedeutet nicht, daß sie keine Gesetze kennt. Der *Politische Aphorismus* Nr. 65 verweist darauf, daß es in der Antike mit Solon und Lykurg zwei Gesetzgebern gelungen sei, »wahre, allgemeine Gesetze, Gesetze der Menschheit« zu finden, bei denen sich der Konflikt zwischen Freiheit und Notwendigkeit nicht ergebe. Eine solche »Kunst« (Nr. 65) müsse auch in der Gegenwart möglich sein und würde erst die »ächte« Republik, den poetischen Staat heraufführen: »Der ächte König wird Republik, die ächte Republik König seyn« (Nr. 22).

Betrachtet man *Glauben und Liebe* im Kontext der Geschichte der utopischen Literatur, so fällt zweierlei auf. Zum einen unterscheidet sich der frühromantische Entwurf von früheren Utopien durch die Ablehnung des Institutionalismus und der antiindividualistischen Anthropologie, der Dominanz der Gattung. Der Akzent liegt statt dessen auf der – gegenüber Kant viel umfassender gedachten – Moralisierung des Menschen. Alle Widerstände sollen im moralischen Handeln approximativ überwunden werden, und sie werden in diesem Sinne im Rahmen einer »*Poëtik des Übels*« (III,389:653) sogar als Ermöglichungsgrund der Moralisierung gedeutet. Ein absolut Böses gibt es nicht, das christliche Dogma von der Korruption des Menschen durch die Erbsünde entfällt. Hans-Joachim Mähl hat dies mit der Ablehnung der naturrechtlichen Staatstheorie in Verbindung gebracht. Von daher erkläre sich, daß in *Glauben und*

Liebe der »neue« Staat »nicht so sehr *institutionell*, durch Einführung der ›gemischten Regierungsform‹ etwa, begründet [wird], sondern durch den neuen ›Geist‹, die öffentliche Gesinnung, die den Menschen auf neue Weise dem Staate verbinden soll und die zu verbreiten eigentlich die Intention der sogenannten Staatsschrift ausmacht« (B 5: 1985, 288).

Was den frühromantischen Utopiebegriff zweitens kennzeichnet, ist seine »reflexive Vergegenwärtigung«. Hier liegt »das eigentlich Neue und Weiterweisende in der Geschichte des utopischen Denkens« (ebd., 301, Anm. 119). Daran ist gegenüber der Vorstellung vom bloßen Entwerfen utopischer Bilder und dem Vorwurf politischer Naivität festzuhalten, und hier liegt nach Meinung Mähls eine Qualität der frühromantischen Utopie, der gegenüber auch »die später folgenden Fortschrittsutopien seit Mitte des 19. Jahrhunderts mit ihrem Realisierungsanspruch bei weitem ›naiver‹ und in gewisser Hinsicht anachronistisch erscheinen« (ebd.).

Mit dem Blick auf die übergreifende utopische Funktion ist die Frage nach dem konkret politischen Gehalt des immer wieder als »Staatsschrift« titulierten Textes aber noch nicht beantwortet. Das zentrale politische Interesse ist sicher die allgemeine Beteiligung am Staatsleben; Novalis will »ächten Republikanismus, allgemeine Theilnahme am ganzen Staate, innige Berührung und Harmonie aller Staatsglieder« (Nr. 37). Dem lassen sich einige Vorschläge zuordnen, die auf symbolische Handlungen im Geiste der Frühromantik zielen, etwa die Einführung von »Auszeichnungen, die zu den ausgezeichnetsten Thaten« anspornen (Nr. 26), die Einführung von »Abzeichen und Uniformen«, um den »Staat sichtbar« zu machen (Nr. 19) – ein aus der Tradition der literarischen Utopie übernommenes Motiv, wo es »Zeichen der idealen Einheit von Ordnung und Liebe« (Stockinger im Kommentarband der *Werke, Tagebücher und Briefe*, 387) ist –, das Aufhängen der Bilder der Königin in Privathäusern (Nr. 30) oder die Stiftung einer

»Loge der sittlichen Grazie« in Verbindung mit der Marmorgruppe von Schadow, die Luise und ihre Schwester Friederike darstellte (Nr. 31).

Für unromantische Gemüter weniger befremdlich sind Forderungen wie die nach einer Wirtschaftspolitik, die nicht einseitig auf die Steigerung fürstlicher Einnahmen ausgerichtet ist, sondern »Gold und Silber« als »das Blut des Staats« gehörig zirkulieren läßt (Nr. 10), nach Ausbildung der Beamten im Kabinett des Königs (Nr. 37) oder nach Schließung der Bordelle in Berlin (Nr. 27). Schließlich mag man *Glauben und Liebe* im Anschluß an Nr. 9 und 34 als Ausdruck einer Hoffnung auf eine Friedenspolitik lesen.

Die Frage nach dem politischen Gehalt der Schrift hat sich aber weniger an diesen Vorstellungen entzündet als an der Tatsache, daß Novalis hier in der Monarchie das geeignete Symbol des poetischen Staates sieht. Darf man daraus ein Plädoyer für eine monarchische Staatsverfassung ableiten? Dafür spricht, daß es unplausibel wäre, die Monarchie als Symbol zu wählen und diese Wahl gegenüber der Demokratie wieder und wieder zu rechtfertigen, wenn dieses Symbol nicht auch als das bestmögliche Mittel der Annäherung an den poetischen Staat betrachtet würde. Gegen eine solche politische Deutung der Monarchie spricht, daß Novalis sie, wie gezeigt, immer wieder durchkreuzt und die Diskrepanz zwischen König und »König«, zwischen Herrschaft und Zeichen so stark akzentuiert, daß eine politische Lesart subvertiert wird. Was bleibt denn von der Politik, wenn es heißt, Königstitel ohne *»absolute Liebe«* (Nr. 53) seien »nur Titulaturen« (Nr. 54)? Dienen solche Sätze nicht eher dazu, den unüberbrückbaren Abgrund zwischen Poesie und Politik zu markieren als einen Weg der Annäherung? Wird nicht durch die Art der Idealisierung des Königspaars auch die immerwährende Abwesenheit des idealen Staates deutlich gemacht? Vor allem aber warnt Novalis selbst gerade dort, wo er über die Monarchie spricht, vor einer politischen Deutung: »Wer hier mit seinen historischen

Erfahrungen angezogen kömmt, weiß gar nicht, wovon ich rede, und auf welchem Standpunct ich rede; dem sprech ich arabisch, und er thut am besten, seines Wegs zu gehn und sich nicht unter Zuhörer zu mischen, deren Idiom und Landesart ihm durchaus fremd ist« (Nr. 15).

So deutlich in *Glauben und Liebe* also für die Monarchie und gegen die Demokratie argumentiert wird, so schwierig ist es, darin eine politische Stellungnahme zu sehen. Das haben schon zwei der ersten Leser erkannt, die außerhalb des Kreises der Frühromantiker stehenden, aber mit Novalis vertrauten Eheleute Just. August Cölestin Just schreibt am 17./24. November 1798 an Novalis: »Wir haben Ihre Blumen, Glauben und Liebe, gelesen. Was meine Frau im Allgemeinen dazu sagt? Wenn die Franzosen hereinkämen, möchten Sie Ihren Kopf festhalten! Doch wenn sich nach diesem Aushängeschild ein Monarch in Ihnen einen eingefleischten Monarchisten kaufen wollte, und Sie dann nach dem Kaufe näher besähe, würde er sich trefflich betrogen finden« (IV,505).

Eine ähnliche Irritation, d. h. ein analoges Verhältnis von Setzung und Aufhebung, ergibt sich bei der Lektüre der *Politischen Aphorismen*, die Just nicht kannte. Dieser Teil von *Glauben und Liebe* scheint sich, wenn von »relativen Verhältnissen« (Nr. 63) gesprochen wird, im politischen, nicht im poetischen Raum zu bewegen. Im Rahmen einer politischen Lesart von *Glauben und Liebe* erscheint dann aber der letzte Aphorismus Nr. 65 als »argumentativ inkonsequente« (Stockinger im Kommentarband der *Werke, Tagebücher und Briefe*, 372) Wende. Man kann jedoch auch anders lesen und darin eine folgerichtige Steigerung sehen. Nachdem in der dialogischen Schlußpassage (Nr. 58–67) ein Sprecher die Monarchie gegen die Einwände eines zweiten verteidigt hat, beendet ein dritter die Auseinandersetzung, indem er das beschränkte Pro und Contra als Antinomie behandelt: »Jetzt scheint die vollkommene Demokratie und die Monarchie in einer unauflöslichen Antinomie begriffen zu sein – der Vortheil der Einen durch einen entgegengesetzten Vortheil der Andern aufgewogen zu werden« (Nr. 68). Das wird – einen natürlichen, ewigen Wechsel signalisierend und wertfrei – mit den unterschiedlichen Vorlieben von »junge[m] Volk« und »gesetztere[n] Hausväter[n]« verbunden. Das Generationsschema hilft zugleich bei der Auflösung der Antinomie, weil es impliziert, daß es nicht um »[a]bsolute Verschiedenheit« geht, sondern auch um Identität: Viele kennen diesen Wechsel politischer Haltungen aus eigener Erfahrung. »Man sei also nur wenigstens politisch, wie religiös, tolerant – man nehme nur die Möglichkeit an, daß auch ein vernünftiges Wesen anders incliniren könne als wir. Diese Toleranz führt [...] allmälig zur erhabenen Ueberzeugung von der Relativität jeder positiven Form – und der wahrhaften Unabhängigkeit eines reifen Geistes von jeder individuellen Form, die ihm nichts als nothwendiges Werkzeug ist. Die Zeit muß kommen, wo politischer Entheism und Pantheism als nothwendige Wechselglieder aufs innigste verbunden sein werden« (Nr. 68). Diese pointierte Nicht-Beantwortung der Frage nach der politischen Ordnung bekräftigt auch am Ende von *Glauben und Liebe* noch einmal, daß der frühromantische poetische Staat jeden Versuch seiner politischen Institutionalisierung überbietet. Es ist leicht (und nicht falsch), demgegenüber aus politisch interessierter Perspektive von einer Unterbietung der politischen Probleme zu sprechen. Ein solcher Einwand hat zudem das Faktum für sich, daß der neuzeitliche Staat sich, wenn überhaupt, bis heute nur durch den Interessenausgleich legitimieren läßt. Dabei sollte jedoch nicht übersehen werden, daß die nicht einholbare utopische Differenz mit ihrer Selbstreflexivität und ihrem »repraesentativen Glauben« den Unterschied zwischen Novalis und dem politischen Konservatismus ausmacht.

2. *Europa*

Teleologie der Revolution

Mit seiner *Europa* nimmt Novalis teil an der zeitgenössischen Debatte um die Zukunft des Kontinents. Vielen aufmerksamen Betrachtern der Zeitläufte war klar, daß Europa im ausgehenden 18. Jahrhundert an einer Zeitenwende stand. Die Französische Revolution war das deutlichste Zeichen dafür, die darauf folgenden Koalitionskriege schienen jedoch aus der Umbruchszeit eine unlösbare und bedrohliche Dauerkrise gemacht zu haben.

Kurz vor der Niederschrift der *Europa* hatte sich die Situation noch einmal dramatisch zugespitzt: Französische Truppen hatten den Kirchenstaat besetzt, Papst Pius VI. gefangengenommen und ihn in die Zitadelle von Valence gebracht, wo er am 29. August 1799 gestorben war. Eine Neuwahl verboten die Franzosen. Als Novalis im Oktober/November 1799 die *Europa* schrieb, war die katholische Christenheit also ohne Oberhaupt, zugleich rüstete die große Koalition zu einem neuen Krieg gegen das revolutionäre Frankreich.

Schon die erste Entwurfsnotiz zeigt, daß Novalis von dieser aktuellen Problemlage ausgeht: »Nothwendigkeit eines Pabstes und eines Concilii zur Regeneration von Europa. Teleologie der Revolution« (III,575:153). Die »Regeneration von Europa« wird zusammengedacht mit der »Teleologie der Revolution«, die zu Ende gedachte und geführte Revolution wird ein neues Europa hervorbringen. In der *Europa* wird dies als geistig-moralische Erneuerung gedacht, die bislang Getrenntes zusammenführt.

In dieser Sicht erscheint die Französische Revolution nicht als primär politisches oder soziales, sondern als geistiges Phänomen, als vorläufiger Höhepunkt im »heimlichen Mündigwerden« (vgl. III,515) Europas. Ebenso wie der

Protestantismus, der als erste bedeutende Emanzipationsbewegung erscheint, ist diese Mündigkeit aber erkauft durch Spaltungen: zwischen den Konfessionen, zwischen Wissen und Glauben und zwischen orthodoxer, heteronomer Offenbarungsreligion und moralphilosophischem Freiheitsbegriff. Diese Spaltungen führen zur Verabsolutierung dessen, was doch nur ein Teil ist, und aus der halben Wahrheit wird die ganze Unwahrheit. Daraus entstehen die Krisen und Kriege, die Europa erschüttern.

Das Mündigwerden ist also eine sinnvolle und notwendige Bewegung, sie kann aber, wenn alles beim alten bleibt, an kein Ende kommen, die Krise ist gewissermaßen, wie so oft bei Novalis, eine im medizinischen Sinne: Sie ist eine Verschlechterung eines Zustandes, die die Möglichkeit zur Heilung eröffnet. Dazu gehört auch die Krise des Katholizismus. Auf sie nimmt Novalis am Ende der *Europa* ausdrücklich Bezug, wenn er die Voraussetzungen für eine Erneuerung beschreibt. Über den Katholizismus heißt es hier: »Seine zufällige Form ist so gut wie vernichtet, das alte Pabstthum liegt im Grabe, und Rom ist zum zweytenmal eine Ruine geworden« (III,524).

Einer Restauration der römisch-katholischen Kirche in ihrer überlieferten Form oder gar einer Erneuerung des Ancien régime hat Novalis gewiß nicht das Wort geredet, und wenn Wilhelm Dilthey 1865 schreibt: »Es ist das die unhistorische Anschauung, welche der heiligen Allianz ein christliches Gewand lieh« (B 5: 1965, 279), so ist das nicht nur aus chronologischen Gründen falsch – die Heilige Allianz gab es zu Novalis' Zeiten noch nicht –, sondern auch aus sachlichen: Die Heilige Allianz kannte keine »Teleologie der Revolution« und hatte die 1800 mit militärischen Mitteln durchgesetzte Neuwahl eines Papstes zur Voraussetzung.

Allerdings konnte die zunächst unveröffentlicht gebliebene *Europa* erstmals während der Metternich-Ära von einem breiteren Publikum gelesen werden, nachdem sie 1826 in der 4. Auflage der *Schriften* erschienen war. Die früheren

Auflagen hatten nur einzelne Passagen enthalten, die nicht als Teile eines in sich geschlossenen Textes, sondern als Fragmente ausgegeben worden waren. Auch der Druck von 1826 war jedoch nicht vollständig. Einzelne problematisch erscheinende Passagen waren weggelassen worden, darunter jene über die »zufällige Form des alten Papsttums«, die jetzt »im Grabe liege«.

In dieser Gestalt wurde die *Europa* also erstmals von einer breiteren Öffentlichkeit gelesen, ein Vierteljahrhundert nach dem Tode des Autors und, wie Tieck in seiner Vorrede zur 5. Auflage der *Schriften* 1837 berichtet, »in einer Zeit, in der Partheikämpfe und Fanatismus so manches bessere Gemüth entstellen und verwirren. Es geschah auch, was ich befürchtet hatte, die Sektirer schalten auf Novalis, als wenn er ein ihnen feindlicher Sektirer wäre. Andre wollten in ihrem Eifer für die gute Sache mich oder Fr. Schlegel für den Verfasser des angefochtenen Aufsatzes ausgeben, und so ward der leutseeligste und liebendste Geist in das Toben der Turba hinein gezerrt, um die Verwirrung zu vermehren« (V,176). In einer von ideologischen Grabenkämpfen zerrissenen Zeit wurde die *Europa* also rezipiert, als handle es sich dabei um eine Programmschrift zur Beförderung neukatholischer und politisch restaurativer Bestrebungen, wie sie sich in der Ära Metternich durchsetzten. Daß dies eine Fehlrezeption war, sagt Tieck sehr deutlich. Dennoch herrschte auch in der Forschung bis vor wenigen Jahrzehnten die Ansicht, bei der *Europa* gehe es um eine Zurücknahme der Französischen Revolution im Dienste einer geistigen und politischen Wiederherstellung des Ancien régime.

Nicht zuletzt um solche Mißverständnisse zu vermeiden, empfiehlt es sich, auf den nicht autorisierten Titel *Die Christenheit oder Europa* zu verzichten. Er stammt nicht von Novalis, sondern wurde – von wem, ist unbekannt – erst bei der 4. Auflage der *Schriften* von 1826 hinzugefügt. Novalis selbst hat seinen Text *Europa* genannt (vgl. Brief an Friedrich Schlegel, 31. Januar 1800; IV,317).

Rhetorik der Rede

Nur wenn man den Gegenwartsbezug der *Europa* berücksichtigt, kann man die Intention ihres Verfassers und ihr Bild der europäischen Geschichte angemessen verstehen. Man hat bisweilen zu leichtfertig das Mittelalter-Bild der *Europa* mit dem des Verfassers gleichgesetzt. Es ist aber das des Sprechers, und dieser ist nicht mit Novalis identisch, auch wenn am Ende deutlich wird, daß hier ein romantischer Künstler spricht.

Bei der *Europa* handelt es sich nämlich nicht um eine historiographische, im engeren Sinne geschichtsphilosophische oder allgemein theoretische Abhandlung, sondern sie gehört, wie Novalis an Schlegel schrieb, zu den »öffentlichen Reden« (31. Januar 1800; IV,317). Die *Europa* folgt, wie in der neueren Forschung im Anschluß an Ludwig Stockinger vor allem Ira Kasperowski (B 5: 1994) gezeigt hat, einer Gattung der aristotelischen Parteirede, der Oratio deliberativa.

Die klassische Rede ist unterteilt in Exordium (Einleitung), Narratio (Erzählung, Darlegung eines Sachverhalts), Argumentatio (Beweisführung) und Peroratio (Schluß, gegebenenfalls mit einem Appell versehen). Dem entspricht der Bau der *Europa*-Rede, d. h., ihre Absätze lassen sich diesem Schema zuordnen, wobei das Exordium entfällt (vgl. Kasperowski, B 5: 1994, 58). Als Gliederung ergibt sich: Narratio (Abs. 1–3), Argumentatio (Abs. 4–23) und Peroratio (Abs. 23–30).

Entscheidend für die Oratio deliberativa ist ihre Zwecksetzung. Bei ihr geht es im wesentlichen darum, dem Publikum eine in der Zukunft liegende, den Lauf der Geschichte beeinflussende Handlung zu empfehlen oder von ihr abzuraten. Bei Novalis ist dies die Aufforderung zur Herstellung des »ewigen Friedens« (III,524) durch eine umfassende, auch die konfessionellen Grenzen hinter sich lassende geistig-religiöse Erneuerung unter frühromantischem

Vorzeichen. Zur Rhetorik der Oratio deliberativa gehört ferner, daß im Interesse des Ziels, von dem die Hörer überzeugt werden sollen, ein Rekurs auf die Gegenwart und die Vergangenheit erfolgen kann.

Beides ist in der *Europa* der Fall, ja, die eigentliche Pointe der Rede, rhetorisch gesprochen die Inventio, besteht darin, daß ein Vorbild für den heraufzuführenden künftigen Zustand genannt wird: die frühmittelalterliche katholische Christenheit. Seiner Darstellung sind die ersten drei Abschnitte der Rede gewidmet. Hier, in der sogenannten Narratio, geht es nicht um eine objektive, sondern um eine parteiische Darlegung, die Späteres stützen soll. Die Gesetze der Rhetorik erzwingen also einerseits eine Auslassung all dessen, was dem Zweck der Rede nicht dienlich oder gar schädlich ist. Andererseits ergibt sich aus der rhetorischen Funktion der Plausibilitätsstützung, daß das in der Narratio probabilis Dargestellte Tatsächlichkeit beanspruchen kann. Novalis leistet dies, indem er eine auf historiographische Quellen und psychologische Wahrscheinlichkeit gestützte Darstellung des Mittelalters liefert. So entsteht ein Bild dieser Zeit, das einerseits durch Auswahl einzelner Züge stilisiert ist, andererseits – gemessen am damaligen Kenntnisstand der Historiographie – Wahrscheinlichkeit und historische Glaubwürdigkeit beanspruchen darf. Sinn und Zweck dieser Konstruktion ist die Beglaubigung der am Ende der Rede entworfenen Zukunftsutopie. Dabei geht es nicht um die Wiederherstellung frühmittelalterlicher Zustände, sondern gemäß der Auffassung, daß der Stoff der Geschichte »fortschreitende, immer mehr sich vergrößernde Evolutionen« (III,510) seien, fordert der Sprecher dazu auf, den gegenwärtigen Kairos zu nutzen und etwas, das in seiner Perspektive bereits einmal historische Gestalt gewonnen hat, auf einer höheren Stufe erneut herzustellen.

Die rhetorische Struktur verbindet sich, das ließe sich gegen Kasperowski einwenden, hier durchaus zwanglos mit einer Grundfigur aus der Geschichte der literarischen Utopie, der Beglaubigung einer Zukunftsutopie durch eine Vergangenheitsutopie (Mähl, B 5: 1985, 280 f.). Gerade der Blick für die Rhetorik der *Europa*-Rede macht deutlich, daß diese so paradox oder tautologisch wirkende Struktur nicht sinnlos ist, und angesichts der Selektivität, mit der Novalis die zeitgenössischen Werke über die mittelalterliche Geschichte rezipiert hat, verbietet es sich nicht, von Vergangenheits-»Utopie« zu sprechen.

Gedankengang

Die *Europa* beginnt mit einer Darstellung der mittelalterlichen Welt, die zunächst ganz positiv gezeichnet wird. Im Mittelpunkt steht die Einheit Europas, dessen politische Mächte durch den gemeinsamen Glauben geeint waren und dessen Bürger in einer lebendigen und anschaulichen Religion Sicherheit, Orientierung und Trost fanden. »Glauben und Liebe« (III,510) herrschten, ermöglicht durch eine Geistlichkeit, deren vornehmste Aufgabe es war, »die Ersten unter den Menschen an Geist, Einsicht und Bildung zu seyn« (ebd.).

Kritik hat in diesem utopischen Bild keinen Platz, sie setzt erst ein, als die Gründe für den Verfall dieser glücklichen Phase der europäischen Menschheit benannt werden: Noch im Mittelalter sei die Geistlichkeit in eine »[u]nendliche Trägheit« verfallen und habe sich »Erfahrung und Gelehrsamkeit« (ebd.) von den Laien nehmen lassen müssen. Damit sei eine Kultur entstanden, die für den »Sinn des Unsichtbaren« (III,509) schädlich geworden sei. An die Stelle von »Glauben und Liebe« seien »Wissen und Haben« (III,510) getreten. Verband ursprünglich alle »*Ein* großes gemeinschaftliches Interesse« (III,507), so tritt jetzt an die Stelle des »unendlichen Glauben[s]« das »eingeschränkte Wissen« (III,508) und an die der – von der Kirche vorgelebten – Besitzlosigkeit das »Haben« (III,510).

Um diesen Bruch mit der alten Welt hervorzuheben, wird sogar der Kampf der Kirche gegen das neue heliozentrische Weltbild, also gegen Galilei, Kopernikus und Kepler, vom 17. Jahrhundert in ein gewissermaßen frühes Mittelalter verlegt und gerechtfertigt: »Mit Recht widersetzte sich das weise Oberhaupt der Kirche, frechen Ausbildungen menschlicher Anlagen auf Kosten des heiligen Sinns, und unzeitigen gefährlichen Entdeckungen, im Gebiete des Wissens. So wehrte er den kühnen Denkern öffentlich zu behaupten, daß die Erde ein unbedeutender Wandelstern sey, denn er wußte wohl, daß die Menschen mit der Achtung für ihren Wohnsitz und ihr irdisches Vaterland, auch die Achtung vor der himmlischen Heimath und ihrem Geschlecht verlieren, und das eingeschränkte Wissen dem unendlichen Glauben vorziehn [...] würden« (III,508).

Mit diesem Mittelalter-Bild setzt sich der Sprecher der *Europa* in schroffen Gegensatz zur herrschenden Auffassung, d. h. zur Aufklärungshistoriographie, wie sie Iselin, Spittler, Pütter oder Zimmermann vertraten. Ihnen galt das Mittelalter als Zeit der Barbarei und das Papsttum als unerträgliches Joch. Novalis konnte aber anschließen an Werke anderer bedeutender Historiker, vor allem an Johannes von Müllers *Geschichten schweizerischer Eidgenossenschaft* (1786–95) sowie Edward Gibbons *Geschichte des Verfalls und Untergangs des Römischen Reiches* (1776–88). Wesentliche Gedanken finden sich bereits hier. Müller beschrieb das frühmittelalterliche Europa als ein großes Gemeinwesen, das durch den Glauben und die päpstliche Hierarchie zusammengehalten wurde und eine europäische Bundesrepublik begünstigte. Bei Gibbon wird die weltgeschichtliche Dimension der christlichen Religion betont, die bei Novalis als »religiöse[s] cosmopolitische[s] Interesse« (III,512) erscheint, das über die Staatsgrenzen hinweg einheitsstiftende Wirkung habe. Im Zuge der Vorarbeiten notiert Novalis einmal: »In den Kreutzzügen ist Europa sichtbar. Neue Ansicht der Kreutzzüge« (III,565:73). Und: »Kein Umstand in der Religionsgeschichte ist merckwürdiger, als die neue Idee im entstandnen Xstenthum, einer *Menschheit* und einer *allgemeinen Religion«* (III,579:193). Bei Gibbon fand Novalis ferner eine Darstellung des Wunderglaubens und des Heiligen- und Reliquienkultes, die zudem, trotz aller skeptischen Distanz, historisch legitimiert wird. Novalis führt diese Tendenz fort zu einer Aufwertung unter mentalitätsgeschichtlichem Vorzeichen (und dem psychologischer Wahrscheinlichkeit). Sowohl Müller als auch Gibbon sehen ferner im moralischen und geistigen Verfall der päpstlichen Hierarchie den Grund für den bereits im Mittelalter beginnenden Niedergang dieser Kultur.

Novalis konnte sich also auf bedeutende historiographische Werke seiner Zeit stützen. Das in der *Europa* entworfene Bild des frühen Mittelalters verband auf eigentümliche Weise – gemessen an damaligen Maßstäben – historische Faktizität und Utopie, beides lizenziert und gefordert durch die Rhetorik der Oratio deliberativa. Die Form der Rede erscheint so als ein Kunstgriff, eine neue Sicht auf das Mittelalter zu ermöglichen.

Im frühromantischen Freundeskreis, dem Novalis die Rede Mitte November 1799 bei einem Treffen in Jena vortrug, hatte er damit wenig Glück.[3] Eine lebhafte Debatte entstand, in deren Verlauf Schelling, wie Schlegel am 15. November an Schleiermacher berichtet, »einen neuen Anfall von seinem alten Enthusiasmus für die Irreligion« (IV,646) bekam und ein satirisches Gedicht mit Anspielungen auf Texte von Novalis und Schleiermacher verfaßte. Einige waren dafür, als Zeichen romantischer »Philironie« (ebd.) beide Texte im *Athenaeum* zu drucken, aber da man sich nicht einigen konnte, wurde – in Abwesenheit von Novalis, der bereits abgereist war – Goethe zum Schiedsrichter

3 Zur Wirkungsgeschichte der *Europa* vgl. die Ausführungen von Mähl im Kommentarband der *Werke, Tagebücher und Briefe*, 579–604.

angerufen, und der entschied gegen eine Veröffentlichung beider Texte.

Tieck hat 1837 im Rückblick berichtet: »Wir fanden die historische Ansicht zu schwach und ungenügend, die Folgerungen zu willkührlich, und die ganze Abhandlung schwach, so daß sehr leicht die Blößen von jedem Kundigen entdeckt werden konnten« (V,175). Dieses Urteil wurde nicht von allen Anwesenden geteilt, und es bleibt offen, inwieweit es aus der Perspektive potentieller *Athenaeum*-Leser formuliert ist. Die Rücksicht auf das Publikum dürfte auch Goethes Urteil beeinflußt haben. Dennoch ist deutlich, daß sich schon frühromantische Hörer gegen die neue Sicht des Mittelalters sperrten und wohl auch gegen eine vermeintlich katholisierende Tendenz der Schrift. So äußerte sich der in Jena nicht anwesende Schleiermacher, der selbst ein eher spiritualistisches Kirchenideal vertrat, kritisch, weil er, wie Schlegel berichtet, »das Pabstthum [...] für das Verderben des Katholicismus« (IV,648) hielt.

»Novalis war viel zu edel und frei gesinnt, um sich durch dieses Urtheil seiner Freunde verletzt zu fühlen« (Tieck 1837; V,176). Er plante jetzt eine Veröffentlichung der *Europa* »mit einigen Veränderungen« und gemeinsam mit »einigen andern öffentlichen Reden« (IV,317). Vielleicht um so den Blick für den rhetorischen Charakter der Schrift zu schärfen?

Im Blick auf die Wirkungsgeschichte der *Europa* ist man geneigt, den Bedenken der frühromantischen Freunde zuzustimmen. Es war vor allem die fehlende Einsicht in den Charakter der Rede, die zu dem Mißverständnis führte, es gehe in der *Europa* umstandslos um die Darlegung einer »historischen Ansicht«. Davon war nicht nur das Mittelalterbild der Schrift betroffen.

An die Darstellung des Mittelalters schließt sich, beginnend bereits mit der Verfallsbeschreibung, die einer krisenhaften Entwicklung an. Sie führt bis in die Gegenwart, d.h. bis zur Aufklärung, denn die Französische Revolution wird dann wieder vor allem unter dem Vorzeichen einer neuen Zeit gesehen.

Die europäische Geschichte zwischen Frühmittelalter und Gegenwart erscheint als »Oszillation, ein Wechsel entgegengesetzter Bewegungen« (III,510), die im Rückblick als »fortschreitende, sich vergrößernde Evolution« erkennbar wird. Das führt dazu, daß, was in der Rezeptionsgeschichte häufig übersehen wurde, die Entwicklungen, die zur Moderne geführt haben, nicht nur negativ, sondern auch positiv bewertet werden.

Die erste große geschichtsträchtige Entgegensetzung ist die Reformation. Sie erscheint als legitimer und »natürlicher [...] öffentliche[r] Aufstand gegen den despotischen Buchstaben der ehemahligen Verfassung« (III,511). In rousseauistischer Manier rechtfertigt Novalis die Protestanten: »Sie nahmen ihr stillschweigend abgegebenes Recht auf Religions-Untersuchung, Bestimmung und Wahl, als vakant wieder einstweilig an sich zurück« (III,511). Der Preis dafür ist jedoch die Zerstörung der Einheit der Kirche, und auch der Protestantismus kann die Freiheit des Gewissens in Religionsdingen nicht durchsetzen: Es kommt statt dessen, mit der Errichtung landesfürstlicher Konsistorien (seit 1542) und der Einschließung der Religion in die Staatsgrenzen (Augsburger Religions- und Landfriede, 1555), zum Primat der Politik über die Religion, dem sich die einzelnen Gläubigen beugen müssen und durch den das Christentum seinen »großen politischen friedestiftenden Einfluß« (III,512) verliert. Die lutherische Orthodoxie sorgt ferner mit der Kanonisierung der Luther-Bibel dafür, daß alsbald wieder der Buchstabe den Geist der Schrift dominiert.

Aus den Fehlern der Vergangenheit und der Stärke wie der Schwäche der Protestanten scheint die Gegenreformation gelernt zu haben: Die Jesuiten bemühen sich um eine Regeneration der päpstlichen Hierarchie und des christlichen Kosmopolitismus, gegen den mittelalterlichen Verfall der Geistlichkeit setzen sie entschieden auf die »Schätze der

Wissenschaften« (III,514), an die Stelle des protestantischen Schriftprinzips treten die »Zauber des katholischen Glaubens« (ebd.), und mit dem Protestantismus bemühen die Jesuiten sich um »Popularität«, das »Studium des gemeinen Volks« (ebd.) und dessen Bildung.

Aber auch dieser Versuch der Herstellung einer Einheit von Wissen und Glauben, von Politik, Gewissen und Religion scheitert: an der moralischen Schwäche des Ordens, an Intrigen und Machtpolitik im katholischen Lager, aber auch daran, daß das jesuitische Unternehmen ein isoliertes war und blieb und ihm damit etwas Unnatürliches oder Unhistorisches anhaftet. Jedenfalls ist das Schicksal des zu Novalis' Zeit aufgehobenen Ordens ihm »ewig ein Beweis, daß die unbewachte Zeit allein die klügsten Unternehmungen vereitelt, und der natürliche Wachsthum des ganzen Geschlechts unaufhaltsam den künstlichen Wachsthum eines Theils unterdrückt« (III,513 f.). Auf den Dogmatismus und die Rigidität der Jesuiten, ihr mangelndes Verständnis für »Fantasie und Gefühl« (III,515), scheint Novalis ferner anzuspielen, wenn er fortfährt: »Alle Pläne müssen fehlschlagen, die nicht auf alle Anlagen des Geschlechts vollständig angelegte Pläne sind« (III,514).

Diese Kritik schließt nicht aus, das gehört zur Perspektive der »fortschreitenden, sich vergrößernden Evolutionen«, daß der Orden, den Novalis als »Mutter der sogenannten geheimen Gesellschaften« (ebd.) seiner Zeit sieht, dereinst, »vielleicht unter anderm Namen« (ebd.), noch einmal wieder tätig wird und werden soll.

Historisch folgenreicher aber war die Reformation, auf die daher der Blick noch einmal gelenkt wird. Dabei wird zunächst einmal mehr ihre Berechtigung betont: »Die Reformation war ein Zeichen der Zeit gewesen. Sie war für ganz Europa bedeutend, wenn sie gleich nur im wahrhaft freien Deutschland öffentlich ausgebrochen war« (III,515). Der daran anschließende Satz sagt, worin die Bedeutung besteht – und übt zugleich Kritik: »Die guten Köpfe aller

Nationen waren heimlich mündig geworden, und lehnten sich im täuschenden Gefühl ihres Berufs um desto dreister gegen verjährten Zwang auf« (ebd.). Diesem Mündigwerden wird ein relatives Eigenrecht zugesprochen, eine »Täuschung« liegt jedoch darin, daß die hier angesprochenen Gelehrten meinen, Fragen des Glaubens durch Antworten des Wissens lösen zu können. Das zielt auf eine Kritik der europäischen Aufklärung; da Novalis später selbst an bestimmte Tendenzen der deutschen Aufklärung anschließt, muß man genauer sagen: Kritisiert werden bestimmte Formen der Aufklärungsphilosophie, und zwar jene, die für die Religion und, wie Novalis bezeichnenderweise formuliert, überhaupt für »alle« »Gegenstände des Enthusiasmus« (ebd.) keinen Raum lassen. Gemeint sind damit der Materialismus der französischen Aufklärung, der Rationalismus und der Deismus. Sie machen, wie es in Novalis' eindrucksvoller und vielzitierter Metaphorik heißt, »die unendliche schöpferische Musik des Weltalls zum einförmigen Klappern einer ungeheuren Mühle, die vom Strom des Zufalls getrieben und auf ihm schwimmend, eine Mühle an sich, ohne Baumeister und Müller und eigentlich ein ächtes Perpetuum mobile, eine sich selbst mahlende Mühle sey« (ebd.).

Es fällt auf, daß Novalis hier auf das Wissen abhebt, während es doch früher hieß, daß »Wissen und Haben« an die Stelle von »Glauben und Liebe« getreten seien. Diese Einschränkung ist vor dem Hintergrund anderer gegenwartskritischer Äußerungen von Novalis leicht zu erklären: Das Haben läßt sich in seinem systematischen Charakter leicht aus der Struktur des Wissens ableiten, ist der Besitzindividualismus doch ein Kernstück der aufklärerischen Naturrechtslehre und der Ich-Philosophie (Hobbes, Rousseau, Fichte).

Diese Aufklärung ist eine (vom Protestantismus unabhängige, aber ihm analoge) Bewegung gegen den »religiösen Sinn«, Novalis spricht von einem »weltlichen Protestantismus« (III,518). Er kulminiert in der Französischen Revolution, die Novalis als »eine zweite Reformation, eine umfassendere und eigenthümlichere« (III,517) sieht. Wie die erste Reformation entzündet sie sich an einem »Mangel an Freiheit« (ebd.), verschärft aber die geistige Krise – allerdings jetzt soweit, daß die Bedingungen für eine neue Zeit gegeben sind. Denn die »zweite Reformation« führt zur »Vernichtung alles Positiven« (ebd.), insbesondere zur Abdrängung alles Religiösen in den Privatbereich – was die Auferstehung einer ›wahren‹ Religion gerade vorbereitet: »Als eine fremde unscheinbare Waise muß sie erst die Herzen wiedergewinnen, und schon überall geliebt seyn, ehe sie wieder öffentlich angebetet und in weltliche Dinge zur freundschaftlichen Berathung und Stimmung der Gemüther gemischt wird« (III,518).

Die »Vernichtung alles Positiven« ist also Voraussetzung: »Wahrhafte Anarchie ist das Zeugungselement der Religion« (III,517). Nachdrücklich wird keine Restauration alter Zustände gefordert, sondern der vollständige Untergang des schlechten Alten zugunsten einer Reinigung: »Soll die Revolution die französische bleiben, wie die Reformation die Lutherische war?« (III,518.) Nachdem Novalis also ausgeführt hat, daß der traditionell mit der Freiheit verbundene Protestantismus wegen der landesherrlichen Kirchenobrigkeit und der Rolle der »Philologie« seine Funktion nicht erfüllen konnte und deshalb überwunden werden muß, wird als weitere Voraussetzung für die Entstehung eines neuen Christentums auch das Ende der katholischen Kirche in ihrer überlieferten Form gefordert bzw. benannt.

Novalis sah es ja bereits gekommen durch den Tod des Papstes und das Verbot einer Neuwahl, hinzu kommt hier der Zusammenbruch der Staatskirche des Ancien régime in Frankreich, einem katholischen Land und zugleich dem, »das am meisten modernisirt war, und am längsten aus Mangel an Freiheit in asthenischem Zustande gelegen hatte« (III,517).

Im revolutionären Frankreich erkennt der Sprecher dann die Keime eines neuen Religionsverständnisses, ja: Die Französische Revolution erscheint als eine durch Ideen, letztlich durch »das überirdische Feuer« (ebd.) religiöser Begeisterung geleitete Bewegung. Zur Begründung oder doch Plausibilisierung für diese ebenso idealistische wie frappante Sicht kann der Sprecher nicht nur auf sein Argument von der notwendigen völligen Erneuerung verweisen, sondern auch auf die Versuche der Revolutionäre, »in der Religion den Mittelpunkt und die Kraft der Republik« (III,518) zu suchen. Novalis stand dem skeptisch gegenüber, aber war es nicht – zumal für einen Romantiker – in der Tat »[h]istorisch merkwürdig«, daß die Revolution in einen Kult des Höchsten Wesens zu münden schien, dem zu Ehren allegorische Figuren verbrannt wurden, »die den Egoismus, die Zwietracht, den Atheismus und den Ehrgeiz« (Paschek, Kommentar, in: *Fragmente und Studien*, 116) darstellten?

Erst mit der Französischen Revolution sind jedenfalls »die neuen staatsumwälzenden Zeiten« (III,517) entstanden, die einen neuen Aufbruch des Geistes ermöglichen. Er wird als unmittelbar bevorstehende zweite Schöpfung angekündigt: »Der Geist Gottes schwebt über den Wassern« (ebd.). Die Bedeutung der Französischen Revolution als Anbruch der neuen Zeit ist so groß, daß man sie – wie Mähl (B 5: 1992, 11) das getan hat – schon in die dritte und letzte Phase hineinnehmen und als deren Beginn deuten kann. Dafür spricht auch die veränderte Stillage: die »[r]hetorische Gewalt des *Behauptens*« (III,269:153) setzt sich durch, ein prophetischer Ton, der von Keimen, Ansätzen, Verheißungen und Tendenzen spricht, begeisternde Ausrufe wechseln mit direkten Höreranreden. Die auffallendste ist die Aufforderung, von dem »thörichten Bestreben« abzulassen, »die Geschichte und die Menschheit zu modeln« (III,518). Das ist häufig als Ausdruck eines politischen Quietismus und der Entmächtigung des Subjekts im Sinne der späteren politischen Romantik gelesen worden; aus dem Kontext ergibt sich jedoch eher eine gegenteilige Bedeutung, die auch erst zur relativen Wertschätzung von Reformation und Revolution als »Mündigwerden« paßt: Es soll ja gerade nicht »die Revolution die französische bleiben« (ebd.), sondern, wie es in der Entwurfsnotiz hieß, die »Teleologie der Revolution« erkannt und durchgesetzt werden. Die Hörer sollen die vom Sprecher dargelegten Tendenzen der Zeit wahrnehmen und selbst zu wirkenden Kräften werden, sie werden aufgefordert, den Umbruch der Geschichte »zu studiren, ihr nachzugehn, von ihr zu lernen, mit ihr gleichen Schritt zu halten, gläubig ihren Verheißungen und Winken zu folgen« (ebd.). Die wichtigste dieser Tendenzen ist die Einsicht in die Notwendigkeit religiöser Ideen als vermittelndes Element zwischen weltlich-politischen Kräften. Ohne dieses Element bleibe der »Staatsumwälzer«, wie das Beispiel Frankreich zeige, ein »Sisyphus« (III,517).

Offenkundiger aber als in Frankreich werden die »Spuren einer neuen Welt« (III,519) in Deutschland: »Unendlich viel Geist wird entwickelt« (ebd.), und zwar vor allem in den »Wissenschaften und Künsten« (ebd.). Die Kontinuität der auf Mündigkeit setzenden Linie Reformation – Aufklärung – Revolution wird, neben der gleichzeitigen scharfen Kritik der Einseitigkeit, noch einmal betont, wenn Novalis behauptet, man müsse gerade »jenen Gelehrten und Philosophen« (III,520), den »Anachoreten in den Wüsten des Verstandes« (ebd.), dankbar sein, denn sie »waren die Ersten die wieder die Heiligkeit der Natur, die Unendlichkeit der Kunst, die Nothwendigkeit des Wissens, die Achtung des Weltlichen, und die Allgegenwart des wahrhaft Geschichtlichen durch die That anerkannten, und verkündigten, und einer höhern, allgemeinern und furchtbarern Gespensterherrschaft, als sie selbst glaubten, ein Ende machten« (ebd.).

In einer überraschenden, mit der bisher vorgetragenen Epocheneinteilung nicht recht zusammenstimmenden gedanklichen Wende wird erläutert: »Wo keine Götter sind, walten Gespenster, und die eigentliche Entstehungszeit der europäischen Gespenster, die auch ihre Gestalt ziemlich vollständig erklärt, ist die Periode des Uebergangs der griechischen Götterlehre in das Christenthum« (III,520 f.). Der Widerspruch ist jedoch nur ein scheinbarer oder relativer: Novalis bleibt bei seiner Vorstellung von der Geschichte als »fortschreitenden, sich vergrößernden Evolutionen« und nimmt sich, wie in anderen Texten auch, die Freiheit, die Stufen der Triaden zu unterschiedlichen historischen Zeiten in Beziehung zu setzen.

Willkürlich sind solche Bezugnahmen gleichwohl nicht, und schon gar nicht darf man, wie dies immer wieder getan wurde, den Halbsatz »Wo keine Götter sind, walten Gespenster« aus dem Zusammenhang reißen und als Beleg für die angebliche religiöse Rückwärtsgewandtheit des Autors mißbrauchen. Die hier gemeinte spätantike (!) »Gespensterherrschaft« zielt vielmehr auf die damalige Entstehung der hermetischen Tradition, die bis ins 18. Jahrhundert hinein neben der neuzeitlichen Wissenschaft herlief und in den Geheimgesellschaften jener Zeit, die der Sprecher der *Europa* zuvor als »jetzt noch unreifen, aber gewiß wichtigen geschichtlichen Keim[]« (III,514) bezeichnet hatte, eine große Rolle spielte. »Das neue Religionskonzept soll durch die Wiedervereinigung von Glauben und Vernunft den neuzeitlichen Gegensatz von glaubensloser Wissenschaft und alchemistisch-magischem Aberglauben überwinden, der im Sinne Hardenbergs immer auf ein wahres Bedürfnis verwiesen hatte. Zudem soll eine mit dem Christentum verbundene Naturphilosophie (vgl. *Vermischte Bemerkungen* Nr. 73; II,256) die Wiederkehr der Götter auf neuer Stufe ermöglichen und damit die ›Gespenster‹ der hermetischen Naturphilosophie – auch sie Ausdruck eines legitimen Bedürfnisses nach Vergeistigung der Natur – bannen« (Stockinger, B 5: 1988, 206).

Die intellektuellen Träger dieser Entwicklung, die auch die »Philanthropen und Enzyklopädisten« als ihre Wegbereiter »in die friedenstiftende Loge« (III,521) aufnehmen, sind die Frühromantiker. Das war jedem damaligen Hörer klar, Novalis spielt aber auch darauf an mit dem Hinweis auf den »Bruder«, der »einen neuen Schleier für die Heilige gemacht« (ebd.) hat, ein Wortspiel mit dem Namen Schleiermacher, dessen *Reden über die Religion* (1799) entscheidende Anregungen für die *Europa* gegeben hatten.

Neben den Frühromantikern sind aber auch diejenigen Zeitgenossen gemeint, bei denen Novalis verwandte Bestrebungen zu erkennen glaubte, etwa Goethe, an dessen gegen Newton gerichtete Naturforschung gedacht sein dürfte, wenn der Sprecher urteilt: »Das Höchste in der Physik ist jetzt vorhanden« (III,521). Zu den »Spuren einer neuen Welt« (III,519) gehören aber auch Fichtes *Wissenschaftslehre* und die jüngeren naturwissenschaftlichen Klassifikationsversuche, beide nicht zuletzt deshalb, weil sie Novalis' eigene »Enzyklopädistik« inspirierten, die spezifisch romantische Weise, »das Wesentliche, das Gesuchte [zu] finden und [zu] construiren« (III,521).

Beim Anbruch der »neuen goldenen Zeit« nehmen damit die Frühromantiker die Position ein, die im frühen Mittelalter, der »alten goldenen Zeit«, die Geistlichkeit innehatte: die »Ersten unter den Menschen an Geist, Einsicht und Bildung« (III,510) zu sein. Die intellektuelle Avantgarde Deutschlands wird in der *Europa*-Rede dazu aufgerufen, Träger und Beförderer der Einheit von Religion, Wissenschaft und Kunst zu werden. Sie kann diese Funktion wahrnehmen, weil sie das Problem der Freiheit gelöst und »einer höhern Epoche der Cultur« (III,519) zugearbeitet hat, die jetzt nicht mehr dem »Sinn des Unsichtbaren« (III,509) schädlich ist.

Erst jetzt wendet sich der Sprecher dem Thema zu, das bei der Konzeption der Rede den Ausgangspunkt bildete, »dem politischen Schauspiel unsrer Zeit« (III,522), und entwickelt jenen Gedanken, der bei der Beschreibung der Lage Frankreichs schon auftauchte und durch die strukturanaloge

Entwicklung auf außerpolitischen Gebieten in Deutschland an Plausibilität gewonnen hat: »Es ist unmöglich daß weltliche Kräfte sich selbst ins Gleichgewicht setzen, ein drittes Element, das weltlich und überiridisch zugleich ist, kann allein diese Aufgabe lösen. Unter den streitenden Mächten kann kein Friede geschlossen werden, aller Friede ist nur Illusion, nur Waffenstillstand; auf dem Standpunkt der Kabinetter, des gemeinen Bewußtseyns ist keine Vereinigung denkbar« (ebd.).

Diese Einschätzung war im ausgehenden 18. Jahrhundert nicht ungewöhnlich, und im Blick auf die spätere Entwicklung ist man versucht, Novalis recht zu geben: Die Balance-of-power-Politik Metternichs wurde eher zum Problem als zur Lösung. Novalis war nicht der einzige, der solcher Taktik von vornherein skeptisch gegenüberstand. Er folgt hier – bis in die Wortwahl hinein – Überlegungen Kants (*Zum ewigen Frieden*, 1795). Wie bei diesem wird damit der Politik keine Absage erteilt; in den begleitenden Aufzeichnungen von 1798/99 bezeichnet Novalis vielmehr das *»Ideal der Cosmopolitik«* (III,393:661) als Auflösung des »hauptpolitischen Problems« (III,287:262) und verbindet dies mit Überlegungen zum »Völkerrecht« (als Anfang der »universellen Gesetzgebung zum universellen Staate«), zu »Alliançen«, »Friedensschlüsse[n]«, »*Unionen*« (III,273:189) usw. (vgl. III,285:254; III,286 f.:261; III,416:762).

Aber wie Kant sein Zielbild eines europäischen Völkerbundes und eines durch eine Weltrepublik herzustellenden ewigen Friedens durch Ideen der Vernunft gerechtfertigt bzw. aus diesen als Postulat abgeleitet hatte, so will auch der Sprecher der *Europa* Politik in Ideen fundieren. Dazu wählt er den Topos von »einer neuen, dauerhafteren Kirche« (III,524), die an die Stelle des Papsttums und des Protestantismus treten soll. Von einer »neuen Kirche« hatten auch Kant, Schleiermacher und Hölderlin gesprochen, und damit war zunächst einmal nur die Vereinigung von Menschen unter, wie man in Anlehnung an Kant (*Die Religion inner-*

halb der Grenzen der bloßen Vernunft, 1793) sagen könnte, einer göttlichen moralischen Gesetzgebung gemeint. Das religiöse Vokabular erklärt sich – wie bei der Prophetie einer »heilige[n] Zeit des ewigen Friedens, wo das neue Jerusalem die Hauptstadt der Welt seyn wird« (III,524) – aus der Aufnahme und Umdeutung der chiliastischen Heilsverheißung. Dabei geht es im wesentlichen um eine Säkularisierung bzw. darum, die menschliche Freiheit und den Glauben an Gott zu verbinden. Bei Kant wird daraus ein philosophischer Chiliasmus: Aus der Vorstellung eines Einbruchs göttlicher Transzendenz in das Diesseits am Ende der Geschichte, die damit zur Vor-Geschichte eines tausendjährigen Reiches auf Erden wird, wird eine immanente Fortschritts- und Entwicklungsidee. Deren Ziel, der ewige Frieden, ist nur in unendlicher Annäherung zu verwirklichen, die zugleich geboten ist. Die Zielvorstellungen enthalten, wie das biblische Reich Gottes oder die Idee der »unsichtbaren Kirche«, den Grund zu einer unendlichen Annäherung, sie sind Postulate.

Wie Hans-Joachim Mähl (B 5: 1985) gezeigt hat, ist dieser philosophische Chiliasmus Kants für Novalis von entscheidender Bedeutung gewesen. Dessen Utopie-Denken schließt an den Königsberger Philosophen an, doch ohne ihm einfach nur zu folgen. In der *Europa*, deren triadische Geschichtsauffassung sich zudem an Lessings *Erziehung des Menschengeschlechts* (1780) orientiert, fällt zunächst der Unterschied ins Auge, der engere sprachliche Anschluß an den christlichen Chiliasmus, wenn die »neue goldne Zeit« als »eine prophetische wundertätige und wundenheilende, tröstende und ewiges Leben entzündende Zeit« beschrieben wird, eine Zeit wie ein »Heiland« (III,520), als »Regierung Gottes auf Erden«, voll »süße[r] Andacht bei den Ergießungen eines gottbegeisterten Gemüths« (III,523).

Die Rhetorik spiritualistisch verstandener Christus-Wiederkehr erklärt sich jedoch aus der Grundauffassung des Novalis, daß die Wiedererweckung des »religiösen Sinns«, also eine geistige Erneuerung, die Voraussetzung für die »Regeneration von Europa« (III,575:153) sei.[4] Die Beschreibung dieser »heiligen Revolution« (III,493), wie Novalis sie in seinen *Randbemerkungen zu Friedrich Schlegels »Ideen«* nennt, läßt keinen Zweifel daran, daß es dabei nicht um den alten Chiliasmus geht, sondern um einen »neuen« Messias, der »in tausend Gliedern zugleich« (III,519) empfangen wird, um einen »Messias im Pluralis« (III,493). Auch bei Novalis wird der christliche Chiliasmus also in seiner symbolischen Bedeutung genommen, um den neuen, den romantischen Geist zu bezeichnen, der in der Entwicklung der Wissenschaften und Künste bereits sichtbar geworden ist und auf den politischen Bereich übertragen werden soll. Darauf wird sich auch die von Novalis geforderte neue, »sichtbare« Kirche verstehen müssen, oder sie wird nicht sein.

Frühromantische Religion

Gleichwohl soll es ausdrücklich »Christenthum« (III,523) sein, was hier gefordert wird. Die Lizenz dafür hat der Sprecher der *Europa* sich im Laufe seiner Geschichtsdeutung selbst gegeben. Denn seine Kritik am protestantischen Schriftprinzip impliziert ja die Unterstellung, mittelalterliches Christentum und Geistlichkeit seien mit den biblischen Texten freier und poetischer umgegangen – was der Frühromantiker Novalis nun seinerseits tut, wenn er biblische Vorstellungsformen und Rhetorik aus frühromantischer Sicht deutet. Darin besteht die »ächte Freiheit« (III,524) gegenüber der theologischen Orthodoxie und gegenüber einer Schrift, die doch nur, wie es im Anschluß an Lessings *Erziehung des Menschengeschlechts* heißt, »der rohe abstracte

4 Zur Abgrenzung gegenüber dem christlichen Chiliasmus vgl. Mähl, B 5: 1965, 382 f.

Entwurf der Religion« (III,512) ist. Den Höhepunkt dieser Inanspruchnahme der Definitionsmacht bildet die ebenso bündige wie provokante Bestimmung dessen, was denn Christentum eigentlich sei: »Das Christenthum ist dreifacher Gestalt. Eine ist das Zeugungselement der Religion, als Freude an aller Religion. Eine das Mittlerthum überhaupt, als Glaube an die Allfähigkeit alles Irdischen, Wein und Brod des ewigen Lebens zu seyn. Eine der Glaube an Christus, seine Mutter und die Heiligen. Wählt welche ihr wollt, wählt alle drei, es ist gleichviel, ihr werdet damit Christen und Mitglieder einer einzigen, ewigen, unaussprechlich glücklichen Gemeinde« (III,523).

Bei dieser dreifachen Gestalt des Christentums handelt es sich in Wahrheit um eine ganz erhebliche Ausweitung durch die Allfähigkeit des Irdischen und Religion überhaupt. Auch die Abgrenzung des Christentums von den übrigen Religionen wird also aufgelöst, so wie Novalis im Brief an Just die christliche Religion als »symbolische Vorzeichnung einer allgemeinen, jeder Gestalt fähigen, Weltreligion« (26. Dezember 1798; IV,272) bezeichnet hatte. Diese Ausweitung liegt der *Europa* von Anfang an zugrunde, deren zentraler Bezugspunkt der »höhere Sinn« ist, der als höchstes Glied die Steigerung »Bibel – Christentum – Religion überhaupt« krönt.

Die »Gemeinde«, zu der Novalis hier wie auch in den *Geistlichen Liedern* und den *Hymnen an die Nacht* spricht, ist die jener im Brief an Just und im Mittlerfragment skizzierten frühromantisch inspirierten Zukunftsreligion. Gemeint ist damit »ein Christentum, das im alltäglichen und politischen Handeln wieder erfahrbar wird, das aber – im Gegensatz zur kirchlichen Orthodoxie der verschiedenen Konfessionen am Ende des 18. Jahrhunderts – die Fähigkeit der sozialen Integration mit der Sicherung der Freiheit verbindet« (Stockinger, B 5: 1992, 383). Letzteres wird gegen Ende der Rede noch einmal ausdrücklich hervorgehoben:

Das »Wesen der [neuen] Kirche« werde »ächte Freiheit« (III,524) sein.

In dieser Sicht wird die christliche Religiosität des frühen Mittelalters zur symbolischen Vorzeichnung der frühromantischen Mittlerreligion. Eine wesentliche Affinität zwischen beiden besteht darin, daß sie das Absolute als sinnliche Erscheinung der Idee erfahrbar machen und diese Erfahrung wirksam werden lassen wollen. Auch von daher mag das Mittelalter-Bild eine Beglaubigungsfunktion haben. Anders als die Klassik setzt Novalis dabei aber nicht auf die Antike, sondern auf das Christentum und wertet es als geschichtlich überlegene Trennung von Immanenz und Transzendenz (vgl. Stockinger, B 5: 1992, 386). Die Vorstellung eines abstrakten Gottes tritt dabei, in der *Europa* wie in anderen Werken, jedoch zurück hinter der Vorstellung der Mittlerreligion. Daraus ergibt sich die eigentümliche Zeichnung vorreformatorischer Katholizität, die selbst Jesus nur am Rande erwähnt und sonst ganz auf den Marien-, Heiligen- und Reliquienkult abhebt. Auch diese Mittlerreligion ist eine Antwort auf die religiöse Situation der 1790er Jahre, sie vermittelt geistige Autonomie mit Transzendenz, indem sie im Bewußtsein hält, daß die symbolische Vergegenwärtigung des Absoluten nicht dessen Real-Präsenz bedeutet.

Das macht verständlich, warum in der *Europa* die Vergangenheit, trotz aller utopischen Züge, kein Zielbild für die Zukunft abgeben, sondern dieses nur beglaubigen helfen kann. Das große Thema ist das Mündigwerden, die Erlangung von Subjektautonomie. Die neue Kirche soll die »ächte Freiheit« bringen, um die die Revolution und der Protestantismus vergeblich gerungen haben. Von Freiheit war in der alten goldnen Zeit nicht die Rede, statt dessen von »Ehrfurcht und Gehorsam« (III,507). Das mag einem Stand der Menschheitsentwicklung angemessen gewesen sein, in dem, abgesehen von einer kleinen Elite, »die Menschheit für dieses herrliche Reich nicht reif, nicht gebildet genug« (III,509) war – eine mündige Menschheit kommt ohne »ächte Freiheit« nicht aus.

Auf die Grenzen der mittelalterlichen Kultur hatte schon der von Novalis hierher verlegte Kampf der Kirche gegen das heliozentrische Weltbild aufmerksam gemacht. Sicher: Einerseits ist aus der Sicht des Sprechers der Widerstand im Interesse einer nicht-mechanischen Physik, der zentralen Stellung des Menschen im Universum und der Rückbindung des Wissens an den Glauben gerechtfertigt. Andererseits handelt es sich bei der neuen Astronomie nicht um eine willkürliche Behauptung, sondern um »Entdeckungen« (III,508), also Wahrheiten. Das Problem liegt daher nicht nur beim Wissen, sondern mindestens so sehr beim Glauben: Das Mittelalter wurde sozusagen vor die Aufgabe gestellt, eine Form von Religiosität zu entwickeln, die das neue Wissen (nicht nur der Astronomie) integrieren konnte. Das ist nicht gelungen, so daß sich eine »temporelle[] Schädlichkeit der Kultur« (III,509) für den »höheren Sinn« ergab. Erst mit der Frühromantik erscheint dann eine Religiosität, die nicht nur Anschluß an die jüngste Entwicklung der Wissenschaften und Künste findet, sondern sich als deren Avantgarde versteht. Dazu gehört auch ein Begriff von Geschichte, der, wie es die Formel von den »fortschreitenden, immer mehr sich vergrößernden Evolutionen« besagt, imstande ist, die Erfahrung der Gleichzeitigkeit von Rückschritten und Fortschritten zu integrieren in die Vorstellung eines Fortschritts in der Geschichte, eines unendlichen Fortschreitens freilich, das auch die eigene Position noch als überbietbar zu denken imstande ist (»Was jetzt nicht die Vollendung erreicht, wird sie bei einem künftigen Versuch erreichen, oder bei einem abermaligen«; III,510).

Die *Europa* ist damit ein besonders instruktives Beispiel für die narrative Konstruktion und faßt sie auch sehr treffend in der Doppelformulierung »das Wesentliche, das Gesuchte finden und construiren« (III,521). Im Blick auf das Verhältnis von Geschichtsphilosophie und Utopie (oder:

auf den Geschichtsbegriff) bedeutet dies, daß Novalis die Geschichte daraufhin befragt, ob sie Erkenntnisse über einen in der Zukunft liegenden utopischen Zustand liefern kann. Erst eine solche Einstellung ermöglicht ein echtes Verständnis für die Vergangenheit, und nur ein dergestalt verfahrender Historiker kann ein »ächter«, d. h. auch glaubwürdiger, Prophet sein. Zu letzterem gehört ferner, daß in der aktuellen Zeitstunde Tendenzen aufgezeigt werden, die sie zum Kairos einer neuen Zeit geeignet erscheinen lassen. Narrative Konstruktion bedeutet also nicht völlig willkürliches Erfinden, sondern eine Verschränkung von Fakten, Interpretation und Utopie.

Auch im geschichtsphilosophischen Bereich war solche Konstruktion nicht ohne Vorbild. Das folgenreichste dürfte sich im Werk Rousseaus finden. Schon in seinem zweiten *Discours sur l'origine de l'inégalité parmi les hommes* (1754) konstruiert dieser einen Urzustand der Menschheitsgeschichte und ein sich anschließendes juste milieu der Gattungsgeschichte, um daraus eine Folie für die Kritik an der Gegenwart und die Heraufführung einer besseren Zukunft zu gewinnen. Auch Rousseau bemüht sich um historische Glaubwürdigkeit und stützt sich auf die zeitgenössische Ethnographie, behält aber wie Novalis im Blick, daß seine Darstellung nicht historische Tatsächlichkeit beansprucht, sondern eben eine Konstruktion ist. Auch Rousseaus Bild vergangener Zeiten der Menschheitsgeschichte wurde der Verwechslung von Sein und Schein bezichtigt. Allerdings war der Denker, der sich auf keine Rhetorik der Rede berufen kann, daran nicht ganz unschuldig, auch kommt der zukunftsgerichtete und postulative Charakter seiner Konstruktion erst in späteren Werken richtig zum Tragen.

In der *Europa* ist auch das, was den »fortschreitenden, sich vergrößernden Evolutionen« zugrunde liegt und den Bezug zwischen Vergangenheits- und Zukunftsutopie sichert, Teil der narrativen Konstruktion: die Annahme eines unzerstörbaren »höheren Sinns«. Dieser ist gleichermaßen

Ausgangs- und Zielpunkt der Darstellung, seine Existenz erweist sich letztlich dadurch, daß es gelingt, die Geschichte Europas als eine dieses »religiösen Sinns« plausibel zu machen.

Novalis unternimmt dies, indem er die europäische Geschichte als Selbstproblematisierung der europäischen Christenheit zu denken versucht, wobei, analog zum Verhältnis von Nacht und Tag, von Mutter und Geliebter in den *Hymnen an die Nacht*, das Katholische als »Ursprung und als antithetischer Exponent« (Timm, B 5: 1978a, 116) gedacht wird. Das »wahre Ganze« ist dabei aber nicht das alte Katholische, sondern sind die »fortschreitenden, sich vergrößernden Evolutionen«, die *als* Evolutionen nur sub specie utopiae erkennbar (konstruierbar) sind und umgekehrt die Utopie zugleich stützen sollen.

IV
Lyrik

Novalis war der bedeutendste Lyriker der Frühromantik. Einige seiner späten, d. h. zwischen 1798 und 1801 verfaßten Gedichte zählen zu den wichtigsten Werken der Romantik, und Verse wie »Wenn nicht mehr Zahlen und Figuren / Sind Schlüssel aller Kreaturen« konnten für spätere Generationen zum Erkennungssignal der Epoche, ja einer für zeitlos gehaltenen Haltung der Welt gegenüber werden. Das Gedicht, das mit diesen Versen beginnt, dürfte das bekannteste seines Verfassers sein:

Wenn nicht mehr Zahlen und Figuren
Sind Schlüssel aller Kreaturen
Wenn die so singen, oder küssen,
Mehr als die Tiefgelehrten wissen,
Wenn sich die Welt ins freye Leben
Und in die Welt wird zurück begeben,
Wenn dann sich wieder Licht und Schatten
Zu ächter Klarheit wieder gatten,
Und man in Mährchen und Gedichten
Erkennt die wahren Weltgeschichten,
Dann fliegt vor Einem geheimen Wort
Das ganze verkehrte Wesen fort. (I,344 f.)[1]

Hier finden sich in der Tat auf engem Raum wesentliche Auffassungen der Romantik: die Einschätzung der Gegenwart als einer verkehrten, durch Rationalität (»Zahlen und

1 Neuere Interpretationen zu diesem Gedicht, denen auch die vorliegende einiges verdankt, haben Kurzke (B 5: 1988, 7–15) und Kaiser (B 6: 1988, 120–124) vorgelegt.

Figuren«) geprägten Welt, die Entgegensetzung zwischen den ironisch so genannten »Tiefgelehrten« und denen, die »singen, oder küssen«, d. h. die Abwertung der Wissenschaften zugunsten von Kunst und Liebe, wozu auch die Auffassung gehört, in »Mährchen und Gedichten« sei die Wahrheit zu finden, und diese Wahrheit sei, einmal erkannt, auch wirkungsmächtig.

Das Gedicht gehört zu den Materialien für den zweiten Teil des *Ofterdingen*, und von daher ergeben sich weitere Aufschlüsse. Die »Zahlen und Figuren« verweisen auf den Schreiber in Klingsohrs Märchen. Was er schreibt, hält die Weisheitsprobe, das Eintauchen in eine geheimnisvolle Flüssigkeit durch eine göttergleiche Frau, meist nicht aus. Wenn von dieser Flüssigkeit einige Tropfen das Kind Eros, die Amme oder auch nur die Wiege berühren, dann entstehen Bilderfolgen in einem blauen Dunst; berühren sie dagegen den Schreiber, so fallen nur »eine Menge Zahlen und geometrische Figuren nieder, die er mit vieler Ämsigkeit auf einen Faden zog, und sich zum Zierrath um den magern Hals hing« (I,294). Es geht also nicht um eine Kritik ›der‹ Aufklärung oder gar eine Wendung gegen das mathematische Denken, das ja in Gestalt der Infinitesimalrechnung gerade Novalis erregende Aufschlüsse über die Natur des Unendlichen gegeben hatte, sondern die »Zahlen und Figuren« verweisen mit dem Schreiber auf eine verengte, nur auf Nützlichkeit und Verstandesdenken bedachte Aufklärung, die sich jedem Blick aufs Unendliche verweigert.

Solche Differenzierungen, die das Gedicht selbst zu einem durchdachten, ja hochreflexiven Gebilde werden lassen, setzen sich fort. Der »Gesang«, der den »Zahlen und Figuren« entgegengesetzt wird, meint die Poesie. Mathilde im *Ofterdingen* ist der »Geist des Gesanges« und wird Heinrich »in Musik auflösen« (I,277). Die Musik aber, so überlegt Novalis im *Allgemeinen Brouillon*, hat »etwas von der Combinatorischen Analysis und umgekehrt. Zahlen Harmonieen – Zahlen acustik [...]. Die Sprache ist ein mu-

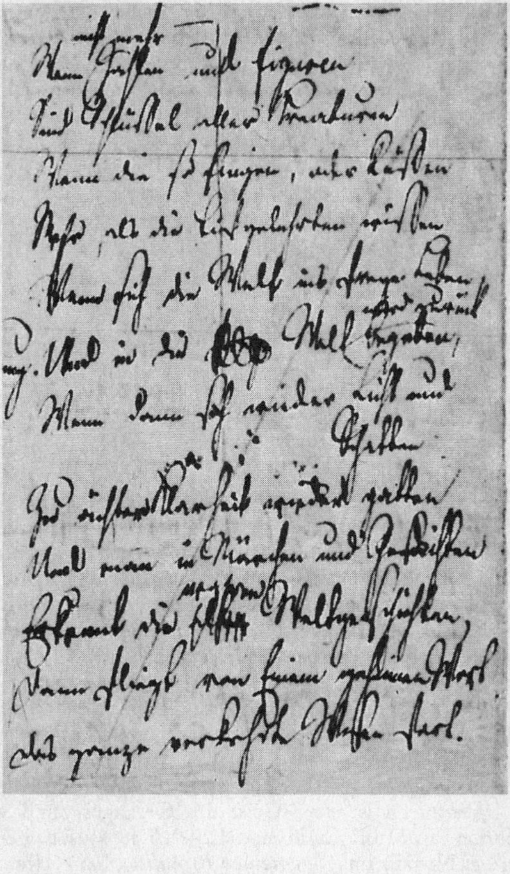

Wenn nicht mehr Zahlen und Figuren

sicalisches Ideen Instrument« (III,360:547). Etwas von dieser Musik ist im Gedicht *Wenn nicht mehr Zahlen und Figuren* verwirklicht: im freien Knittelvers, im weiblichen Paarreim und dem markanten, männlichen Schlußreim sowie im alles überspannenden Wenn-dann-Aufschwung.

Im »Küssen« schwingt – mehr noch als schon im »Singen« – durchaus eine Körpererfahrung mit, die dem Schreiber im Roman und damit den »Tiefgelehrten« fehlt. Die Beispiele für solche Aufwertung sinnlicher Erfahrung im Werk sind zahlreich. Sie ergibt sich aus der Erkenntnis, daß die Liebe »das Unum des Universums« (III,248:50) ist. In einer Aufzeichnung von 1798 fragt Novalis: »Wem gefiele nicht eine Philosophie, deren Keim ein erster Kuß ist?« Sie wird sogleich – in Gestalt einer Wechselrelation – skizziert: »Das Leben oder das Wesen des Geistes besteht [...] in Zeugung Gebährung und Erziehung seines Gleichen. [...] Der erste Kuß in diesem Verständnisse ist das Princip der Philosophie – der Ursprung einer neuen Welt – der Anfang der absoluten Zeitrechnung – die Vollziehung eines unendlich wachsenden Selbstbundes« (II,541:74). Gleich die nächste Aufzeichnung lautet dann bezeichnenderweise wieder: »Mathematische *Processe* – Rechnung des Unendlichen« (ebd.).

Das »Küssen« hat also einen philosophischen Sinn. Er wird dann noch einmal ausdrücklich festgehalten: »Wenn sich die Welt ins freye Leben / Und in die Welt wird zurück begeben«. Es geht im transzendentalphilosophischen Sinne um den Prozeß der Selbstbewußtwerdung. Die Welt erfährt sich als Produkt eines freien Geistes, und indem sie diesem an »Freythätigkeit und Selbstbeziehung gleich« (ebd.) wird, bleibt sie nicht einfach die Welt, sondern verwandelt sich, wie Novalis ursprünglich geschrieben hatte, in eine »freye Welt«. Diese wäre das Gegenteil der jetzigen verkehrten Welt.

In dieser ist in »Licht und Schatten« auseinandergetreten, was ursprünglich eins war und wieder werden soll. Am

Ende des *Ofterdingen* sollte Heinrich das Sonnenreich zerstören (vgl. I,342), ein Bild für die Aufhebung von Raum und Zeit. Sie kann in der Gegenwart in der Poesie vollzogen werden, auch dafür steht der Kuß: Im Roman wird durch den ersten Kuß von Heinrich und Mathilde Astralis gezeugt, die Verkörperung der Poesie (vgl. I,317). Vermutlich sollte das Gedicht *Wenn nicht mehr Zahlen und Figuren* auch nicht Heinrich, sondern Astralis in den Mund gelegt werden, dessen erster Gesang ebenfalls in Knittelverse übergeht.

Daß die Liebe das »Unum des Universums« ist, ist aber auch in den bereits vorhandenen »Mährchen und Gedichten« dargestellt, man muß nur die in ihnen aufgehobenen »wahren Weltgeschichten« auch »erkennen«, dann tritt an die Stelle einer »Klarheit« der rationalistischen und damit dualistischen Philosophie (Descartes' »clara et distincta« klingt an) mit der romantischen Philosophie und Dichtung die »ächte« Klarheit, in der Licht und Schatten auf ihre Einheit in der Coincidentia oppositorum hin transparent werden.

Die eschatologische Verheißung erfolgt in einem einzigen, langgezogenen Satz mit einer auffallenden Wenn-dann-Struktur, die sowohl temporal als auch kausal zu verstehen ist. Viermal setzt das Wenn ein und steigert sich dabei: Zunächst wird die Beendigung der Herrschaft von Zahlen und Figuren gefordert, dann werden die genannt, die »mehr« wissen, dann wird von der »freyen« Bewegung der ganzen Welt gesprochen, und schließlich erscheint im romantischen Schlüsselwort »ächte Klarheit« jener Zustand der Aufhebung aller Trennungen. Erst die beiden letzten Verse bringen die Erfüllung des Dann. Dieser Satztypus ermöglicht es, etwas aus der Zukunft in die Gegenwart hineinzunehmen. Gleichzeitig wird in den »Mährchen« angedeutet, daß die »wahren Weltgeschichten« schon längst vorhanden sind; ursprünglich hatte Novalis sogar von den »alten« Weltgeschichten gesprochen, das aber dann wieder gestrichen. So kommt (wie mit dem archaisierenden Relativpronomen »die so«) Vergangenheit ins Spiel. Auch in diesem Gedicht ist also die romantische Triade zu finden.

Diese Wenn-dann-Periode hatte zu Novalis' Zeiten bereits Tradition: Klopstock hatte sie in seinen Oden zum Aufbau einer eschatologischen Spannung verwandt, und Goethe ließ seinen Werther im berühmten Brief vom 10. Mai sich in einem Wenn-Satz in diesseitige Erfüllungshoffnungen hineinsteigern, freilich mit einem problematischen Resultat:

> [...] dann sehne ich mich oft und denke: Ach könntest du das wieder ausdrücken, könntest du dem Papiere das einhauchen, was so voll, so warm in dir lebt, daß es würde der Spiegel deiner Seele, wie deine Seele ist der Spiegel des unendlichen Gottes! – Mein Freund – Aber ich gehe darüber zugrunde, ich erliege unter der Gewalt der Herrlichkeit dieser Erscheinungen.[2]

Novalis nimmt die eschatologische Spannung wieder auf, erweitert sie aber gegenüber Klopstock, wo sie meist auf die individuelle Unsterblichkeit zielt, um eine alle Menschen betreffende (»man«) geschichtsphilosophische oder heilsgeschichtliche Dimension.

Das wird verbunden mit einer Bestimmung der Poesie. Sie erhält die Rolle, die ihr zu geben Werther außerstande ist. In ihr, und nur in ihr, ist jene Erfahrung einer universalen Vermittlung, einer Aufhebung aller Trennungen möglich. Das Erkennen der Poesie ist zugleich das Zeugen einer neuen Welt: »Dann fliegt vor Einem geheimen Wort / Das ganze verkehrte Wesen fort.«

Das »Eine geheime Wort« verweist im Romankontext auf das Ende des 6. Kapitels und Heinrichs Traum von der Begegnung mit der ertrunkenen Mathilde in einem blauen Strom:

2 Johann Wolfgang von Goethe, *Werke. Hamburger Ausgabe*, hrsg. von Erich Trunz, Bd. 6, 9. Aufl., München 1977, S. 9.

> Wo sind wir, liebe Mathilde? – Bey unsern Eltern. – Bleiben wir zusammen? – Ewig, versetzte sie, indem sie ihre Lippen an die seinigen drückte, und ihn so umschloß, daß sie nicht wieder von ihm konnte. Sie sagte ihm ein wunderbares geheimes Wort in den Mund, was sein ganzes Wesen durchklang. Er wollte es wiederholen, als sein Großvater rief, und er aufwachte. Er hätte sein Leben darum geben mögen, das Wort noch zu wissen. (I,279)

So verbinden sich in der Vorstellung vom »Einen geheimen Wort« das Wissen um einen alle Wirklichkeitsgrenzen sprengenden Zustand höchster Verbundenheit und die Aufforderung, in diesem Bewußtsein zu leben.[3] Für Heinrich bedeutet dies, zum Dichter zu werden; aber erst für die Fortsetzungspläne und im Zusammenhang mit Heinrichs Verklärung – nachdem dieser also gewissermaßen »sein Leben darum gegeben« hat – hält Novalis, kurz bevor das Gedicht *Wenn nicht mehr Zahlen und Figuren* folgt, fest: »Heinrich erräth den Sinn der Welt« (I,344).

Bis dahin aber bleibt uns nur die Unendlichkeit romantischer Deutungen. Schon zuvor hielt das Gedicht mit den »wahren Weltgeschichten« die Pluralität möglicher Deutungen und die Doppelheit des Wortes »Geschichte« (Historie/Erzählung) fest. Auch im Gedicht-Ganzen geht es, das war der Sinn der Wenn-Periode, um das Hereinholen des Zukünftigen ins Gegenwärtige. Von daher macht es Sinn, daß Novalis am Ende, gegenläufig zur Erfüllungsverheißung des Dann, einen weiteren Akzent auf das Verschwinden der verkehrten Welt und weniger auf den Anbruch einer neuen legt; man muß das nicht als »Verebben« des eschatologischen Schwungs und als ins Leere laufende Radikalkritik (Kaiser, B 6: 1988, 124) kritisieren, sondern kann es auch als

3 Das kommt bei Kurzke zu kurz, der dieses Gedicht als »Vorspiel« zu seiner Novalis-Monographie interpretiert und es auf die Botschaft zulaufen läßt: »Im Tod nur ist die Erlösung« (B 5: 1988, 15).

Bewußtsein des nur in der Dichtung aufhebbaren Mangels an Sein bewerten. In der Welt bleiben wir, getreu der Maxime: die »Supposition des Ideals [...] ist die Methode es zu finden« (III,373:603), an die unendliche Tätigkeit des Romantisierens verwiesen.

1. *Geistliche Lieder*

Die *Geistlichen Lieder* führen zunächst einmal in ganz andere Zusammenhänge. Novalis verstand sie als »Probe eines neuen, geistlichen Gesangbuchs« (an Friedrich Schlegel, 31. Januar 1800; IV,317); sie sind also vor dem Hintergrund der protestantischen Gesangbuchreform am Ende des 18. Jahrhunderts zu verstehen. Nach Novalis' Meinung sollten die neuen Lieder »weit lebendiger, inniger, allgemeiner und mystischer seyn« (III,588:226) als die überlieferten. Statt sich an Didaktik, Askese und Dogmatik zu orientieren, sollten die Lieder – wie die künftigen Predigten – »unmittelbar zur Erregung des heiligen Intuitionssinns – zur Belebung der Herzensthätigkeit« (ebd.) dienen. Der innere oder religiöse Sinn des Menschen sollte geweckt werden, indem sein Organ, das Herz, angesprochen wird.

Mit dieser Absicht war Novalis sehr erfolgreich, die *Geistlichen Lieder* waren im 19. Jahrhundert seine bekanntesten Dichtungen. Schon von den Freunden begeistert aufgenommen, fanden einige von ihnen, nämlich die Lieder I, V, VI und IX, seltener III und IV, Eingang in evangelische Kirchengesangbücher; die Lieder I, V und XV wurden – obwohl der Verfasser Protestant war – sogar in katholische Gesangbücher aufgenommen.

Dieser Erfolg in den Kirchengemeinden verwundert

nicht. Die Lieder VIII (ein Stabat-mater-Lied), XIV und XV sind schöne Marienlieder, und der alle diese Gesänge durchziehende schlichte, innige, pietistische Ton scheint sie zum geeigneten Medium des Ausdrucks einer tief, eben im Herzen empfundenen Frömmigkeit zu machen.

Ganz so einfach ist es freilich nicht. Auch die *Geistlichen Lieder* sind in erster Linie frühromantische Werke, und das zeigte sich gerade bei ihrer Aufnahme in die Kirchengesangbücher, bei der sie sich zahlreiche Auslassungen und Umdichtungen gefallen lassen mußten. »Man kann vereinfacht sagen, daß die Gesangbuch-Fassungen [...] alles Novalistypische ausscheiden und den Dichter auf die pietistische Grundschicht reduzieren. Konsequent ausgegrenzt werden die Bereiche Orient/Morgenland/Poesie, die Flüssigkeitsmetaphern, die erotische Bildlichkeit und die Geschichtsphilosophie« (Kurzke, B 5: 1988, 74).

Hinzu kommt, daß die *Geistlichen Lieder* keineswegs von Novalis als in sich geschlossene Gruppe geschaffen wurden; nicht er, sondern erst die späteren Herausgeber haben die Lieder unter diesem Titel zusammengestellt. Die Lieder X, XIV und XV gehören zu den Fortsetzungsplänen für den *Ofterdingen*, und Lied VII, die sogenannte *Hymne*, gehört weder formal noch gedanklich zur Gattung des geistlichen Liedes. Hier wird eine apokalyptische Hochzeit von Himmel und Erde gestaltet, und zwar so, daß irdischer Körper und mystischer Geist-Leib ineinander gespiegelt werden:

Wer hat des irdischen Leibes
Hohen Sinn errathen?
Wer kann sagen,
Daß er das Blut versteht?
Einst ist alles Leib,
Ein Leib,
In himmlischem Blute
Schwimmt das selige Paar.

(I,167)

Die ältere Forschung neigte, nicht zuletzt wegen der drastischen Metaphorik, zu einseitig spiritualisierenden Deutungen und verfehlte so die hier gemeinte Verbindung von Erotik und Mystik: »Der Liebe wohnt eine verwandelnde und erhöhende Kraft inne, die Novalis mit der Transsubstantiation des Abendmahls identifiziert. Physisches und Geistiges sind nur verschiedene Aspekte desselben Wesens, wie Leib und Blut verschieden und zugleich eins sind« (Schulz, Kommentar, in: *Werke*, 617).

2. *Hymnen an die Nacht*

Die *Hymnen an die Nacht* (I,130–157) sind das einzige größere literarische Werk, das Novalis vollendet und veröffentlicht hat. Sie bilden den Höhepunkt seines lyrischen Schaffens und gelten als die bedeutendste Dichtung der Frühromantik sowie als Werk von weltliterarischem Rang.

Der Gedichtzyklus wurde, soweit wir wissen, um die Jahreswende 1799/1800 geschrieben, und zwar zunächst in Versen. Kurz darauf, Ende Januar / Anfang Februar 1800, entstand eine Fassung in Prosa mit Verseinlagen, die zugleich differenzierter, spannungsreicher und gegenüber Subjektiv-Privatem distanzierter als die frühere ist. »Die Wendung vom persönlichen Erleben zum Weltanschaulichen und Weltgeschichtlichen, von Gefühlsausdruck zur Aussprache religiöser Überzeugung, die zuletzt die Formen kirchlichen Gemeindegesangs gewinnt, diese Wendung vollzieht sich in Hardenberg während der Wiederaufnahme der Dichtung« (Kluckhohn/Samuel; I,118). Diese zweite Fassung ließ Novalis im August 1800 im *Athenaeum* erscheinen, sie dürfte seinen Intentionen somit näher kommen als die erste und wird daher im folgenden einzig berücksichtigt.

Die Hymnen sind Ausdruck der Ereignisse und Entwicklungen, die Novalis zwischen 1797 und 1799/1800 geprägt haben: der Tod Sophie von Kühns und die Verlobung mit Julie von Charpentier, die Freiberger Zeit mit ihren neuen Gedanken über die Zusammenhänge von Geist und Natur, Immanenz und Transzendenz, die Selbstverständigung über die Religion mit Just, Schlegel und im Jenaer Romantikerkreis, die Arbeit an den *Lehrlingen zu Sais* und den *Geistlichen Liedern* und schließlich die engagierte und erfolgreiche Berufstätigkeit, die nicht zuletzt im Lichte der Heiratspläne zu sehen ist.

Die wichtigsten Quellen sind das Gedanken- und Sprachgut der Mystik und des Pietismus sowie Edward Youngs *Nachtgedanken* (dt. 1751), Shakespeares *Romeo und Julia* und des Übersetzers August Wilhelm Schlegels *Zueignung des Trauerspiels Romeo und Julia* (1797), Herders *Paramythien* (1785) und Jean Pauls *Unsichtbare Loge* (1793). Hinzu kommt eine Auseinandersetzung mit Schillers Gedicht *Die Götter Griechenlandes* (1788) in der 5. Hymne.

In diesen Quellen ist vieles, was in den *Hymnen an die Nacht* zu finden ist, literarisch vorgeprägt: die poetische Ikonographie der Nacht in der 1. Hymne, die Gestalt der »Mutter Nacht«, das Motiv der über den Tod hinaus verbundenen Liebenden, denen das Grab zum heiligen Ort wird, und vieles andere mehr. Dennoch schafft Novalis daraus etwas Eigenes: Die *Hymnen an die Nacht* entfalten eine neue, frühromantische Mythologie.

Sie entsteht aus der Verbindung von Privatmythologie und christlicher Mythologie, die wiederum poetisiert wird. Entscheidend ist dabei die unerhörte Dynamik des Sprechens in den *Hymnen*, die aus der Bildung und unaufhörlichen Umwandlung von Polaritäten entsteht: von Licht und Nacht, Leben und Tod, Diesseits und Jenseits, von kollektivem Jubel und individueller Bangigkeit, Götternähe und

Götterferne, geschichtlicher Zukunftserwartung und »mystischer Gegenwärtigkeitserfahrung« (Mähl, B 5: 1965, 387). Keine zweite Dichtung der Frühromantik führt die Aufhebung aller Ordnungen und Trennungen so suggestiv vor wie die *Hymnen an die Nacht*. Das führt jedoch nicht einfach in den unterscheidungslosen Anfang, sondern zur Entfaltung einer universalen Mittlerreligion (s. S. 72 f.); deshalb ist das für die poetische Qualität Entscheidende der Rhythmus des Strömens und Gleitens, des Hin und Her, die genial gestaltete Bewegung des Romantisierens.

Sie liegt auch der Binnenstruktur des Zyklus zugrunde: Dieser besteht aus drei Teilen zu je zwei Hymnen, d. h. 1–2, 3–4 und 5–6 (vgl. Gumpel, B 6: 1980). Jeder dieser Teile bildet einen kleinen, in sich abgeschlossenen Zyklus, dessen Grundmuster in allen drei Fällen identisch ist. Die jeweils erste Hymne beschreibt eine dreistufige Entwicklung vom Leben im irdischen Lichtreich über ein Zwischenstadium schmerzhafter Entfremdung von ihm bis zur schließlichen Befreiung in der zeitlosen Nacht. Die jeweils zweite Hymne setzt beim Aufwachen aus dieser ekstatischen Vision ein und bringt die Sehnsucht nach der Rückkehr zu ihr zum Ausdruck. Als Ganzes schildern die Hymnen, wie der Sprechende sich der Nacht mehr und mehr bewußt wird, wobei jeder Zyklus eine tiefere Stufe der Erfahrung und des Wissens repräsentiert.

1. Hymne

Die 1. Hymne beginnt mit einem Preis des Lichts, wie er herrlicher kaum ausfallen könnte. Auf engstem Raum werden überlieferte wie zeitgenössische Vorstellungen von der Einheit der natürlichen Welt evoziert, etwa – in der Folge Stein/Pflanze/Tier/Mensch – die Vorstellung einer gestuften Ordnung des Seins. Das Licht erscheint zunächst als natürliches Phänomen, das über die Oxydation bzw. Sauerstoffbildung (›brennen‹, ›atmen‹) das Leben ermöglicht, das diesem aber auch einen menschlichen Sinn zu geben scheint, indem es die Farben spendet und überhaupt als »allerfreulich[]« und alle Lebenskräfte »weckender Tag« erfahren wird. Es scheint darüber hinaus sogar »des Lebens innerste Seele« zu sein, was sich beziehen ließe auf die zeitgenössischen Vorstellungen von der Weltseele, wie der »funkelnde« Stein auf naturphilosophische Vorstellungen der Romantik verweisen mag, etwa auf Schellings Theorie der Urpolarität von Licht und Schwere.

Wie in anderen Werken so führt Novalis aber auch hier die gedankliche Linie nicht gradlinig fort, sondern arbeitet mit Brüchen, um dann über die Bildung von Polaritäten und wechselseitigen Entsprechungen die Bewegung des Romantisierens zu erzeugen.

Daß die Macht des Lichts nicht alles ist, wird in der Bezeichnung des Menschen als »Fremdling« bereits deutlich. Mit diesem Schlüsselwort bezeichnet Novalis die über die »irdische[] Natur« hinausgehende menschliche Bestimmung. Außerdem schwingt in der »Wunderherrlichkeit der Reiche der Welt« ein Anklang an die Versuchung Christi mit. So wird vorbereitet, was folgt: Dem Licht wird im 2. Abschnitt etwas entgegengesetzt, das sich im 3. Abschnitt als das Umfassendere erweist.

Erst im 2. Abschnitt nämlich wird die Nacht thematisiert, scheinbar nur als bedrückende Zeit des erzwungenen Abschieds von dem, was das menschliche Leben ausmacht: »Fernen der Erinnerung, Wünsche der Jugend, der Kindheit Träume, des ganzen langen Lebens kurze Freuden und vergebliche Hoffnungen kommen in grauen Kleidern, wie Abendnebel nach der Sonne Untergang.« Das lyrische Ich sehnt sich zurück nach diesem »Licht«, aber die Attribute, mit denen die Nacht gleich im ersten Satz bedacht wurde, lassen bereits ahnen, daß die Sehnsucht nach dem Licht einem vertieften Verständnis »der heiligen, unaussprechlichen, geheimnisvollen Nacht« weichen wird.

Das geschieht dann zu Beginn des 3. Abschnitts und scheint ursächlich mit der Erfahrung zusammenzuhängen, daß die Welt »in eine tiefe Gruft versenkt« ist, denn jetzt urteilt das lyrische Ich: »wie erfreulich und gesegnet des Tages Abschied«. Neben der hier angedeuteten existentiellen Krisenerfahrung wird im »Mohn« des Rausches auf andere Möglichkeiten des Zugangs zur Nacht angespielt. Vor allem aber erhält die Nacht eine Qualität, die dem Licht nicht zugesprochen wurde, die für Novalis aber die entscheidende ist: Die Nacht wird zum Raum der Liebe, ja sie meint hier die Erfahrung der Liebe. Entsprachen der Herrlichkeit der irdischen Natur die »sinnvollen Augen« des »Fremdlings«, so sind »die unendlichen Augen, die die Nacht in uns geöffnet« das Organ, der höhere Sinn, mit dem die »Tiefen eines liebenden Gemüths« erfahren werden können. Diese Liebe hebt die Verlassenheit und Einsamkeit auf, sie wird mit großer poetischer Intensität in Form eines versteckten Vierzeilers mit Kreuzreim als die Innigkeit eines Mutter-Kind-Verhältnisses beschworen: »ein ernstes Antlitz seh ich froh erschrocken, das sanft und andachtsvoll sich zu mir neigt, und unter unendlich verschlungenen Locken der Mutter liebe Jugend zeigt«. Diese Mutter-Kind-Innigkeit wird dann abgelöst durch die Liebe zwischen einem reiferen Ich und einer »zarte[n] Geliebte[n]«, einer Gesandten der Nacht.

Gesprochen wird die ganze Zeit über von jemandem, der sich in der Tagwelt befindet. Er erwacht durch die Erfahrung der Nacht erst zum wahren Leben und wird sich dessen am Schluß auch bewußt (»nun wach ich«). Es geht also nicht um eine regressive Entgrenzung. Auch die Liebe ist ja ›reif‹. Was kann man Schöneres und Bündigeres über sie sagen als: »[I]ch bin Dein und Mein«? Die Erfahrung der Nacht hat den »Fremdling« vom Beginn der Hymne jetzt »zum Menschen gemacht«. Das lyrische Ich versteht sich jetzt als einbehalten in der Struktur von Liebe und Selbstheit.

Was zunächst aussieht wie eine Zwei-Welten-Lehre mit einer scharfen Trennung zwischen Licht und Nacht (»Wie arm und kindisch dünkt mir das Licht nun«), rückt so in den Horizont einer universalen Mittlerreligion. Neben den »König der irdischen Natur« tritt die »Weltköniginn«, die »hohe[] Verkündigerinn heiliger Welten«, und die »zarte Geliebte« wird »liebliche Sonne der Nacht« genannt, womit die Lichttopik eine Aufwertung erfährt, gleichzeitig aber deutlich bleibt, daß auch dieses Licht die Tochter der Nacht ist. Die Nacht bleibt das Umgreifende und Zeugende.

2. Hymne

Solche, die Grenzen der raumzeitlich erfahrbaren Welt sprengenden Transzendenzerfahrungen sind freilich Ausnahmen. Das ist das Thema der 2. Hymne, in der das lyrische Ich sich zunächst über die »unselige Geschäftigkeit« beklagt, dann aber eine Fülle von Möglichkeiten nennt, durch die der »der Nacht Geweihte« ihr »in diesem irdischen Tagwerk« begegnen kann: im Rausch (bewirkt durch Wein, Bittermandelwasser oder Opium), in der Liebe, die hier in ihrer körperlich-geistigen Ganzheit einer zwischenmenschlichen Beziehung gemeint ist, während am Ende der 1. Hymne von einer spirituellen »Brautnacht« die Rede war (»zehre mit Geisterglut meinen Leib«), und schließlich in »alten Geschichten«, die, so darf man vermuten, vom goldenen Zeitalter handeln.

3. Hymne

Während die ersten beiden Hymnen von verallgemeinerbaren Erfahrungen sprachen und das Ich deshalb immer wieder ins Wir überwechseln konnte, spricht die 3. Hymne von einem individuellen und konkreten Erlebnis. Zwar konnte man schon in der 1. Hymne bei der Welt, die »in eine tiefe Gruft versenkt« worden war, an den Tod eines geliebten Menschen denken, aber erst jetzt wird unmißverständlich von einem einmaligen Ereignis berichtet (»Einst da ich bittre Thränen vergoß«). Dies entspricht der Einweihung der 1. Hymne so genau (Schmerz am Grabe der Welt, »Nachtbegeisterung«, Begegnung mit der Geliebten, Erwachen zu einem »neuen Leben«), daß es wie die individuelle Bestätigung des in der 1. Hymne Gesagten durch biographische Erfahrung wirkt. Gleichwohl ist es zunächst einmal die Erfahrung eines lyrischen Ich, also etwas Fiktionales. Von einem biographischen Hintergrund beim Autor wußten die Leser des *Athenaeum* nichts, und sie brauchten es auch nicht zu wissen, denn der Gedankengang ist nicht nur aus sich heraus und vor dem Hintergrund der 1. Hymne verständlich, sondern er wird auch in Bilder gefaßt, die in der Literatur der Zeit nicht ungewöhnlich sind: der Tod der Geliebten, die mystische Aufhebung von Raum und Zeit, die Erfahrung einer geistigen Neugeburt, die visionäre Erscheinung der Verstorbenen und das ewige Bündnis, die unaufhörliche »Brautnacht« mit ihr.

Zugleich aber gibt es jene bereits zitierte Tagebuch-Notiz von Novalis, die sich auf einen Besuch am Grabe der verstorbenen Braut am 13. Mai 1797 bezieht und die nahezu wörtlich in der 3. Hymne wieder auftaucht: »Abends gieng ich zu Sophieen. Dort war ich unbeschreiblich freudig – aufblitzende Enthusiasmus Momente – Das Grab blies ich wie Staub, vor mir hin – Jahrhunderte waren wie Momente – ihre Nähe war fühlbar – ich glaubte sie solle immer vortreten« (IV,35 f.). Freilich ist unübersehbar, daß aus dem Tagebuch-Material erst in der literarischen Bearbeitung der Hymne die mystische Erfahrung einer leibhaftigen Präsenz der Verstorbenen wird; nur hier wird das Grabeserlebnis zum definitiven Durchbruch eines neuen, höheren Selbst. Vice versa sind schon in die Tagebuch-Notiz die genannten Lektüreerfahrungen eingegangen, und die imaginative Vergegenwärtigung der Verstorbenen war eine von Novalis intensiv gepflegte Übung. Der Grundgedanke der 3. Hymne von der Relativität der zufälligen oder einzelnen Form des Ich und von der Berufung zu einem höheren Ich war Novalis nicht nur aufgrund seiner religiösen Herkunft, sondern auch von Fichte her vertraut und ist ihm in Jean Pauls Begriff des »hohen Menschen«, der den Tod in das Leben einbezieht, in wiederum veränderter Gestalt begegnet.

Mit diesen Vorstellungsformen suchte Novalis auch den sich abzeichnenden Tod der Braut zu überleben: »Meine Fantasie wächst, wie meine Hoffnung sinkt – wenn diese ganz versunken ist und nichts zurückließ, als einen *Grenzstein*, so wird meine Fantasie hoch genug seyn, um mich hinauf zu heben, wo ich das finde, was hier verloren gieng. Frühzeitig hab ich meine precaire Existenz fühlen gelernt und vielleicht ist dieses Gefühl das erste Lebensgefühl in der Künftigen Welt« (an Wilhelmine von Thümmel, 8. Februar 1797; IV,201). Die Erfahrung des Todes aber war dann, wie der Nachsterbe-Wunsch zeigte, erst einmal stärker. Die Integration des Todes in das Leben wollte nicht nur vorgedacht, sondern auch existentiell geleistet werden. Dies gelang, davon sprechen die *Hymnen an die Nacht*. Was in der 1. und der 3. Hymne gesagt wird, ist ja letztlich doch nichts anderes als: »Was du wircklich liebst, das bleibt Dir« (II,249:462).

Die *Hymnen* sind freilich nicht nur Ausdruck einer biographischen Erfahrung, sondern sie deuten umgekehrt auch allererst Erlebtes und überführen es dabei in andere gedankliche Zusammenhänge. Das gilt in besonderer Weise für Sophie. In dieser bewußten Deutung und Umformung des Biographischen liegt das Entscheidende der Begegnung zwischen Sophie von Kühn und Novalis: Die Braut wird zum Kristallisationspunkt seiner frühromantischen Mittlerreligion.

4. Hymne

Die 4. Hymne setzt die Ich-Erzählung der 3. Hymne fort, und wie jene mit der ersten, so korrespondiert diese mit der zweiten. Sie begann mit der Frage: »Muß immer der Morgen wiederkommen?« Jetzt wird geantwortet: »Nun weiß ich, wenn der letzte Morgen seyn wird.« Die Frage hatte aber rhetorischen Charakter, die Antwort – »wenn der Schlummer ewig und nur Ein unerschöpflicher Traum seyn wird« – hätte das lyrische Ich schon in der 2. Hymne geben können. Die Gewißheit des Sprechers ist daher eher als Ausdruck einer anderen, der in der 3. Hymne gewonnenen Zuversicht zu werten: »[G]etreu der Nacht bleibt mein geheimes Herz«. Die Klage über die unselige »Geschäftigkeit« ist kein Thema mehr.

In dieser Hymne arbeitet Novalis besonders deutlich mit der Rhetorik der Naherwartung; vor allem im abschließenden Gedicht schmilzt die eschatologische Spannung zunächst fast vollständig (»Hinüber wall ich«), um dann aber wiederhergestellt zu werden: »Ich lebe bey Tage / Voll Glauben und Muth / Und sterbe die Nächte / In heiliger Glut.«

Während es in der 2. Hymne in der Lebenspraxis noch ein nicht unproblematisches Nebeneinander von »irdische[m] Tagwerk« und »[h]eilige[m] Schlaf« gab, wird jetzt, unter der Voraussetzung der einmal gewonnenen Gewißheit einer höheren Welt, ein anderes Weltverhältnis in Arbeit, Kunst und Wissenschaft entworfen: »Gern will ich die fleißigen Hände rühren, überall umschaun, wo du mich brauchst – rühmen deines Glanzes volle Pracht – unverdrossen verfolgen deines künstlichen Werks schönen Zusammenhang – gern betrachten deiner gewaltigen, leuchtenden Uhr sinnvollen Gang – ergründen der Kräfte Ebenmaß und die Regeln des Wunderspiels unzähliger Räume und ihrer Zeiten. Aber getreu der Nacht bleibt mein geheimes Herz, und der schaffenden Liebe, ihrer Tochter.«

Vor dem Hintergrund der Biographie des Autors liegt es nahe, in dieser erneuten Weltzuwendung den Wechsel vom Nachsterbe- zum Nachlebe-Wunsch und eine Entsprechung zur im Dezember 1798 geschlossenen zweiten Verlobung mit Julie von Charpentier zu sehen. Das ist plausibel; für die gedankliche Konsequenz wichtiger ist aber, daß sich schon bei Fichte Idealismus und Aufforderung zur Tätigkeit verbinden und daß dies hier unter spezifisch romantischem Vorzeichen weitergedacht wird. Die emphatische Weltzuwendung tritt ja nicht, wie oft gesagt worden ist, beziehungslos neben die Nachtbegeisterung, sondern sie ist deren Folge: »die Mutter [Nacht] schickte mit meinen Geschwistern mich, zu bewohnen deine [d. i. des Lichtes] Welt, sie zu heiligen mit Liebe, daß sie ein ewig angeschautes Denkmal werde – zu bepflanzen sie mit unverwelklichen Blumen«. Die Erfahrung der Nacht verpflichtet also zur Romantisierung in Arbeit, Kunst und Wissenschaft, die Romantiker tragen »diese göttlichen Gedanken« in die Welt und sprechen von »unserer Offenbarung«; der Sprecher bezieht sogar mit »Warlich ich war, eh du warst« ein Christus-Wort (Joh. 8,58) auf sich und sein Verhältnis zur »Licht«-Welt. Eine weitere, subtilere Identifikation mit Christus erfolgt in der Pietà-Anspielung »Und liege trunken / Der Lieb' im Schooß«. Die »Wallfahrt zum heiligen Grabe« wiederum verweist nicht nur auf das Grab Jesu, sondern auch auf das der Geliebten. Diese wiederum wurde schon in der 1. Hymne mit der Christus-Prädikation »Sonne der Nacht« bedacht.

Hier überlagern sich im Zeichen der Mittlerreligion spezifisch frühromantische und christliche Religiosität, und es erscheint schwer möglich, eine Hierarchie der Mittler auszumachen, wenn der romantische Sprecher an die Stelle Christi tritt. »Wir sind auf einer Mißion: zur Bildung der Erde sind wir berufen«, hieß es schon im 32. *Blüthenstaub*-Fragment (II,427:32). Im Zeichen romantischer Poesie scheint dann auch schon der »herrliche Fremdling« der

1. Hymne mit »den zartgeschlossenen, tonreichen Lippen« zu stehen, die sich, so darf man interpolieren, nach der Einweihung öffnen zu Hymnen an die Nacht und in der Sehnsucht, daß »ewig die Brautnacht« währe. Einen weiteren Verweis auf die poetische Tätigkeit enthält die Allegorie des ›höheren Schlafes‹ in der 2. Hymne als »unendlicher Geheimnisse schweigender Bote«.

Das verweist auf den Anteil der Phantasie an der Religion; sogar die Vision in der 3. Hymne wird ja ein »Traum« genannt, und als ihre Wirkung »fühl[t]« der Sprecher einen »Glauben« an die Nacht und die Geliebte. In den Glauben gehen bei Novalis immer Setzungen ein, und sie betreffen, was der Blick auf die 5. Hymne bestätigen wird, die Mittlerfunktion sowohl von Sophie als auch von Christus.

5. Hymne

Die ersten vier Hymnen bewegten sich im Raum subjektiver Erfahrung, aber die 4. Hymne hat mit der Einbeziehung Christi die Möglichkeit eröffnet, individuelle und menschheitsgeschichtliche Religionserfahrung zueinander in Beziehung zu setzen. Diese Ausweitung erfolgt in der 5. Hymne, die dadurch etwa so umfangreich wird wie die ersten vier Hymnen zusammen. Novalis scheint einen geschichtsphilosophischen oder religionsgeschichtlichen Überblick zu geben über die Geschichte des Abendlandes von der Antike bis zur Gegenwart.

Die Darstellung folgt der romantischen Triade, dem Dreischritt von paradiesischem Ursprung, Zerfall und Erneuerung. Als glückliche Zeit wird die Antike beschrieben: »ein ewig buntes Fest der Himmelskinder und der Erdbewohner rauschte das Leben, wie ein Frühling, durch die Jahrhunderte hin«. Dieses Leben verdankt sich einer mythologischen Weltdeutung, die »Flüsse[n], Bäume[n], Blumen und Thiere[n]« einen »menschlichen Sinn« verleiht.

Diese Deutung versagt aber angesichts des Todes, der Erfahrung der Endlichkeit. »Zerbrochen war die Woge des Genusses / Am Felsen des unendlichen Verdrusses.« Der Tod kann in das antike Selbstverständnis nicht angemessen integriert werden. Die antike Deutung, der Tod als Bruder des Schlafs, das Leben nach dem Tode als Schattenexistenz, wird vom Sprecher der Hymnen als zwar tröstliche, aber letztlich unangemessene ästhetische Überhöhung bewertet: »So sang das Lied dem traurigen Bedarfe. / Doch unenträthselt blieb die ewge Nacht, / Das ernste Zeichen einer fernen Macht.« Das griechische Bild für den Tod, der Jüngling mit der gesenkten Fackel, wird zum Inbegriff dieser Beschönigung.

Diese unzureichende Integration des Todes führt in einer zweiten Phase, die in der Spätantike anzusiedeln wäre, zur vollständigen Herrschaft von »eiserner Kette« und »dürre[r] Zahl«: »Wie in Staub und Lüfte zerfiel in dunkle Worte die unermeßliche Blüthe des tausendfachen Lebens.«

Christi Geburt wird schließlich als Beginn eines neuen, dritten Zeitalters verstanden, weil mit Christus der Tod angemessen verstanden wird: »Im Tode ward das ewge Leben kund, / Du bist der Tod und machst uns erst gesund.«

Die dann folgende zweite Hälfte der 5. Hymne ist im Grunde nichts anderes als eine Variation und Bekräftigung dieser Aussage. Mit der Erscheinung Christi sei das Rätsel des Todes gelöst. Der Tod habe seinen Schrecken verloren, er verweise auf ein höheres, ewiges Leben.

Diese Zusammenfassung des Gedankengangs legt die Vermutung nahe, das Gedicht sei letztlich nur eine in Verse gebrachte Kurzfassung der christlichen Frohen Botschaft. Die nähere Betrachtung wird zeigen, daß dem nicht so ist; schon die Aussage über Christus, »Du bist der Tod«, macht darauf aufmerksam.

Der primäre Bezugsrahmen des Gedichts ließe sich eher als eine Debatte um die Legitimität der Neuzeit und um die Entwicklung einer spezifisch frühromantischen Religiosität bezeichnen. Diese Debatte wird innerhalb der Lyrik ausgetragen, in drei großen geschichtsphilosophischen Gedichten: in Schillers *Die Götter Griechenlandes*, auf die Novalis mit der 5. Hymne antwortet, und in Hölderlins Elegie *Brod und Wein* (1800/01), die möglicherweise in Kenntnis der im August 1800 veröffentlichten *Hymnen an die Nacht* verfaßt wurde.

Schiller hatte in *Die Götter Griechenlandes* seine Deutung der philosophisch-religiösen Entwicklung dargelegt.[4] Auch er beschrieb die griechische Antike als eine Welt des freundschaftlichen Verkehrs zwischen Göttern, Menschen und Natur. Darin inbegriffen war die ›freundliche‹ Deutung des Todes. Diese positive Sicht Schillers auf die antike Todesdeutung hat Novalis kritisiert. In seinen Augen ist die antike Todesauffassung eine Verdrängung des Todes gewesen. Schiller und Novalis geben also eine konträre Bewertung der antiken Auffassung vom Tod.

Bei beiden Autoren ist an die Stelle der Antike mit dem Christentum etwas Neues getreten. Der entscheidende Unterschied zwischen Schiller und Novalis liegt in ihrer Bewertung dieser neuen Religion: Sie geben ein völlig gegensätzliches Bild des Christentums. Während Novalis die Phase der Entgötterung in der Zeit zwischen Antike und Christentum ansiedelt, verbindet Schiller die Entgötterung mit dem Aufkommen des Christentums.

Schillers Gedicht hat also eine dezidiert antichristliche Stoßrichtung (oder legte doch von Anfang an eine solche Deutung nahe). In seiner Sicht verschuldet das Christentum die Entgötterung der Moderne: »EINEN zu bereichern, unter allen, / mußte diese Götterwelt vergehn«. Aus der bunten Vielfalt der antiken Götter, die direkten Umgang mit den Menschen pflegten, ist – in der Sicht Schillers – der eine, abstrakte christliche Vatergott geworden, der nicht

4 Schillers Gedicht wird im folgenden zitiert nach: *Schillers Werke. Nationalausgabe*, Bd. 1: *Gedichte*, hrsg. von Julius Petersen und Friedrich Beißner, Weimar 1943, S. 190–195.

mehr auf Erden weilt, sondern in einem transzendenten, jenseitigen Raum. Für die Antike habe gegolten: »Da die Götter menschlicher noch waren, / waren Menschen göttlicher.« Für die Moderne, die seit Christi Geburt herrscht, gelte dagegen die Spaltung zwischen einer freudlosen, entgötterten Welt einerseits und einem unzugänglichen, unbekannten, einsamen und deshalb empfindungslosen Gott andererseits, der keine lebendige Beziehung mehr zur Welt unterhält: »Freundlos [...] / sieht er in dem langen Strom der Zeiten / ewig nur – sein eignes Bild.«

Die Gedichte Hardenbergs und Schillers sind aber keine religionsgeschichtlichen Abhandlungen, sondern sie entwerfen bewußt stilisierte Bilder der Antike und des Christentums, um Probleme der eigenen Zeit zu verhandeln. Das Kernproblem ist ganz offensichtlich die Erfahrung einer seelenlosen Gegenwart, zu der die Unvereinbarkeit von wissenschaftlicher Natur-Erklärung und mythologischem Natur-Verstehen gehört, allgemeiner: die Ausgrenzung von Sinn-Fragen aus den Wissenschaften. Letztlich geht es dabei um die Logik von Weltbildern, um ihre Ausgrenzungsprozesse und um die Frage, ob man die Einheit der Erfahrung, die Einheit der Welt überhaupt noch verbindlich behaupten kann und soll, und wenn ja, ob dann das überlieferte christliche Modell dafür noch geeignet ist.

Daß Novalis in der 5. Hymne als Krisenzeit nicht die Gegenwart beschreibt, sondern die Zerstörung der mythologischen Weltdeutung und den Prozeß der Rationalisierung in der Spätantike ansiedelt, widerspricht dem nur scheinbar. Das ist nicht historisch gemeint, es geht hier, wie überhaupt in der 5. Hymne, nicht primär um einen realgeschichtlichen Ablauf. Den großen Bruch, der strukturell immer derselbe bleibt, hat Novalis in anderen Texten im Herbst des Mittelalters, in der Reformation oder in der Aufklärung angesiedelt. Die eigentliche Opposition ist die zwischen religiöser und götterloser Zeit, genauer: der Zeit der Götterferne. Denn auch in der Zwischenzeit sind die Götter nicht völlig

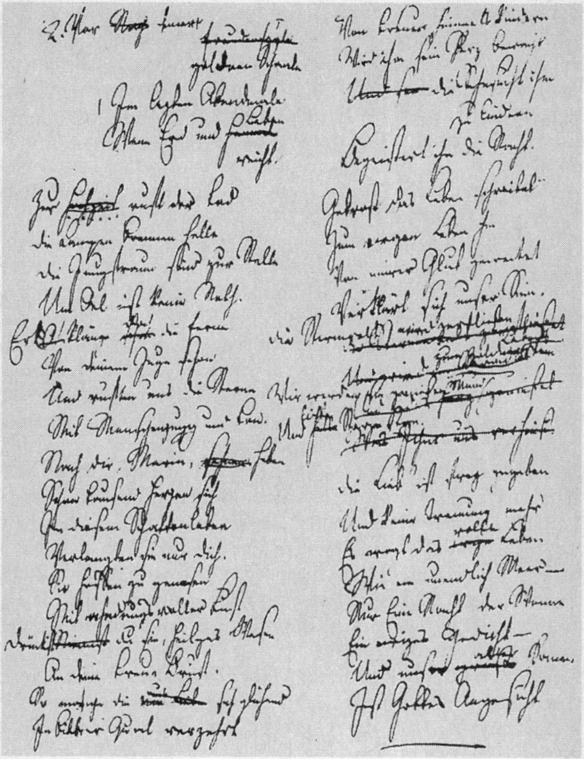

Hymnen an die Nacht. 5. Hymne

Seite 7 der Handschrift
Mittlere Spalte (Zeile 657–677), rechte Spalte (Zeile 688–700)

verschwunden. Der Rationalismus wird von Novalis gar nicht einseitig abgelehnt, sondern er erfüllt eine wichtige Funktion: Er bewirkt eine Verinnerlichung der Religion: »Ins tiefre Heiligthum, in des Gemüths höhern Raum zog mit ihren Mächten die Seele der Welt – zu walten dort bis zum Anbruch der tagenden Weltherrlichkeit.« Der Christus, der später erscheint, kommt also aus den Tiefen des menschlichen »Gemüths«, was wieder auf den spezifisch frühromantischen Charakter dieser Religiosität verweist.

Bei Novalis wird erst mit der 6. Hymne wieder deutlich, daß die Gegenwart als Zeit der Götterferne bzw. der Gottesferne erlebt wird. Schiller dagegen beklagt offen die eigene Zeit als seelenlose Maschine. Bei ihm aber führt die geschichtsphilosophische Darstellung in den Widerspruch zwischen Befürwortung und Verurteilung des Prozesses der Rationalisierung. Schiller hat dieses Problem auch in der Neufassung des Gedichtes nicht lösen können. Einerseits betrauert er die Verluste, andererseits bedeutet das, wofür im Gedicht das Christentum steht, für Schiller unzweifelhaft auch einen Fortschritt: An der Wahrheit moderner, aufgeklärter Naturwissenschaft, ja mehr noch, an der Wahrheit des »Verstandes« – wie es ausdrücklich im Gedicht heißt – ist nicht zu zweifeln. Dahinter kann und will Schiller nicht zurückfallen. Andererseits beschreibt er diese Wahrheit als unmenschlich; man könne ihr nicht ins Auge sehen, sie sei ein »blendender Spiegel«.

Wenn man aber mit dieser Wahrheit so nicht leben kann, dann bleibt – für Schiller – nur noch die Kunst. Ästhetische Vergegenwärtigung der Ganzheit der Welt in der Kunst also, das klassische Konzept. Das Kunstwerk als Mikrokosmos, als kleine Welt. Das setzt voraus, daß der Künstler gottgleich ist, ein Gedanke, mit dem Schiller im Gedicht auch spielt.

Novalis' Konzept ist ein anderes. Er setzt auf die Möglichkeit mythologischer Weltdeutung, allerdings auf eine neue, frühromantische Mythologie, und er greift dabei auf das Christentum zurück, jedoch auf einen ganz anderen Aspekt als Schiller, um das Christentum als frühromantische Mittlerreligion neu zu denken. Bei Schiller steht der *eine* Gott im Zentrum, bei Novalis dagegen Christus, das weltlich-göttliche Doppelwesen, der Gott auf Erden. Nur deshalb kann Novalis behaupten, in Christus kehre der antike Todes-Jüngling, ja die ganze antike Götterherrlichkeit wieder und das Christentum setze auf höherer Ebene die Antike fort. Und nur weil Schiller Christus völlig ausblendet, kann er behaupten, das Christentum sei der vollständige Bruch mit der Antike und die endgültige Trennung zwischen weltlicher Immanenz und jenseitiger Transzendenz.

Schiller ist in seinem Gedicht ganz Kantianer und Fichteaner. Er setzt auf deren Begriff von Verstand und Vernunft, auf Reflexivität als Bedingung der Möglichkeit von Selbstbewußtsein. Auf solche Konzepte zielen die Verse »Freundlos [...] / sieht er in dem langen Strom der Zeiten / ewig nur – sein eignes Bild«. Das absolute Ich der Fichteschen Philosophie und der Gott in Schillers Gedicht sind im Grunde identisch, und wegen solcher Interferenzen konnte es auch den Streit darüber geben, ob das Gedicht nun antichristlich sei oder sich gegen einen Rationalismus wende. Es ist diese reflexionsphilosophische Position, die in der neueren kulturkritischen Diskussion nicht ganz zu Unrecht als Inbegriff abendländischer Rationalität bezeichnet wird. Diese Position ist in sich widersprüchlich: Schillers Gedicht macht es deutlich, und Novalis hatte den Widerspruch bei Fichte schon früher herausgearbeitet.

In der 5. Hymne entgeht er der schlechten Alternative, die Götter entweder in der Welt oder jenseits der Welt anzusiedeln. Seine Deutung ist nicht die der Antike, aber sein Akzent liegt auch nicht auf der Verheißung eines höheren Lebens in einem besseren Jenseits. »Bei Novalis ist der Geist neugeboren in der Einweihung zum Tode; das neue Leben ist Todesleben. ›Ich fühle des Todes verjüngende

Flut‹, singt die vierte Hymne, und das überbietet und verkehrt die christliche Jenseitserwartung des ewigen Lebens nach dem Tode« (Kaiser, B 6: 1988, 542). Der hier gemeinte Tod ist die Erfahrung der Aufhebung aller Trennungen zwischen Leben und Tod, Raum und Zeit, jene romantische Grunderfahrung, wie sie die Mittlerfiguren in den Werken verkörpern bzw. ermöglichen.

Auch Christus wird in den *Hymnen an die Nacht* zu einer romantischen Mittlerfigur, die eine poetische Existenz lebt zwischen Endlichem und Unendlichem. Christus hat damit für die Menschheit die Funktion, die in der 3. Hymne die Geliebte für den Sprecher und schließlich Sophie für Novalis hatte.

Es ist die Fähigkeit des Romantisierens, die solche Universalvermittlung ermöglicht. Novalis hat das im Blick auf Sophie in einer Aufzeichnung festgehalten, die das Element der narrativen Konstruktion, der bewußten, poetischen Setzung, besonders deutlich macht:

> Indem ich glaube, daß Söffchen um mich ist, und erscheinen kann, und diesem Glauben gemäß handle, so ist sie auch *um mich* – und erscheint mir endlich gewiß – gerade da, wo ich nicht *vermuthe* – In mir, als meine Seele vielleicht etc. [. . .] und gerade dadurch wahrhaft *außer mir* – denn das Wahrhaft Äußre kann nur durch mich – in mir, auf mich wirken – und im entzückenden Verhältnisse. (III, 374:603)

Aus der Mittlerfunktion Christi erklären sich auch die Verschiebungen gegenüber der christlichen Darstellungstradition. Deren Zentralthema, die Leidensgeschichte Jesu, spielt fast keine Rolle, ebensowenig die Himmelfahrt. Entscheidend sind vielmehr der Tod und die Auferstehung, die auf die – dadurch grundlegend veränderte – Erde führt: »Erwacht in neuer Götterherrlichkeit erstieg er die Höhe der neugebornen Welt – begrub mit eigner Hand der Alten

Leichnam in die verlaßne Höhle, und legte mit allmächtiger Hand den Stein, den keine Macht erhebt, darauf.«

Die *Hymnen an die Nacht* sind der Entwurf einer spezifisch frühromantischen Mythologie, und deshalb ist auch der Christus der 5. Hymne, pointiert gesprochen, ein romantischer Mythos. Novalis hat das, über die genannten Vertauschungen von Leben und Tod hinaus, vor allem durch die Figur des Sängers deutlich gemacht, der in der Bibel gar nicht auftaucht, für die 5. Hymne aber zentral ist. Er, der Repräsentant des Dichters im Gedicht, ist es, der die entscheidende Passage der Christus-Deutung vorträgt. Er ist es auch, der anschließend verkündigend durch die Welt zieht, nicht die Apostel. Jesus wird bei Novalis nicht im Stall, sondern in »der Armuth dichterischer Hütte« geboren, die mit der Blumenmetaphorik verbunden wird: »Des Morgenlands ahnende, blüt[h]enreiche Weisheit erkannte zuerst der neuen Zeit Beginn.« Die Heiligen Drei Könige, die Weisen aus dem Morgenlande (Mt. 2,11), werden in ein neues, ein romantisches Evangelium übernommen: In der Poesie, deren Heimat das Morgenland, der Orient, in Hardenbergs Mythologie ist, wird zuerst der Beginn einer neuen Zeit erkannt.

So wird Christus von vornherein mit der Poesie verbunden: Sein »himmlische[s] Herz« entfaltet sich »zu einem Blüthenkelch allmächtger Liebe«, und »das weissagende Auge des blühenden Kindes« schaut »auf die Tage der Zukunft«. Aber nicht nur seine Erscheinung, sondern – natürlich – vor allem auch seine Botschaft wird wie ein poetischer Text beschrieben: »Wie Blumen keimte ein neues fremdes Leben in seiner Nähe. Unerschöpfliche Worte und der Botschaften fröhlichste fielen wie Funken eines göttlichen Geistes von seinen freundlichen Lippen.« »Unerschöpfliche Worte« sind eine geläufige Metapher für die romantische Poesie, und in den »Funken eines göttlichen Geistes« schwingt der alte Topos vom Enthusiasmus, von der göttlichen Begeisterung der Dichter, mit. Die Verbindung von

Blumen und Poesie gehört zu den zentralen Topoi des Werkes. Sie findet sich z. B. in der blauen Blume im *Ofterdingen* (Mathilde als Verkörperung der Poesie), in *Das Gedicht* (die Blumenfürstin als Verkörperung der Poesie) und in der Blumenmetaphorik des Märchens von Hyacinth und Rosenblüthe.

Die Entstehung der Religion aus der Romantisierung macht eine längere Notiz vom Juli/August 1799 sehr schön deutlich:

> Alle unsre Neigungen scheinen nichts, als angewandte Religion zu seyn. Das Herz scheint gleichsam das religioese Organ[.] Vielleicht ist das höhere Erzeugniß des produktiven Herzens – nichts anders, als der *Himmel.*
>
> ⟨Indem sich das Herz, abgezogen von allen einzelnen wircklichen Gegenständen – sich selbst empfindet, sich selbst zu einem idealischen Gegenstande macht, entsteht Religion – Alle einzelne Neigungen vereinigen sich in Eine – deren wunderbares Object – ein höheres Wesen, eine Gottheit ist – daher ächte Gottesfurcht alle Empfindungen und Neigungen umfaßt. Dieser Naturgott ißt uns, gebiert uns, spricht mit uns, erzieht uns, beschläft uns, läßt sich von uns essen, von uns zeugen und gebären; Kurz ist der unendliche Stoff unsrer Thätigkeit, und unsers Leidens.
>
> Machen wir unsre Geliebte zu einem solchen Gott, so ist dies *angewandte Religion.*⟩ (III,570:104)

Dieser Zusammenhang von Religion und Deutung wird nicht nur in der Mitte der Hymne, beim Erscheinen Christi, sondern auch am Anfang und am Ende pointiert entwickelt. Schon in Schillers *Die Götter Griechenlandes* erscheinen die antiken Göttergestalten als Personifikationen von Naturkräften, durch die die menschliche Einbildungskraft die Welt deutet. Schiller nennt die Namen (Venus Amathusia, Helios, Tantals Tochter, Demeter usw.) und erklärt diese

Götter ausdrücklich zu »Wesen aus dem Fabelland«. Das entspricht dem tragischen Zug der im Gedicht entwickelten Alternative – schöne, aber falsche poetische Verklärung oder wahre, aber unmenschliche Verstandeswahrheit.

Auch Novalis macht bewußt, daß es sich um Deutungen handelt. Aber bei ihm geschieht dies, indem die Namen der antiken Götter durch poetische Umschreibungen der in ihnen anthropomorphisierten Kräfte und Erscheinungen ersetzt werden: Er nennt nicht Helios, sondern berichtet nur »in des Meeres heiligem Schooß wohnte die Sonne«; Hebe wird nicht genannt, sondern nur von »sichtbarer Jugendfülle« gesprochen, und Novalis nennt auch nicht Demeter, sondern nur »eine liebende, mütterliche Göttin«.

Die Nennung der Namen bei Schiller erinnerte nicht nur daran, daß es sich um Deutungen handelte, sondern sie brachte auch das Vergangene, das Falsche und geschichtsphilosophisch Überholte jeder mythologischen Weltdeutung zum Ausdruck. Der Verzicht auf die Namensnennung in der 5. Hymne dagegen führt die Geste des Deutens noch einmal vor, macht sie nachvollziehbar um ihrer Aktualität willen. Während der Fortschritt des Wissens bei Schiller an den Bruch des rationalen Erkennens mit der mythischen Deutung gebunden ist, erhellen sich bei Novalis Antike, Christentum und Moderne wechselseitig. Sie stehen in einer typologischen Beziehung zueinander, die in der neuen, der frühromantischen Mythologie reflektiert und vergegenwärtigt werden kann. Dabei wird betont, daß es sich jeweils um Produkte menschlicher Deutung handelt. In diesem Sinne dürfte Novalis in einer Vornotiz zur 5. Hymne notiert haben: »*Mit den Menschen ändert die Welt sich*« (I,140).

Auf eine andere Weise erinnern schließlich die letzten Strophen der 5. Hymne daran, daß die angemessene Weltdeutung für den Frühromantiker Novalis nur eine ›poetische‹ sein kann:

Getrost, das Leben schreitet
Zum ewgen Leben hin;
Von innrer Glut geweitet
Verklärt sich unser Sinn.
[...]

Die Lieb' ist frei gegeben,
Und keine Trennung mehr.
Es wogt das volle Leben
Wie ein unendlich Meer.
Nur Eine Nacht der Wonne –
Ein ewiges Gedicht –
Und unser aller Sonne
Ist Gottes Angesicht.

Hier ist ausdrücklich von Dichtung die Rede, was noch einmal darauf verweist, daß der in den *Hymnen an die Nacht* eröffnete Raum der der Poesie ist. Es geht um ein poetisches Weltverhältnis, einen beständigen Transcensus, ein unendliches »[S]chreite[n] / Zum ewgen Leben hin«, eine immanente Transzendenz. Im *Ofterdingen* erhält Heinrich auf die Frage »Wo gehn wir denn hin?« die Antwort: »Immer nach Hause« (I,325). Diese Anverwandlung der christlichen Religion unter romantischem Vorzeichen pointiert Novalis auch in einer späten Aufzeichnung vom Juli/August 1800 noch einmal: »Das Xstenthum ist durchaus historische Religion, die aber in die Natürliche der Moral, und die *Künstliche* der Poesie, oder die Mythologie übergeht« (III,667:607). Mit Friedrich Schlegel gesprochen führt diese Akzentverschiebung von der Transzendenz zum Transzendieren zur »romantischen Ironie«.

Darauf zielt die Todesdeutung der *Hymnen an die Nacht*. Die Geliebte und Christus vermitteln die Erfahrung, daß Endlichkeit – Mangel an Sein, Individuation, Trennung, Entfernung vom Absoluten – nicht alles ist. An der Endlichkeit führt, nach Novalis' Anthropologie, für den Menschen als körperliches Wesen kein Weg vorbei. Insofern er geistiges Wesen ist, kann er dieses Faktum des Todes aber deuten und verstehen. Diese Deutung führt darauf, »daß Leben und Tod relative Begriffe sind« (III,92). Für Novalis ist jedes einzelne Leben, jede Individuation, nur als Zugleich einer Trennung vom Absoluten und einer Bezogenheit auf ein Absolutes zu verstehen:

> Das vollkomne Leben ist der Himmel. Die Welt ist der *Inbegriff* des unvollkomnen Lebens. [...] Was wir hier Tod nennen ist eine Folge des absoluten Lebens, des Himmels – daher die *unaufhörliche Zerstörung* alles Unvollkomnen Lebens [...]. Die Welt ist die Sfäre der unvollkommenen Vereinigungen des Geistes und der Natur. (III,60 f.)

In dieser Sicht kann das Bewußtsein des Todes zum befreienden Bewußtsein werden, daß alle Ordnungen und Individuationen vorläufig sind und auch ganz anders sein könnten. Daher die spezifische Leichtigkeit der Hardenbergschen Poesie und die Forderung, »in jeder Dichtung« müsse »das Chaos [...] durch den regelmäßigen Flor der Ordnung schimmern« (I,286). Das zielt nicht auf eine Verdrängung der unaufhebbaren Faktizität des Todes, sondern im Gegenteil auf eine Intensivierung des Lebens durch ein bestimmtes Bewußtsein vom Tode. Diese Wendung und die ihr zugrundeliegende Todesdeutung sind spezifisch frühromantisch: »Der Tod ist das romantisirende Princip unsers Lebens. Der Tod ist – das Leben +. Durch den Tod wird das Leben verstärkt« (III,559:30). Und weil diese romantische Auffassung vom Tode dem Leben dient, fordert Novalis, »die *Inoculation des Todes*« dürfe »in einer künftigen allgemeinen Therapie nicht fehlen« (III,475:1133).

Es ist also eine unzulässige Verkürzung, die romantische Todessehnsucht mit einem Sterbewunsch des Autors gleichzusetzen. Ein solcher mag eine Rolle spielen, zunächst einmal aber – und möglicherweise in Verbindung damit – geht es um die Steigerung des Lebens.

Dessen Romantisierung ist nicht auf die Kunst beschränkt, auch darin liegt ein Unterschied gegenüber Schiller und der Weimarer Klassik. Statt dessen sprechen die Frühromantiker von einer Universalpoesie, die alle Bereiche des Lebens umfaßt. Die Kunst ist allerdings das Medium, in dem sich die universale Romantisierung am ehesten darstellen und erfahrbar machen läßt.

6. Hymne

Die 6. Hymne ist dann vollständig in der Form des geistlichen Liedes gehalten – aber welch ein Gegensatz zum Ende der 5. Hymne, wo die neue, frühromantische Gemeinde in eschatologischer Naherwartung jubelt! An die Stelle des Jubels tritt die bedrückende, ja beängstigende Erfahrung der Gottesferne: Die (in diesem Falle frühchristliche) »Vorzeit« der Gottesnähe ist lange vorbei, der, dem sie noch bewußt ist, steht in der Gegenwart »einsam [...] und tiefbetrübt«.

Dieser Wechsel in der Tonlage setzt den zwischen der 1. und 2. sowie der 3. und 4. Hymne fort: Auch dort folgte auf die Begeisterung die Ernüchterung, auf die Nachterfahrung der unvermeidliche Morgen, auf die Glaubensgewißheit die Glaubensunsicherheit. Beides steht, so wird man dies verstehen dürfen, in einem wechselseitigen Bedingungsverhältnis.

Die 6. Hymne unterhält auch im einzelnen Bezüge zu den früheren, im Gegensatz von Licht und Nacht, in der Verbindung von Antike und Christentum (»Wir kommen in dem engen Kahn / Geschwind am Himmelsufer an«) und in der durch den Tod anderer ausgelösten Lebensmüdigkeit (»Die Liebsten ruhn schon lange. / Ihr Grab schließt unsern Lebenslauf«). Vor dem Hintergrund der ersten vier Hymnen wird man auch die Verse »Hinunter zu der süßen Braut, / Zu Jesus, dem Geliebten« so verstehen dürfen, daß sie sich nicht nur, dem Pietismus entsprechend, auf Christus, sondern auch auf die Geliebte beziehen. Ähnlich entsprechen sich »des Vaters Schooß« und die ›Mutter Nacht‹. Die in der älteren Forschung (Ritter, B 5: 1930, 189) gelegentlich als störend und unpassend empfundene 6. Hymne ist also ein integraler Bestandteil des Zyklus und aus ihm heraus zu verstehen.

Gleichwohl schlägt die 6. Hymne einen anderen Ton an, schon mit der Überschrift: »Sehnsucht nach dem Tode«. Die unübersehbare Weltflucht der Verse (»Das Herz ist satt – die Welt ist leer«) findet sich samt der Begründungen, zu denen auch ein auffallend ›philosophischer‹ Doppelvers gehört (»In dieser Zeitlichkeit wird nie / Der heiße Durst gestillet«), auch in früheren Hymnen. Allerdings ist der Ton in der 6. Hymne fast ganz darauf abgestellt, so daß sie sich für sich betrachtet liest wie ein Ausdruck der Erfahrung: Das Leben will leben, aber es will auch untergehen. Warum auch nicht? Novalis werden solche Gemütslagen vertraut gewesen sein. Man mag das als Welt- und Geschichtsflucht kritisieren, aber die 6. Hymne in dieser Hinsicht als Programm für das Ganze zu nehmen, verbietet sich angesichts des Zusammenhangs der *Hymnen an die Nacht*.

Vielleicht darf man darin, daß Novalis mit diesem Ton die *Hymnen an die Nacht* beschließt, statt dessen auch noch einen Kommentar zu der ›Einweihung zum Tode‹ sehen: Stand sie in den Hymnen 1–5 im Dienste eines gesteigerten Lebens, so rückt mit der Endgültigkeit des Todes in der 6. Hymne das Ende der Wechselerhöhung und Erniedrigung, das Ende des Romantisierens, in den Blick.

V
Epik

1. *Die Lehrlinge zu Sais*

Die 1798/99 geschriebenen *Lehrlinge zu Sais* sind ein naturphilosophischer Roman, dessen Thema der Zusammenhang von Geist und Natur oder von Selbsterkenntnis und Naturerkenntnis ist.

Die ersten Entwürfe entstanden zu Beginn der Freiberger Studienzeit, Novalis war also, als er den Roman schrieb, selbst ein »Lehrling« der Natur. Vor allem aber waren dies die Zeit und die Umgebung, in der die spezifisch frühromantischen Werke entstanden (s. S. 42–46). In demselben Brief, in dem Novalis August Wilhelm Schlegel bittet, bei einer Veröffentlichung der beigelegten *Vermischten Bemerkungen* die »Unterschrift ›Novalis‹« zu verwenden, teilt er ihm mit, er habe »einen Anfang, unter dem Titel, der Lehrling zu Saïs – ebenfalls Fragmente – nur alle in Beziehung auf Natur« (24. Februar 1798; IV,251). Das einkomponierte Märchen von Hyacinth und Rosenblüthe, eine Variation auf die Wechselbeziehung von Liebe und Selbstheit, verweist in anderer Weise auf Biographisches: auf die Liebe zu Julie von Charpentier und die zweite Verlobung. Zum Werkkontext gehören die Freiberger naturwissenschaftlichen und naturphilosophischen Studien und das Enzyklopädieprojekt mit den sie begleitenden Lektüren. Für die *Lehrlinge zu Sais* wichtig sind darunter insbesondere die Schriften von Hemsterhuis, vor allem der Dialog *Alexis, ou de l'âge d'or* (1787), ferner Schellings *Ideen zu einer Philosophie der Natur als Einleitung in das Studium dieser Wissenschaft* (1797) und seine Schrift *Von der Weltseele, eine Hypothese der höhern Physik zur Erklärung des allgemeinen Organismus* (1798) sowie die Plotin-Studien (vgl. Mähl, B 5: 1963) im Herbst 1798.

Interpretationen des Romans sind nur unter dem Vorbehalt möglich, daß wir nicht genau wissen, ob der vorliegende, unvollendet gebliebene Text als in sich geschlossene Einheit gelten darf. Jedenfalls unterbrach Novalis die Arbeit zugunsten des *Ofterdingen*, versprach aber Friedrich Schlegel am 31. Januar 1800 brieflich, nach der Vollendung dieses Romans kämen die *Lehrlinge* »sogleich in die Arbeit« (IV,318). Drei Wochen später teilt er Tieck mit, dieses Werk solle »ein ächtsinnbildlicher, Naturroman werden« (23. Februar 1800; IV,323). Aber dieser Plan steht unter dem Eindruck der Lektüre des Mystikers Jakob Böhme (1575–1624) und hätte bedeutet, das Buch auf eine »ganz andre Art« (ebd.) zu Ende zu schreiben, als ursprünglich geplant.

Der Titel des Romans bezieht sich auf die Weimarer Dioskuren Goethe und Schiller: Die *Lehrlinge zu Sais* erzählen wie Goethes *Wilhelm Meister* von Bildung. Die wichtigste Gemeinsamkeit besteht in der Polyperspektivität, die zur Problematisierung des Konzeptes »Bildung« führt; der größte Unterschied besteht darin, daß bei Goethe Bildung und Beschränkung verbunden werden, bei Novalis Bildung und Entgrenzung, wozu auch gehört, daß es nicht um die Bildung eines individuellen Charakters, sondern um die der Menschheit, genauer: ihres Sinns für die Natur, geht. Wenn im 18. Jahrhundert von »Natur« gesprochen wird, dann ist damit immer das Ganze unseres In-der-Welt-Seins gemeint. Das verbindet den Roman von Novalis mit einem Gedicht Schillers, in dem dieser ebenfalls einen Bildungsprozeß thematisiert: *Das verschleierte Bild zu Sais* (1795). Novalis stellte den Bezug sehr deutlich heraus, indem er denselben Schauplatz wählte. Auch bei Schiller geht es um Natur- und Selbsterkenntnis, der entscheidende Unterschied ist aber, daß hier der Bildungsprozeß scheitert.

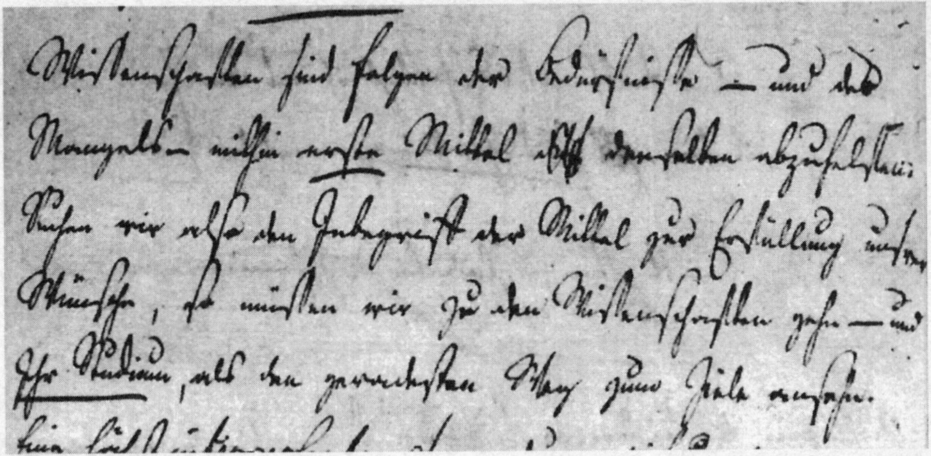
Wissenschaften sind Folgen der Bedürfnisse – und die Mängel – müssen ersten Mittel sich derselben abzuhelfen.
Suchen wir also den Inbegriff der Mittel zur Erfüllung unsrer Wünsche, so müssen wir zu den Wissenschaften gehn – und ihr Studium, als den gerechtesten Weg zum Ziele ansehn.

Form und Gehalt

Die *Lehrlinge zu Sais* bestehen aus zwei Teilen, einem kürzeren, »Der Lehrling«, und einem längeren, »Die Natur«. Äußeres Geschehen gibt es kaum, nur unterschiedliche Konstellationen der Figuren, die alle erzählen. Ihr gemeinsames Thema ist die Erkenntnis der Natur, und doch ergeht es dem Leser wie dem Lehrling, der zunächst einmal verwirrt ist durch die Vielfalt der »sich kreutzenden Stimmen« (I,91). Das Chaos wird dann jedoch durch eine immer deutlicher werdende Vielzahl von Bezügen transparenter auf eine höhere Einheit hin, die freilich nie anders erscheint als in diesen Bezügen und, in symbolischer Gestalt, im Märchen von Hyacinth und Rosenblüthe.

Es ist denn auch der Grundeinfall dieses Romans, eine Vielzahl naturphilosophischer Vorstellungen von den Vorsokratikern über die mittelalterliche Alchimie bis zur Gegenwart zusammenzuführen, indem sie in einem Zeiten und Räume übergreifenden imaginären Gespräch zueinander in Beziehung gesetzt werden. Dabei geht es nicht darum, eine eigene materiale Naturphilosophie zu entwerfen. Der Roman wird vielmehr eröffnet von einer sprachtheoretischen Reflexion über den Topos von der Lesbarkeit der Welt. Der Grundgedanke ist der, daß die Natur und die Wege der Menschen eine »Chiffernschrift« (I,79) bilden, die unverständlich geworden sei. Von vornherein erscheinen die An-

---

Allgemeines Brouillon

Wissenschaften sind Folgen der Bedürfnisse – und des Mangels – mithin *erste* Mittel denselben abzuhelfen. Suchen wir also den Inbegriff der Mittel zur Erfüllung unsrer Wünsche, so müssen wir zu den Wissenschaften gehn – und *Ihr Studium*, als den geradesten Weg zum Ziele ansehn.

näherungen des Menschen an die Natur so als Ausdrucksformen seiner unendlichen symbolisierenden Tätigkeit, und nur in dieser Tätigkeit ist der Einheitspunkt zu finden, der »Schlüssel dieser Wunderschrift« (ebd.). Jede Interpretation, die diesen Gehalt des Romans nicht verfehlen will, muß ihn daher letztlich in der Form, nicht im Inhalt suchen. Für die Forschung zu den *Lehrlingen zu Sais* ist bezeichnend, daß sie heute, im Gegensatz zu früher, von der dichten Struktur des Romans ausgeht, aber auch immer wieder neue plausible Modelle davon entwirft, also ›die‹ Struktur kaum fassen zu können scheint.

Fragt man, was der verwirrenden und beziehungsreichen Stimmenvielfalt auf der Ebene der Romanform entgegengesetzt wird, so ließe sich als erstes festhalten, daß die beiden Teile des Werkes in sich triadisch gebaut sind: Auf eine einleitende reflektierende Passage folgt eine zweite, in der mehrere Gestalten unterschiedliche Positionen verkörpern, und in einer dritten wird dann ein Abschluß gefunden. Diese Gliederung läßt sich in folgendem Schema[1] veranschaulichen:

Die Lehrlinge zu Sais

I. »Der Lehrling«
  1. Sprachreflexion
  2. Lehrer, Kind und Ungeschickter
  3. Lehrling

II. »Die Natur«
  1. Triade:
    – Naturreflexion
    – Vier mögliche Ansichten der Natur
    – Verwirrung des Lehrlings

1 Vgl. Striedter (B 7: 1955) und Mahr, Kommentar, in: *Gedichte. Die Lehrlinge zu Sais*, 236 f.

2. Triade: Märchen
3. Triade:
   - Selbstaussprache der Natur
   - Zweimal vier Ansichten der Reisenden
   - Schlußgespräche

Die Abschlüsse der Triaden sind jedoch ganz vorläufig, es handelt sich nicht um Synthesen dialektischer Natur. In den *Lehrlingen zu Sais* ergeben sich vielmehr komplexere und offenere Strukturen.

So beginnt der erste Teil, »Der Lehrling«, mit einer sprachtheoretischen Reflexion über die Chiffernschrift; es folgen die Gestalten des Lehrers, des Kindes und des Ungeschickten, und erst dann tritt mit dem Lehrling die eigentliche Hauptfigur hervor, aber, gegenläufig zu dieser Steigerung, nicht im Sinne einer Synthese, sondern verbunden mit einer Absage an die im Mittelteil dargelegten Wege und der Einsicht in die Notwendigkeit, seinen eigenen Weg zu finden.

Der zweite Teil, »Die Natur«, ist ähnlich angelegt. Zunächst werden von unbekannten Sprechern unterschiedliche Ansichten der Natur dargelegt, die den Lehrling verwirren. Daran schließt sich das Märchen von Hyacinth und Rosenblüthe an, also die symbolische Vergegenwärtigung einer Synthesis. Es folgt eine erneute Gesprächsrunde, die einerseits, durch die Verbindung von Reisenden, Lehrlingen und Lehrer, eine Steigerung bedeutet, andererseits aber in der Aufforderung des Lehrers endet, die eigenen Anlagen auszubilden. Allerdings ist dieser zweite Teil wesentlich komplexer als der erste. Die drei Stufen sind in sich wieder gegliedert.

Die erste besteht aus einer geschichtsphilosophischen Reflexion, die selbst wiederum triadisch strukturiert ist, und zwar nach romantischem Muster: Sie beginnt mit der Vorstellung von einem »alten einfachen Naturstand« (I,83), in dem die Natur noch unmittelbar verständlich war und der abgelöst wurde von einem Zeitalter der Entgegensetzung. Es brachte eine Entfremdung von Mensch und Natur, Dichtung und Naturforschung, aber auch eine Entwicklung und geht in der Gegenwart des Sprechers allmählich zu Ende. Jedenfalls scheint »die alte goldne Zeit zurückzukommen« (I,86), Mensch und Natur werden wieder eins, »und die Geschichte wird zum Traum einer unendlichen, unabsehlichen Gegenwart« (I,87). Diese Beschreibung einer möglichen Wiederkehr des goldenen Zeitalters wird verbunden mit der eines romantischen Naturverhältnisses (I,85–87) in unterschiedlicher Gestalt: im Glauben, hinter der Natur »noch eine Heimath« (I,85) oder »unbekannte Herrlichkeiten« (ebd.) zu finden, in ihrer beseligten »Beschauung« (ebd.) oder in einer Haltung der »andächtigsten Religion« (ebd.). Ferner gibt es »sinnigere Seelen« (I,86), die sich nicht nur kontemplativ, sondern – wie die Künstler – auch aktiv darum bemühen, »Vorbilder einer edleren Natur zu schaffen« (ebd.). Sie alle eint der Wunsch nach einer Wiederherstellung der Einheit von Geist und Natur und die Erkenntnis, daß die Natur sich nur »dem Gotte göttlich« (I,85) zeigt, Selbstbildung und Naturerkenntnis also Hand in Hand gehen.

Der erste, reflektierende Abschnitt des zweiten Teils ist somit selbst eine Triade. Deren zweite Stufe, das Zeitalter der Entgegensetzung, ist gewissermaßen die Zeit, in der der folgende zweite Abschnitt des zweiten Teils angesiedelt ist. Novalis skizziert vier unterschiedliche Ansichten der Natur, denen gemeinsam ist, daß es sich um (proto)philosophische Konzepte handelt, die den religiös-poetischen der ersten Triade gegenübergestellt werden. Das Spannungsverhältnis von Dichtung und Naturphilosophie, das Novalis für seine Gegenwart konstatiert, kehrt hier wieder.

Die vier naturphilosophischen Konzepte sind aufeinander bezogen. Das erste besteht vor allem aus der unromantischen Warnung davor, sich auf die Unendlichkeit der Natur einzulassen. Weil »alle Größe vor und rückwärts sich ins Unendliche verliert« (I,88), sei die Natur letztlich »immer eine furchtbare Mühle des Todes« (ebd.) – eine deutliche Anspielung auf den zeitgenössischen Rationalismus, der in die selbst gegrabene »Fallgrube des menschlichen Verstandes« (ebd.) fällt. Dagegen wenden sich »Muthigere« (I,89), die zu einem »Zerstörungskrieg mit dieser Natur« (ebd.) auffordern. Sei sie erst einmal unterworfen, könne man sich mittels dieses »Sklaven ein neues Dschinnistan« (ebd.) bauen. Auch das ist eine ironische Kritik: Ein solcher Heroismus und seine »Freyheit«, die auf der Ausbeutung der Natur beruht, sind ganz ungeeignet, ein wahres, romantisches Dschinnistan heraufzuführen.

Die dritte Gruppe, »Mehrere« (ebd.), greift denn auch das Stichwort auf: »Am Quell der Freiheit« sitzen sie, wobei der Leser Fichtes absolutes Ich assoziieren darf, es »ist der große Zauberspiegel, in dem rein und klar die ganze Schöpfung sich enthüllt« (ebd.). Der Fortschritt gegenüber den ersten beiden Positionen besteht in der Erkenntnis: »Die reinere Welt liegt ja in uns« (ebd.). Die Grenze liegt darin, daß der »wahre Sinn des großen, bunten, verwirrten Schauspiels« (I,90) reduziert wird auf »den Gang des großen Uhrwerks« (ebd.), den man nun im »voraus« wisse. Der vierte Sprecher, ein »ernster Mann« (ebd.), bestätigt die Position seines Vorgängers, fügt aber einen weiteren Aspekt hinzu, die Sittlichkeit. Die Einheit von Ich und Natur, das absolute Ich, ist nicht, sondern soll erst werden. Deshalb wird das Ich »in die Unendlichkeit hinaus stets einiger mit sich selbst und seiner Schöpfung um sich her seyn, und mit jedem Schritte die ewige Allwirksamkeit einer hohen sittlichen Weltordnung, der Veste seines Ichs, immer heller hervortreten sehn« (ebd.). Damit ist die eingangs ausgegrenzte Unendlichkeit wieder integriert und auch von der Naturphilosophie jene Verbindung von theoretischer und praktischer Vernunft erreicht, die schon die romantischen Naturen erfüllte, die sich aktiv um die Heraufführung eines goldenen Zeitalters kümmern. In diesem Sinne, der zumindest teilweise Fichtes Philosophie, die zuvor im Blick auf den »Zerstörungskrieg« gegen die Natur freilich auch kritisiert wurde, entspricht, kann der »ernste Mann« sagen: »Der Sinn der Welt ist die Vernunft« (ebd.). Das Moment der Religiosität kommt wieder hinzu, wenn er sagt, so werde die Welt »einst [...] zum Schauplatz einer wahren Kirche« (ebd.). Spezifisch romantische Untertöne werden hörbar in der Aufforderung, die Natur bis dahin »als Sinnbild seines Gemüths, das sich mit ihm in unbestimmbare Stufen veredelt« (ebd.), zu ehren. Hier spricht mehr und mehr Novalis selbst, nicht mehr Fichte.

Aber auch eine romantisch eingefärbte Transzendentalphilosophie bleibt defizient. Deshalb folgt auf der dritten Stufe der Triade wieder keine Synthese, sondern ein Abstieg, mit der »Bangigkeit« (I,91) und »Verwirrung« (ebd.) des Lehrlings, der den »sich kreutzenden Stimmen« (ebd.) zugehört hat. Der Philosophie fehlt, wie der herbeispringende Gespiele erklärt, die »Stimmung« (ebd.), denn das Grübeln ist keine »Stimmung der Natur« (ebd.), wohl aber »Liebe und Sehnsucht« (ebd.). Das war es in der Tat, was die romantischen Künstler der *Lehrlinge* von der romantischen Naturphilosophie unterschied. Was der »ernste Mann« konstatiert, der Mensch müsse die Natur ehren als »Sinnbild des Gemüths«, das führt die Dichtung anschaulich vor. Sie überbietet die Philosophie darin, daß nur in ihr Sittlichkeit Kunst werden kann; nur in ihr ist eine symbolische Vergegenwärtigung der Natur möglich, die diese zum Du und die Beziehung Mensch – Natur als Liebesbeziehung erfahrbar werden läßt.

Im 87. der *Teplitzer Fragmente* von 1798 wird geklärt, was »Stimmung« bedeuten soll: Nicht die Gedankenlosigkeit, die ein alltagssprachlicher Romantikbegriff gerne damit verbindet, sondern höchste und zugleich frei schwebende Aufmerksamkeit. Novalis spricht vom »vollkommensten B[ewußt]S[eyn]«, dem »alles und nichts bewußt ist«. In dieser Stimmung gibt es fließende Übergänge zwischen bestimmten und unbestimmten Gedanken und Empfindungen, das Ganze ist eine »bloße Modulation der *Stimmungen*« oder »*Gesang*« (II,611:406). Und wenn der Gespiele dem Lehrling verspricht, »beim ersten Kuß« werde ihm »eine neue Welt [...] aufgethan« (I,91), dann verweist das, wie bereits bei der Besprechung des Gedichtes *Wenn nicht mehr Zahlen und Figuren* dargelegt wurde (s. S. 118–125), ebenfalls auf philosophische Zusammenhänge. Daher ist es ganz falsch, das folgende Märchen, wie in der Forschung immer wieder geschehen, als gegen die Philosophie gerichtet zu lesen.

Dieser zweite Abschnitt des zweiten Teils, das Märchen von Hyacinth und Rosenblüthe, ist, wie später noch gezeigt werden soll (s. S. 168–174), ebenfalls in sich triadisch geordnet, und zwar nach dem romantischen Muster, das von der ursprünglichen Einheit über die Entzweiung zur höheren Einheit voranschreitet. In der poetischen Form des Märchens (und in der Heiterkeit und Lebendigkeit des erzählenden Gespielen) wird das nachgeholt, was dem »ernsten Mann« fehlt. Der Lehrling wird aus seinem Grübeln erlöst wie Hyacinth von seinem Büchlein, und nichts spricht dagegen, in der vieldiskutierten Verbrennung des Buches, das zum Inzitament und Hindernis einer Entwicklung geworden ist, eine Anspielung auf die Überwindung der Fichteschen Wissenschaftslehre durch die Idee der Liebe zu sehen, zu deren Ausformulierung die Hemsterhuis-Studien des Jahres 1797 so entscheidend beitrugen – durch die »unendliche Idee der Liebe«, von deren »Schöpfungsathem« Novalis »in Fichte noch nichts« (an Friedrich Schlegel, 8. Juli 1796; IV,188) finden konnte.

Die dritte und letzte Stufe von »Die Natur« bildet das Gespräch der Reisenden. Es findet also eine Depotenzierung der Märchenwelt zur Romanwelt statt. Die dritte Stufe steht aber auf einem höheren Niveau als die erste. Die Ansichten zur Natur, die hier formuliert werden, sind nicht so kontrovers wie die der »sich kreutzenden Stimmen«, sondern durchzogen von einem romantischen Geist: Sie beziehen sich in unterschiedlicher Weise auf Grundüberlegungen Hardenbergs.

Diese dritte Stufe ist, wie die beiden vorangegangenen, wieder triadisch strukturiert. Am Beginn der dritten Stufe steht die – durch das Märchenmotiv der sprechenden Natur vorbereitete – Selbstaussprache der Natur, die nun selbst das fehlende »Gefühl« (I,96) der Menschen für ihre ursprüngliche Einheit mit der Natur beklagt. Dabei geht es wieder um jenes Selbstgefühl als ein Element der intellektualen Anschauung, jenes Element, das der trennenden Reflexion vorgängig ist. Nur in diesem Sinne, nicht als grundsätzliche Abkehr von der Reflexion, ist der vielzitierte Satz zu verstehen: »Das Denken ist nur ein Traum des Fühlens, ein erstorbenes Füh[l]en, ein blaßgraues, schwaches Leben« (ebd.). Dem folgen, als zweite Stufe dieser letzten Triade, die (zweimal vier) Äußerungen der Reisenden. Beendet wird diese Triade durch das Hinzukommen der Lehrlinge und des Lehrers und dessen Äußerungen.

Im Gespräch der Reisenden äußert sich jeder der vier Beteiligten zweimal, so daß sich acht unterschiedliche Äußerungen über die Annäherung des Menschen an die Natur ergeben. Der erste Sprecher variiert den Organon-Gedanken Hardenbergs aus den Vorarbeiten zu verschiedenen Fragmentsammlungen aus dem Jahre 1798, er sieht also im Körper das Werkzeug der Welterkenntnis. Der zweite Reisende sieht in der Natur den »Vereinigungs- und Berührungspunkt unzähliger Welten« (I,98), der dritte Sprecher will sie als Geschichte des Geistes verständlich machen. Der vierte Reisende, »ein schöner Jüngling« (I,99), plädiert für die Dichter und die Einbildungskraft oder Phantasie.

In der zweiten Runde modifizieren die Sprecher ihre erste Auffassung. Der erste nimmt den Gedanken der Geschichte auf und kommt so zur aktiven oder schöpferischen Weltbetrachtung, die die Natur innerlich in ihrer ganzen

Folge entstehen läßt. Diese durch die Plotin-Studien vertiefte Vorstellung Hardenbergs von der schaffenden Betrachtung durchzieht auch die folgenden Beiträge. Im Mittelpunkt steht für den ersten Reisenden der »Genius der Liebe« (I,101), was der zweite zum Anlaß der Zustimmung nimmt: Nichts sei »so bemerkenswerth« wie dieses »große Zugleich in der Natur« (I,102). Der dritte hebt hervor, daß es neben der aktiven Annäherung an die Natur, dem »Hervorbringen durch Denken« (ebd.), wie es Naturphilosophen und Künstler auszeichnet, einen passiven Weg derer gibt, denen die Erfahrung der Einheit zufällt. Der »schöne Jüngling« schließlich entwirft in einer poetisch begeisterten Rede eine symbolische Kosmologie, die die auflösenden und zeugenden Kräfte des Eros mit Wasser und Flamme verbindet, deren Polarität ihre Identität, chemisch betrachtet die Verbindung mit Sauerstoff, einschließt. So zeichnet sich in der poetischen Bildlichkeit eine Lösung eines die Zeitgenossen bewegenden Streites ab. Ist die Erde, wie die Vulkanisten meinen, aus dem Feuer der Vulkane oder, wie die Neptunisten meinen, aus den Wassermassen eines Urmeeres entstanden? Das wäre, so Novalis, nicht alternativ zu entscheiden, sondern als Verhältnis von Identität und Differenz zu beurteilen, das auf eine ursprüngliche Einheit verweist und somit auch nicht nur die äußere Natur betrifft, sondern umfassender die goldene Zeit meint.

Die dritte und letzte Stufe der dritten Triade von *Die Natur* führt die Reisenden, die Lehrlinge und den Lehrer zusammen. Die Reisenden erzählen von ihrer Suche nach der adamitischen Ursprache, die sie an den Ort des Geschehens, den Tempel zu Sais, geführt hat. Der Lehrer stellt dem eine Darstellung seiner Bemühungen an die Seite, die darauf zielen, die Anlagen seiner Lehrlinge, vor allem ihre »innige Sehnsucht nach der Natur« (I,107), zu erkennen und zu pflegen. Damit bricht der Roman ab.

Seine bisherige Interpretation hat bestimmte Zusammenhänge sichtbar gemacht, solche des Gehaltes, indem auf interne Beziehungsstiftungen wie auf Bezüge zum Werkkontext aufmerksam gemacht wurde, und solche in der formalen Anlage in Gestalt der ineinander geschachtelten Triaden. Ulrich Gaier (B 5: 1970) hat gezeigt, daß man in der Struktur des Hyacinth-Märchens wie der *Lehrlinge* ein siebenstufiges Modell finden kann, auf das Novalis auch in seinen theoretischen Schriften Bezug nimmt und dessen Geschichte zurückreicht bis zu den Dialogen Platons und zur Genesis. Auch in Gaiers Sicht geht es um ineinander geschachtelte, also mit Progressen und Regressen arbeitende Steigerungsvorgänge. Die sieben Stufen ergeben sich daraus, daß ein ursprüngliches Gegensatzpaar durch vier immer höhere Versuche der Verbindung zu einer Synthese geführt wird.

Das unendliche Gespräch

In seinem Brief an August Wilhelm Schlegel vom 24. Februar 1798 hat Novalis die *Lehrlinge zu Sais* mit den *Vermischten Bemerkungen* verglichen und gesagt, es seien »ebenfalls Fragmente – nur alle in Beziehung auf Natur« (IV,251). Das war am Anfang der Beschäftigung mit einem Text geschrieben worden, der keine Fragmentsammlung, sondern ein Roman werden sollte, aber einen gewissen Fragmentcharakter hat das Werk sich bewahrt: Nicht wegen seines fehlenden Endes (das mit einem kalkulierten Fragment nichts zu tun hat), sondern aufgrund seiner Komposition: Es werden unterschiedliche Äußerungen darüber zusammengestellt, wie ein wahres Verständnis der Natur und damit des eigenen Selbst möglich sei. Keiner der vielen Sprecher besitzt ›den‹ Schlüssel dafür, es zeichnet sich vielmehr ab, daß die Einheit im Gesprächscharakter selbst liegt, d.h. in der Vielfalt der Herstellung von Bezügen zur Natur, von Wegen, die nie an ein letztes Ziel führen, sondern einen unendlichen Verweisungszusammenhang, ein unendliches

Gespräch bilden. So ist der Gehalt des Romans in seiner Form zu suchen. Diese Form bildet die Figur, die nachzugehen der Text die Leser auffordert, wenn sie sich und die Natur verstehen wollen.

Der Roman lädt dazu ein, indem er bekannte naturphilosophische Konzepte auf eine symbolische Erkenntnistheorie bezieht, die unterstellt, daß sie letztlich alle Ausdruck der »Einen Sprache« seien und daß sich die Natur als »Sinnbild« des menschlichen »Gemüths« fassen lasse. Das ist die Voraussetzung dafür, daß aus der Vielfalt nicht Beliebigkeit wird, und nur so ist eine Darstellung möglich, die keine der Positionen als ganz falsch beschreibt, sondern sie nur unterschiedlich stark relativiert.

Diese Vielfalt und das wirkungsästhetische Interesse der »*Gemütherregungskunst*« (III,639) dokumentieren sich auch in der frühromantischen Gattungsvielfalt: Die *Lehrlinge zu Sais* haben Züge einer Fragmentsammlung, eines Ich-Romans, eines personalen Romans, des Kunstmärchens, der erkenntnistheoretischen Abhandlung, des Lehrgesprächs, eines Monologs, dramatischer Dialoge und – nicht nur in dem Gedicht des Märchens, sondern auch in hymnisch anmutenden Prosa-Passagen – lyrischen Sprechens. Auch in formaler Hinsicht zeigt sich somit, im Gegensatz zu dem, was in der Forschung meist behauptet worden ist, die enge Verwandtschaft zwischen dem poetischen Projekt der *Lehrlinge zu Sais* und dem theoretisch-wissenschaftlichen der »Enzyklopädistik«, das sich ja ebenfalls unterschiedlicher Sprachformen bedienen sollte.

Dieser rezeptionsästhetischen Dimension seiner Dichtungen war sich Novalis sehr bewußt. So schreibt er über die sokratische Form des Dialogs, die ihm bei Hemsterhuis begegnet war: »Der Redende leitet nur den Gang des Denkens im Hörenden – und dadurch wird es zum Nachdenken. *Er denkt* – und der *Andre denkt nach*« (II,373:35). Im frühromantischen Kontext ist das am allerwenigsten als Herausfinden dessen zu verstehen, was der Lehrer auch anders hätte sagen können. Es gilt vielmehr: »Der wahre Leser muß der erweiterte Autor seyn« (II,470:125). In der neueren Forschung ist daher auch von der »auditiven Ästhetik« der *Lehrlinge zu Sais* gesprochen worden (vgl. Kreuzer, B 7: 1979; Leusing, B 7: 1993).

Die *Lehrlinge zu Sais* gehören damit, wie *Wilhelm Meisters Lehrjahre*, zu jenen Romanen, deren Einheit nicht mehr im Werk zu finden ist. In Hardenbergs Roman wird sie dem unendlichen und vom Leser fortzusetzenden Gespräch überantwortet. Das lenkt noch einmal zurück auf die Thematisierung der Semiotik im Roman selbst. Einige bislang noch nicht berücksichtigte Äußerungen geben darüber erstaunliche Aufschlüsse.

Die in diesem Zusammenhang gelegentlich zitierte Wendung von der Natur als dem »Erzeugniß eines unbegreiflichen Einverständnisses unendlich verschiedner Wesen« (I,98) allerdings taugt nicht zum Beleg für Hardenbergs Verschränkung von Sprach- und Erkenntnistheorie, denn mit den »unendlich verschiedenen Wesen« dürften kaum Menschen gemeint sein.

Aufschlußreicher ist dagegen die Antwort eines anderen Reisenden auf die Frage nach dem Geist der Natur: Er verweist auf einen unendlichen hermeneutischen Zirkel. Der Mensch als »Chiffrirer« (I,99) der Natur solle sie als das »einzige Gegenbild der Menschheit« (ebd.) deuten, so daß sie »die unentbehrliche Antwort dieser geheimnißvollen Frage, oder die Frage zu dieser unendlichen Antwort« (ebd.) sei. Der Chiffrierer der Natur dechiffriert sich also selbst immer wieder als unendliche Antwort, und er bringt die Natur hervor, indem er sie liest. Wer dies mit »Wissen und Willen« (I,102) tut, ist ein Künstler, entweder einer im üblichen Sinne des Wortes oder aber ein Denker als Künstler, der »die Natur tanzt« (ebd.).

Auf die eigentümliche, die Wirklichkeit der höheren Welt nur durch Rhetorik garantierende Kraft der Sprache verweisen auch die Äußerungen des Lehrers. Das Geheimnis seiner Lehre besteht nicht darin, Kenntnisse und Fertigkeiten zu vermitteln, sondern in der Anerkennung des Lehrers durch die Lehrlinge. Woher aber weiß der Lehrling, daß er seinen Lehrer für einen »Vertrauten der Natur« (I,107) halten darf? Nur dadurch, daß »dessen Reden die wunderbare, unnachahmliche Eindringlichkeit und Unzertrennlichkeit haben, durch die sich wahre Evangelia, wahre Eingebungen ankündigen« (I,107 f.).

So kommt keiner aus der Rhetorik heraus. Die Reisenden haben es versucht. Sie machten sich ursprünglich auf, jene »heilige Sprache« zu suchen, »die das glänzende Band jener königlichen Menschen [des verlorengegangenen Urvolks] mit überirdischen Gegenden und Bewohnern gewesen war« (I,106). Aber davon gibt es nur noch »Spuren« (ebd.); schon unter den Vorfahren der jetzigen Menschheit sollen nur noch einige Weise »einige Worte« (ebd.) der Ursprache gekannt haben, aber auch das berichten nur die »Sagen« (ebd.). Ob es »Trümmer dieser Sprache« (I,107) noch gibt, steht dahin, so suchen die Reisenden »wenigstens alle Nachrichten von ihr« (ebd.). Solche erhalten sie auch in Sais, vom Lehrer, aber wiederum nur in Gestalt einer »Reihe lehrreicher und anmuthiger Geschichten und Beschreibungen« (ebd.).

So wird sehr schön deutlich, daß sich die Einheit von Mensch und Natur nur als poetische Synthesis darstellen kann, als unendliches Gespräch, als Fülle mannigfaltiger symbolisierender Tätigkeiten, die nur durch die Dichtung zur polyphonen Einheit gebracht werden kann. Die Frage nach dem Geist der Natur wird überführt in die nach seiner Darstellbarkeit. Das berührt auch den Systemcharakter der diversen naturphilosophischen Ansätze: Die Dichtung erweitert das System durch Systemlosigkeit, und erst beides zusammen ist nach romantischer Auffassung ein Ganzes, ein unbegreifliches freilich, das eben deshalb erst der angemessene Ausdruck der Natur wäre, denn »mehr als der geistvollste, lebendigste Mensch überrascht sie durch sinnreiche Wendungen und Einfälle, Begegnungen und Abweichungen, große Ideen und Bizarrerieen« (I,99).

Dennoch werden Naturforscher und Dichter nicht gegeneinander ausgespielt. Sie gelten beide, wenn sie es zu Meisterschaft bringen, als Künstler, die mit der Natur spielen. Ihre Kunst ist die der schaffenden Betrachtung. In diesem Geiste ist auch das eingeschobene Märchen von Hyacinth und Rosenblüthe geschrieben, dem man nicht gerecht wird, wenn man es, wie in der Forschung oft geschehen, als unbedarft abtut oder als antispekulatives Manifest hochhält.

Das Märchen von Hyacinth und Rosenblüthe

Die in kaum einer Sammlung romantischer Märchen fehlende Erzählung von Hyacinth und Rosenblüthe gilt nicht ganz zu Unrecht als Kern der *Lehrlinge zu Sais* und soll daher eingehender betrachtet werden. Sie enthält, wie die eingeschobenen Märchen in Novalis' Prosadichtungen eigentlich immer, das Ganze in nuce und gibt Aufschluß über die Gründe für die Wahl von Sais als Schauplatz und über das Verhältnis der Romantik zur Klassik.

In märchentypologischer Hinsicht ist es ein Reifungsmärchen: Es geht um die Entwicklungsgeschichte eines jungen Mannes vom Knaben zum Erwachsenen, dargestellt an seiner Liebesfähigkeit. Seine psychosexuelle Entwicklung vollzieht sich nach dem Muster der romantischen Triade: von einer Stufe naiver Einheit mit der Natur und mit Rosenblüthe über eine lange Phase der Verwirrung und Suche bis zu einer Wiederherstellung der ursprünglichen Einheit auf einem höheren Entwicklungsniveau.

Das Thema der individuellen Entwicklung wird mit der philosophischen Frage nach den letzten Dingen verknüpft. Novalis greift auf das legendäre altägyptische Heiligtum der Göttin Isis zurück, deren Tempel in Sais stand. In diesem

Tempel soll sich, so hatte es Schiller in *Die Sendung Moses* (1790) überliefert, eine Bildsäule befunden haben mit der Inschrift »Ich bin, was da ist«, und auf einer Pyramide zu Sais soll zu lesen gewesen sein: »Ich bin alles was ist, was war, und was seyn wird, kein sterblicher Mensch hat meinen Schleyer aufgehoben.« Platon hatte, wie Novalis wußte, in seinen Dialogen berichtet, daß Solon durch die Priesterweihen zu Sais in die Geheimnisse des untergegangenen Volkes von Atlantis eingeweiht worden war. Das Märchen enthält also auch eine symbolische Geschichtsphilosophie, die romantische Triade ist hier, wie so oft, individual- wie menschheitsgeschichtlich zu verstehen. Das sagenhafte Atlantis, das auch im *Ofterdingen* wieder auftaucht, war eine ideale Gesellschaft, die aber untergegangen ist. Die Gegenwart ist ursprungsfern, mit dem Ursprung nur durch Erinnerung verbunden. Anders gesagt: Die Erinnerung schafft sich das Bild eines Ursprungs, eine Fiktion, ein Gegenbild zur Gegenwart, das zum Zielbild für die Zukunft werden kann.

Die beiden Themen Entwicklung und Erkenntnis werden mit einem dritten, der Geschlechterpolarität, verknüpft. Auf den ersten Blick bewegt sich Novalis hier ganz im Rahmen dessen, was im ausgehenden 18. Jahrhundert für lange Zeit festgeschrieben wurde: Der Mann repräsentiert das Streben nach Erkenntnis, die Rationalität, das Abgespaltene, Getrennte – die Frau dagegen den Ort der Wahrheit, die umfassende Weisheit, das Ganze, die Natur.

Natur bedeutet sie ja auch schon durch ihren Namen: Rosenblüthe, und es ist nur konsequent, wenn er Hyacinth heißt, denn das ist der Name eines Edelsteins, der dem Mineralogen Novalis geläufig war. Der Gegensatz pflanzlich versus mineralisch ist für das Märchen grundlegend. So ist Hyacinths Weg undenkbar ohne den Einfluß des Mannes und den Rat der alten Frau, und die entscheidende Auskunft erhält er von »einem krystallnen Quell und einer Menge Blumen« (I,94). Die Opposition organisch versus anorganisch läßt sich also anscheinend unmittelbar übertragen auf die von Mann und Frau.

Novalis folgt dem traditionellen Schema, zu dem auch die Zuordnung von Weiblichkeit zu Passivität und Männlichkeit zu Aktivität gehört. Die Helden der klassisch-romantischen Literatur sind Männer: *Sie* bewegen und entwickeln sich, von *ihnen* läßt sich erzählen. Ganz so glatt läßt Novalis das aber nicht aufgehen. »Hyacinth« verweist natürlich auch auf die Blume, die Hyazinthe, und umgekehrt ist der Edelstein namens Hyazinth von einer rosaroten Farbe, verweist also auf Rosenblüthe. Innerhalb der Figur Hyacinth wiederholt sich somit die Spaltung von Edelstein und Blume, die Polarität von männlich und weiblich. Hinzu kommt, daß der griechischen Sage nach Hyakinthos ein Liebling des Apoll war, der ihn versehentlich mit einer Wurfscheibe tötete. Aus dem Blute des Sterbenden entsprang die Hyazinthe, die bei Ovid »von leuchtendem Rot« (*Metamorphosen* 10,213) ist. Mit Hyakinthos soll, so die griechische Sage, die Knabenliebe ihren Anfang genommen haben.

Novalis arbeitet also mit geschlechtertheoretischen Konzepten, er überträgt sie aber nicht unmittelbar auf Männer und Frauen. Offenbar hatte er ein Bewußtsein davon, daß es sich um Symbolisierungen handelt. Hinzu kommt, daß er die Geschlechtscharaktere als unterschiedliche Mischungen aus den jeweils gleichen Grundelementen ansieht: »Der Mann ist mehr mineralisch – die Frau mehr vegetabilisch« (III,87). Das Märchen geht noch einen Schritt weiter und zeigt ein Ideal, das am Horizont vieler romantischer Kunstmärchen steht: den mineralisch-vegetabilischen Menschen.

Etwas nüchterner gesagt: Das Märchen ist nicht nur eines über Männer und Frauen, sondern es läßt sich auch lediglich als die innere Geschichte eines Mannes lesen, wobei »Rosenblüthe« dann nur der Name für seine passive, rezeptiv-empfangende Seite wäre. In diesem Sinne darf ein Zweizeiler Hardenbergs aus der Zeit der Arbeit am Märchen verstanden werden: »Einem gelang es – er hob den Schleyer der Göttin zu Saïs – / Aber was sah er? Er sah – Wunder des Wunders – Sich Selbst« (I,110).

Das Romantische daran läßt sich veranschaulichen durch einen Vergleich mit dem klassischen Sais. Auch in Schillers Gedicht *Das verschleierte Bild zu Sais* geht es um Wahrheit und Erkenntnis, auch Schillers Jüngling hebt den Schleier, allerdings gegen die Warnung des Orakels, das darunter Verborgene sei nicht für Sterbliche bestimmt:

»Nun, fragt ihr, und was zeigte sich ihm hier?«
Ich weiß es nicht. Besinnungslos und bleich
So fanden ihn am andern Tag die Priester
Am Fußgestell der Isis ausgestreckt.
Was er allda gesehen und erfahren
Hat seine Zunge nie bekannt. Auf ewig
War seines Lebens Heiterkeit dahin,
Ihn riß ein tiefer Gram zum frühen Grabe.[2]

Bei Novalis wird das tragische Ende des Gedichts zum glücklichen Märchenschluß umgewandelt. Was bedeutet das?

Zunächst einmal wird man sagen müssen, daß es bei Novalis eine Form der Erfahrung des Absoluten gibt, die bei Schiller dem Menschen verwehrt ist. Die Anschauung des Absoluten bei Novalis wird als Einheit von Widersprüchen dargestellt: Statt der Göttin findet Hyacinth die Geliebte, andererseits sind Göttin und Geliebte eins; die Göttin selbst ist heidnische und christliche Figur (»Isis« und »himmlische[] Jungfrau«, I,95), sie ist die »Mutter aller Dinge« und zugleich Jungfrau, sie ist Ursprung und Ziel; ihr Tempel ist, was in sich paradox ist, die »Behausung der ewigen Jahreszeiten« (I,94) und liegt als das ägyptische Sais weit im Osten, als Rosenblüthes Heimat aber »weit gegen Abend« (I,91), also im Westen; schließlich ist die Entschleierung

2 *Schillers Werke. Nationalausgabe*, Bd. 1: *Gedichte*, hrsg. von Julius Petersen und Friedrich Beißner, Weimar 1943, S. 256.

Traum und Realität zugleich. Es werden also paradoxe oder schwebende Verbindungen zwischen Gegensätzen erzeugt, zwischen Welt und Überwelt, zwischen Traum und Realität, Zeit und Ewigkeit, Wechsel und Ruhe.

Das läßt sich verständlich machen als Ausdruck der gegenläufigen Bewegungen des Romantisierens: Das Unbekannte, Heilige wird bekannt durch Logarithmierung, die Göttin entpuppt sich als Rosenblüthe. Umgekehrt ist die Operation für das Bekannte, Vertraute: Es wird durch die Entschleierung in einen höheren Geheimniszustand gehoben. Fremdes und Vertrautes erweisen sich so als Ko-Subjekte. Sie sind es deshalb, weil sie gleichen Ursprungs sind. Novalis hat das sehr schön deutlich gemacht in Gestalt der Naturdinge, die Hyacinth auf seinem Weg zur Göttin entgegenkommen. Sie kommen aus dem Ursprung, und je mehr er sich diesem erkennend nähert, desto verständlicher und geheimnisvoller wird die Natur.

Man kann die Einsicht Hyacinths und die Botschaft des Märchens daher auch auf die Formel bringen: Vollkommene Naturerkenntnis ist höhere Selbsterkenntnis. Anschaulich erfahrbar wird die Gleichursprünglichkeit von Subjekt und Objekt, und zwar zugleich mit ihrer Trennung. Das läßt sich lesen als symbolische Darstellung der intellektualen Anschauung mit ihren Seiten Gefühl (Einheit) und Reflexion (Trennung).

Daß es sich dabei um eine Erfahrung der Einheit von Identität und Differenz handelt, will bedacht werden und verleiht dem Märchen Züge, die auch in geschlechtertheoretischer Hinsicht die Naivität noch einmal als eine scheinbare erweisen. Novalis erzählt gerade nicht davon, wie ein Mann in der Verklärung der Geliebten zur Göttin sein ganzes Glück findet, sondern es ist genau umgekehrt: Er entdeckt hinter dem Bild die wirkliche Frau, Rosenblüthe. Diese Züge – statt der Göttin findet der Jüngling die vertraute Braut, der Ton freundlich-ironisch-spöttischer Depotenzierung und die in Wahrheit gar nicht stattfindende Reise –

finden sich schon im ersten Entwurf zum Märchen vom Juli/August 1798: »Er trat ein und sah – seine Braut, die ihn mit Lächeln empfieng. Wie er sich umsah, fand er sich in seiner Schlafkammer« (I,110).

Darin liegt natürlich auch eine Spitze gegen Schiller: Unter dem legendären Schleier verbirgt sich die eigene Freundin. Solche Depotenzierung oder Logarithmierung ist aber nur die eine Seite des Romantisierens. Die andere, die sich ebenfalls gegen Schiller absetzt, ist die Potenzierung: Der Schleier der Jungfrau zu Sais wird tatsächlich gehoben, eine unmittelbare Erfahrung des Absoluten ist möglich – weil der Modus des Erkennens die Liebe ist. Diese Wendung ist aber nicht nur gegen Schiller gerichtet.

In der Debatte um die Einheit von Subjekt und Objekt, von theoretischer und praktischer Philosophie, von Intellekt und Sinnlichkeit und von Mensch und Natur sowie um die Rolle eines transreflexiven Absoluten war die Metaphorik der verschleierten Göttin zu Sais zu einem Topos geworden. Auf ihn griffen nicht nur Schiller und Novalis zurück, sondern auch ein Vertreter freimaurerischer Positionen wie Johann Baptist Alxinger, der Schiller möglicherweise die Vorlage für sein Gedicht lieferte, der gefühlsphilosophisch denkende Johann Georg Schlosser, ebenso Schelling, Goethe und Kant.[3] Schiller wiederholt dabei in seinem Gedicht den kantischen Kniefall vor der verschleierten Göttin und damit Kants Auffassung von der Unmöglichkeit einer intellektualen Anschauung. Novalis dagegen teilt die frühidealistische Kant-Kritik, die zeigt, daß dieser den höchsten Punkt der Philosophie nicht einsichtig machen kann und daß die Problematik nur zu lösen ist durch die Annahme einer intellektualen Anschauung. In diese Rich-

3 Vgl. dazu zwei anregende Aufsätze von Norbert Klatt: »›. . . des Wissens heißer Durst‹. Ein literaturkritischer Beitrag zu Schillers Gedicht *Das verschleierte Bild zu Sais*«, in: *Jahrbuch der Deutschen Schiller-Gesellschaft* 29 (1985) S. 98–112, und: »Kants Kniefall vor der verschleierten Isis«, in: *Zeitschrift für Religions- und Geistesgeschichte* 37 (1985) H. 2, S. 97–113.

tung wird schon Kant gedrängt. Er hätte dann aber eine Konsequenz ziehen müssen, die, was auch für Schiller entscheidend ist, seiner Grundüberzeugung widerstreitet, daß die zwei Stämme des Erkenntnisvermögens, Intellekt und Sinnlichkeit, voneinander völlig unabhängig sind.

Novalis dagegen wiederholt diesen Kniefall nicht. Sein Märchen demonstriert die Einheit von Intellekt und Sinnlichkeit, Geist und Natur, eine Einheit, die erfahrbar ist in der intellektualen Anschauung und die herzustellen ein Postulat wird. Novalis geht also mit dem, was er im Märchen wie in den *Lehrlingen zu Sais* darstellt, deutlich über Kant und Schiller hinaus. Dessen war Novalis sich auch bewußt, denn schon das Ende des ersten Teils des Romans enthält eine deutliche Spitze gegen die beiden, wenn ausgerechnet ein Lehrling sagt: »Auch ich will also meine Figur beschreiben, und wenn kein Sterblicher, nach jener Inschrift dort, den Schleyer hebt, so müssen wir Unsterbliche zu werden suchen; wer ihn nicht heben will, ist kein ächter Lehrling zu Sais« (I,82). Der Märchenschluß feiert die Liebe als höchste Form der Erkenntnis und die romantische Dichtung als das angemessene Medium solch poetischphilosophischen Denkens.

Erzählen

Zu den kalkulierten Paradoxien der *Lehrlinge zu Sais* gehört, daß auch in Sais nur Geschichten erzählt werden. Es scheint zum Geheimnis von Sais keinen anderen Weg zu geben als den des Erzählens, und sei es des Erzählens von Menschen, die nicht erzählen, wie der ungeschickte Lehrling, das Kind oder Hyacinth.

Novalis gestaltet hier die für ihn so charakteristische produktive Spannung zwischen jener Einheit, die im Innern bereits existiert, und der unendlichen Aufgabe ihrer Realisierung: »In diesem Schnittpunkt der sich überkreuzenden Zeit- und Raumlinien offenbart sich die eine innere Heimat, die außerhalb von Raum und Zeit gegenwärtig ist, aus der alle Natur- und Menschengeschichte hervorgegangen ist und in die sie wieder zurückkehren wird; jene ›mystische‹ Einheit des höheren Ich, von der Novalis als von einer ›Aufgabe‹, einem ›Ideal‹ des menschlichen Selbstbewußtseins gesprochen hatte« (Mähl, B 5: 1965, 361). Die »innere Heimat« und die »unendliche Aufgabe« sind Vorstellungen, mit denen sich dekonstruktivistische oder postmoderne Interpreten schwer tun. Meist leugnen sie dann entweder das Vorhandensein dieser Konzepte, oder sie lassen Novalis scheitern an den ihrigen (Hörisch, B 5: 1976). Nötig ist das nicht. Zwischen der »mystischen Einheit« und der »unendlichen Aufgabe« gibt es eine nicht zu schließende Lücke; sie korrespondiert mit dem, was im theoretischen Werk als Mangel an Sein erkannt worden ist. Dieser Lücke war sich Novalis, und das ist der plausible Ansatzpunkt für dekonstruktivistische Deutungen, sehr bewußt. Das unendliche Gespräch, die indirekte oder narrative Konstruktion einer Synthesis, will sie nicht überdecken, sondern ist ihr Ausdruck.

2. *Heinrich von Ofterdingen*

Heinrich von Ofterdingen gilt als der romantische Roman schlechthin. Sein Thema ist die Poesie, im weiteren, romantischen Sinne der Poesie des Lebens. Für diese unendliche Poesie ist die Poesie im engeren Sinne, die Dichtung, die einzig angemessene Darstellungsform. Leben und Kunst verweisen aufeinander und fordern sich wechselseitig, ein Grundgedanke der Romantik, der in ihren Romanen oft da-

durch zum Ausdruck gebracht wird, daß die Protagonisten Künstler sind.

Daß dies die Konzeption auch des *Ofterdingen* ist, hat Novalis in einem Brief an Tieck vom 23. Februar 1800 festgehalten: »Das Ganze soll eine Apotheose der Poësie seyn. Heinrich von Afterdingen wird im 1sten Theile zum Dichter reif – und im Zweyten, als Dichter verklärt« (IV,322).

Als Novalis dies schrieb, war der Roman etwa zur Hälfte fertiggestellt, nach nur vier Monaten, in denen auch die beiden Fassungen der *Hymnen an die Nacht* entstanden und ihr Verfasser beruflich stark eingespannt war. Seine Inspektionsreisen hatten ihn 1799 aber auch mehrfach nach Artern am Fuße des Kyffhäusers geführt, und der Umgang mit dem hier stationierten Rittmeister und Historiker Karl Wilhelm Ferdinand von Funk hatte ihm wesentliche Anregungen für den geplanten Roman vermittelt. Dessen Fertigstellung wurde dann durch berufliche Verpflichtungen, vor allem die Teilnahme an einer geologischen Landesuntersuchung, verzögert und mußte schließlich, nach einer weiteren kurzen Schaffensphase zwischen August und Oktober 1800, unter dem Druck der Krankheit aufgegeben werden.

Der unvollendet gebliebene Roman erschien posthum im Juni 1802 als »Heinrich von Ofterdingen. Ein nachgelassener Roman von Novalis. Zwei Theile«. Das war insofern irreführend, als der Band nur den ersten Teil enthielt. Erst die am Ende desselben Jahres von Schlegel und Tieck herausgegebenen *Schriften* enthielten im 2. Band das Astralis-Gedicht und den zweiten Teil des Romans. Dem folgte ein aus den Paralipomena zusammengestellter Bericht Tiecks über

Weißenfels an der Saale, um 1800

Kupferstich

die geplante Fortsetzung, dessen Wert in der Forschung umstritten ist.

Daß der *Ofterdingen* als romantischer Roman schlechthin gilt, bedeutet nicht, daß sein künstlerischer Wert unstrittig ist. An ihm sollten sich im Gegenteil alle positiven wie negativen Urteile über die deutsche Romantik bewähren, und oft wurde er dabei nicht einmal gelesen, sondern auf das Symbol reduziert, das zum Erkennungszeichen der Romantik geworden ist, die blaue Blume.

Gelesen und in seiner Bedeutung erkannt und gewürdigt hat diesen Roman als einer der ersten Friedrich Schlegel. 1803 veröffentlichte er in seiner Zeitschrift *Europa* einen Aufsatz mit dem Titel »Literatur«, in dem er zwischen »exoterischer« und »esoterischer« Literatur unterschied. »Exoterisch« nannte er jene Literatur, »welche das Ideal des Schönen in dem Verhältnisse des menschlichen Lebens darstellt, und sich in die Sphäre desselben beschränkt«. Die Gattung, für die dies konstitutiv ist, war für Schlegel das Drama. »Esoterisch« dagegen nannte er »diejenige Poesie, die über den Menschen hinausgeht, und zugleich die Welt und die Natur zu umfassen strebt, wodurch sie mehr oder weniger in das Gebiet der Wissenschaft übergeht, und auch an den Empfänger ungleich höhere oder doch kombiniertere Forderungen macht«. Darin sah Schlegel eine Möglichkeit der damals noch jungen Gattung des Romans. Dessen Ziel müsse es sein, »das der Poesie entgegengesetzte Element des gemeinen Lebens zu poetisieren und sein Entgegenstreben zu besiegen«.[4] Von einem solchen »Kampf der Poësie und Unpoësie« (III,639:510) hatte auch Novalis gesprochen, und Schlegels Charakterisierung erläutert eigentlich nur die Formel von der »Apotheose der Poësie«. Alle drei von Schlegel genannten Momente sind für das Verständnis des *Ofterdingen* zentral: die Universalität des Poe-

4 *Europa. Eine Zeitschrift*, hrsg. von Friedrich Schlegel, Frankfurt a. M. 1803, Nachdr. mit einem Nachw. zur Neuausg. von Ernst Behler, Stuttgart 1963, S. 55 f.

siebegriffs, seine Verknüpfung mit der Wissenschaft und die Anforderung an die gedankliche Selbsttätigkeit des Lesers. Völlig zu Recht nennt Schlegel daher den *Ofterdingen* als herausragendes Beispiel des frühromantischen Romans und damit der »esoterischen Poesie«.

Die Poetik des *Ofterdingen* und Goethes *Wilhelm Meister*

Daß es sinnvoll, ja notwendig sei, eine »Apotheose der Poësie« zu schreiben, verstand sich nicht von selbst, sondern war die Folge einer Zeitdiagnose und des Wunsches, mittels der Kunst auf gegenwärtige Tendenzen der geschichtlichen Entwicklung einzuwirken. Dabei konnte man an die zeitgenössische Literatur anknüpfen. Dafür ist gerade der *Ofterdingen* ein Beispiel.

Der Roman sollte im selben Verlag und in der gleichen Aufmachung und Ausstattung wie Goethes *Wilhelm Meisters Lehrjahre* erscheinen. Dieser Wunsch von Novalis ist Ausdruck seiner tiefen Bewunderung wie seiner scharfen Kritik des Goetheschen Romans sowie der Tatsache, daß der *Ofterdingen* in vielfacher Hinsicht als Antwort auf den *Wilhelm Meister* konzipiert ist.

Im Vordergrund der langen, mit dem Erscheinen 1795 beginnenden und bis in die letzte Zeit seines Lebens reichenden Auseinandersetzung mit Goethes Roman standen zunächst Fragen des Stils und der Romanform. Novalis ist von der Poetik des *Wilhelm Meister* zutiefst beeindruckt, Goethe wird ihm zum »Statthalter des poëtischen Geistes auf Erden« (II,466:118). Er bewundert die dem Stil zugrundeliegende objektive Haltung der genauen Beobachtung und praktisch-handwerklichen Formung und bringt sie in seinem großen Fragment eines Goethe-Essays vom August/September 1798 (II,640 ff.:445) mit den naturwissenschaftlichen Arbeiten des Dichters in Verbindung.

Als Thema des Goetheschen Romans begreift Novalis – neben dem »Gedenke zu leben«, auf dessen Bedeutung bereits hingewiesen wurde (s. S. 39) – den Konflikt von Ökonomie und Poesie oder, wie er auch sagt, von Schönheit und Nutzen:

> Streben nach dem Höchsten und Kaufmannsstand. Das kann nicht so bleiben – Eins muß des Andern Herr werden – Meister muß den Kaufmannsstand verlassen oder das Streben muß vernichtet werden – Man könnte besser noch sagen – Sinn für schöne Kunst – und Geschäftsleben streiten sich um Meister in ihm. Das Erste und das Zweyte – Schönheit und Nutzen sind die Göttinnen, die ihm einigemal unter verschiednen Gestalten auf Scheidewegen erscheinen – Endlich kommt Natalie – die beyden Wege und die beyden Gestalten fließen in Eins. (II,581:242)

Treffender kann man den Gehalt des Goetheschen Romans kaum zusammenfassen – oder doch jedenfalls eine der beiden großen Linien seiner Deutung. Als harmonische Lösung des Konfliktes wird der Roman bis heute immer wieder gelesen.

Dieser Gehalt fand Novalis' Zustimmung, er war jedoch primär an einer Erweiterung der eigenen erzähltechnischen Möglichkeiten im Blick auf einen »romantischen Roman« interessiert. Über den *Wilhelm Meister* notiert er einmal: »Die Philosophie und Moral des Romans sind *romantisch*. Das Gemeinste wird wie das Wichtigste, mit romantischer Ironie angesehn und dargestellt« (III,326:445). Das erinnert sehr an Schlegels enthusiastische Einschätzung des *Wilhelm Meister* als »romantischer Roman« – ein Fehlurteil oder, was Novalis betrifft, ein produktives Mißverständnis, das dadurch zu erklären ist, daß Goethe mit höchstem Kunstverstand das von der Romanpoetik der Aufklärung verpönte Romanhafte, Unwahrscheinliche oder Wunderbare rehabilitiert und damit der Romanform zur Anerkennung verhilft. Novalis hat durchaus gesehen, daß dieses Romantische bei Goethe eine ironische, sich selbst negierende Konstruktion ist: »So ist das ganze Raisonnement von Thatsachen begleitet – die dasselbe bestätigen, widerlegen, oder beydes nur zum Schein thun« (ebd.).

Ein ›romantischer‹ Roman im Sinne der Frühromantiker ist der *Wilhelm Meister* gleichwohl nicht, und Novalis hat das schnell erkannt. Eine erste Abgrenzung gegenüber Goethes Roman scheint schon ein Brief an Caroline Schlegel vom 27. Februar 1799 zu enthalten:

> [Ich] habe Lust mein ganzes Leben an Einen Roman zu wenden – der allein eine ganze Bibliothek ausmachen – vielleicht Lehrjahre einer *Nation* enthalten soll. Das Wort *Lehrjahre* ist falsch – es drückt ein bestimmtes *Wohin* aus. Bey mir soll es aber nichts, als – *Übergangs Jahre* vom Unendlichen zum Endlichen bedeuten. Ich hoffe damit zugleich meine historische und philosophische Sehnsucht zu befriedigen. (IV,281)

Eine heftige Kritik am *Wilhelm Meister* setzt aber erst im Januar 1800 ein und findet ihren Höhepunkt im Brief an Tieck vom 23. Februar 1800. Novalis schreibt, er begreife nicht, wie er so lange habe blind sein können, der *Wilhelm Meister* sei »ein Candide gegen die Poësie«, er sehe jetzt so klar und »so deutlich die große Kunst, mit der die Poësie durch sich selbst im Meister vernichtet wird – und während sie im Hintergrunde scheitert, die Oeconomie sicher auf festen Grund und Boden mit ihren Freunden sich gütlich thut, und Achselzuckend nach dem Meere sieht« (IV,323). Am Schluß steht für Novalis im Unterschied zu früher jetzt das »Eindringen des Evangeliums der Oeconomie« (III,647:536). »Hinten wird alles Farçe. Die Oeconomische Natur ist die Wahre – *Übrig bleibende*« (III,646:536).

Novalis liest den *Wilhelm Meister* also nicht mehr als Synthese der Antinomien, sondern als Sieg der Ökonomie über die Poesie. In dieser Sicht ist der Goethesche Roman das Gegenteil eines romantischen: »Das Romantische geht darinn zu Grunde – auch die Naturpoësie, das Wunderbare« (III,638:505).

Diese Kritik läßt sich auf die große Bedeutung der Turmgesellschaft im Roman beziehen. Ihre Leitideen – Arbeit, ökonomische Tüchtigkeit und zweckrationales Handeln – nehmen nach Meinung von Novalis am Ende eine alles beherrschende Stellung ein. Sperata, Mignon und der Harfner – in sich nicht unproblematische Verkörperungen der Naturpoesie oder des Wunderbaren – fallen dieser Rationalität zum Opfer. Wilhelm Meister dagegen, so will es der Roman, findet in der Sphäre der Turmgesellschaft und in der Beschränkung auf das Zweckmäßige sein Glück.

Damit hat Novalis die zweite große Deutungslinie in der Geschichte der *Wilhelm Meister*-Rezeption eröffnet, ein Für und Wider, das bis heute anhält. Der entscheidende Punkt dabei ist die Einschätzung der Ironie des Goetheschen Romans: Wie weit geht die (zweifelsohne vorhandene) Relativierung auch der Turmgesellschaft?

Der *Wilhelm Meister* wurde zur Herausforderung, die von Goethe gebildeten Alternativen und von ihm akzeptierten Grenzen zu überschreiten und die Vermittlung von Poesie und Ökonomie anders anzugehen. Dabei knüpfte Novalis in vielfacher Weise an die Form des Goetheschen Romans an, auch an die spezifische Weise des Bildungsganges: »Meistern geht es, wie den Goldmachern – Sie suchen viel – und finden zufällig indirect *mehr*« (III,639:506). Dieses »mehr« war freilich in Novalis' Augen noch nicht das Entscheidende, hier mußte Goethe überboten werden, und dies konnte nicht mehr im Rahmen des Bildungsromans geschehen.

Statt dessen wird die Individual- und Sozialutopie erweitert zur frühromantischen Universalutopie. Aus der individuellen Bildungsgeschichte dessen, der irrt, um etwas Beschränktes zu finden, wird die umfassende, nicht mehr auf ein Individuum beschränkte, indirekte Konstruktion eines höheren Gesamtzusammenhangs. Der romantische Roman durfte nicht »blos von gewöhnlichen menschlichen Dingen« handeln, sondern auch von der »Natur« und dem »Mystizism«, der »Naturpoësie« und dem »Wunderbare[n]« (III,638:505). Und da der in der Gegenwart spielende *Wilhelm Meister*, der doch eine Synthese der Antinomien der Moderne darstellen wollte, ihrer prosaischen Ökonomie unterlegen und selbst »gewissermaaßen durchaus prosaïsch – und modern« (ebd.) geworden war, verlegte Novalis die Handlung in eine Zeit, in der die Poesie eher beheimatet war, das Mittelalter. Schließlich treten an die Stelle der Geschichte des Dilettanten Wilhelm Meister, dessen fataler Hang zur Kunst zu seinem eigenen Heil an der Ökonomie zuschanden werden muß, die Einsicht, daß die von keiner unendlichen Idee mehr geleitete Ökonomie zugrunde geht, und die Geschichte eines wahren Künstlers als Mittel der Darstellung der »Apotheose der Poësie«. Aber selbst diese völlig veränderte Funktion des Protagonisten entwickelt Novalis noch als Steigerung dessen, was im *Wilhelm Meister* die »leidende« Natur des Helden genannt wird: »*Passive* Natur des Romanhelden. Er ist das Organ des Dichters im Roman« (III,639 f.:510).

Die Poetik des *Ofterdingen* spiegelt die Dynamik der Romantisierung, d. h., Potenzierung und Logarithmierung wechseln einander ab, wobei das Ganze sich, um eine Formel aus der *Europa* zu verwenden, im Sinne »fortschreitender, sich vergrößernder Evolutionen« entwickelt.

Der Roman dient der Darstellung einer unendlichen Idee, in diesem Sinne geht es um »*Übergangs Jahre* vom Unendlichen zum Endlichen« (IV,281). Diese Idee ist das absolute Ziel des Romans, das in Gestalt von Einlagen (Symbolen, Träumen, Liedern, Märchen u. a. m.) in sinnbildlicher Form immer wieder vorweggenommen wird, aber nur, um so den Prozeß unendlicher Annäherung in Bewegung zu halten und zu steigern.

Das älteste Vorbild für eine solche Rhetorik der Entsprechungen und Steigerungen auf ein absolutes Ziel hin ist die Bibel:

> Die Bibel fängt herrlich mit dem Paradiese, dem Symbol der Jugend an und schließt mit dem ewigen Reiche – mit der *heiligen Stadt*. Auch ihre 2 Hauptbestandtheile sind ächt *Großhistorisch*. (In jedem Großhistorischen Gliede muß gleichsam die große Geschichte symbolisch verjüngt liegen.) Der Anfang des neuen Testaments ist der 2te, höhere Sündenfall – und der [...] Anfang der neuen *Periode*: Jedes Menschen Geschichte soll eine Bibel seyn – wird eine Bibel seyn. Xstus ist der neue Adam. Begr[iff] der Wiedergeburt.
>
> (III,321:433)

Novalis war also mit der typologischen Bibeldeutung vertraut, er hat seine Poetik als Umdeutung der christlich-mittelalterlichen Figuraldeutung zum romantischen Figuralismus entworfen: »Eine Bibel ist die höchste Aufgabe der Schriftstellerey« (ebd.).[5] Ein besonders augenfälliges Beispiel für den Figuralismus ist die Zweiteilung des *Ofterdingen* in »Die Erwartung« und »Die Erfüllung«: Darin läßt sich unschwer die Anlehnung an das typologische Verhältnis von Altem und Neuem Testament erkennen.

Figuraldeutung bedeutet auch weitgehende Ablehnung empirisch-psychologischer Motivierung. Es geht nicht um den Realnexus, sondern um den Figuralnexus, nicht um eine Geschichte, sondern um eine *»symbolische[] Construction* der transscendentalen Welt« (II,536:48). Auf eine Poetik im engeren Sinne führte aber erst die Auseinandersetzung mit dem *Wilhelm Meister*. Vier Kompositionsregeln des romantischen Figuralismus lassen sich benennen:[6]

5 Zum Figuralismus bei Novalis und seiner Umdeutung der mittelalterlichen Figuralauffassung vgl. Striedter, B 5: 1953.

6 Zum folgenden vgl., mit veränderter Akzentuierung, Engel, B 7: 1993, 462–465.

1. Variationsreihen: Bei seiner Lektüre des *Wilhelm Meister* war Novalis darauf gestoßen, daß hier viele Figuren in einem Steigerungsverhältnis zueinander stehen, etwa die Schöne Seele und Natalie, und daß sich daraus Familien ergeben, die sich mit den thematischen Leitoppositionen des Romans verbinden lassen. Novalis erweitert das über die Figurendarstellung hinaus zum poetologischen Prinzip der »Darstellung eines Gegenstandes in *Reihen* – (Variationsreihen – *Abänderungen* etc.)« (II,647:472). Dabei wird das, was bei Goethe eine Auffächerung menschlicher Möglichkeiten war, unter identitätsphilosophischem Vorzeichen universalisiert:

> Alle Menschen sind Variationen Eines vollständigen Individuums, d. h. einer Ehe. Ein Variationen Accord ist eine Familie – wozu jede innig verbundene Gesellschaft zu rechnen ist. Wenn eine so einfache Variation, wie Natalie und die schöne Seele, schon ein so tiefes Wohlgefühl erregt, wie unendlich muß das Wohlgefühl dessen seyn der das Ganze in seiner mächtigen Symphonie vernimmt? (II,564:198)

Eine solche Variation bilden im *Ofterdingen* etwa die Reihe Zulima – Mathilde – Zyane, die geheime Verwandtschaft und Bekanntschaft vieler Figuren und die zahlreichen Entsprechungen zwischen Roman- und Märchenfiguren. Die Figuren sind aber zugleich auf umfassendere Zusammenhänge bezogen; so verweist Zyane durch ihren Namen (blaue Kornblume) auf das Leitsymbol des Romans, und Heinrich sollte am Ende nach einer alle Stufen des Kosmos durchmessenden Metamorphose wiedergeboren werden: »Menschen, Thiere, Pflanzen, Steine und Gestirne, Flammen, Töne, Farben müssen hinten zusammen, wie Eine Familie [...] handeln und sprechen« (I,347).

2. Indirekte Konstruktion: Im Anschluß an und in Erweiterung von Goethes Ironie wird diese zur Anzeige eines Unendlichen. »Die Schreibart des Romans muß kein *Conti-*

nuum – es muß ein in jeden Perioden gegliederter Bau seyn. Jedes kleine Stück muß etwas abgeschnittnes – begränztes – ein eignes Ganze seyn« (III,562:45). Bei diesem Verhältnis von Teil und Ganzem geht es weniger darum, das Kunstwerk in Analogie zum Organismus zu denken, als um den Vergleich mit der indirekten Konstruktion unbekannter Größen im Infinitesimalkalkül. Bei seiner Beschäftigung damit notiert Novalis einmal: »Man transportirt gleichsam das Ganze in einen Theil, um die Natur des Theils und so indirect auch die Natur des Ganzen besser kennen zu lernen [...] Indication der unermeßlichen Progressionsfähigkeit des Menschen – der Sinne, der Kräfte etc.« (III,118). Das führt zur arabesken Einheit des *Ofterdingen*, zum Überwuchern des Handlungsfadens durch eingeschobene Träume, Gespräche, Reflexionen, Lebensberichte, Märchen, Gedichte, Lieder usw., Teile, die »ein eignes Ganzes« sind, aber zugleich »etwas Abgeschnittnes« haben und so auf ein nicht gegebenes Ganzes verweisen.

3. Wechsel von Gespräch und Handlung: Eine Aufzeichnung »Üb[er] W[ilhelm] M[eister]« beginnt: »Gespräch, Beschreibung und Reflexion wechseln im Meister mit einander ab. Das Gespräch ist der vorwaltende Bestandtheil« (III,326:445). Diesen Wechsel, d. h. vor allem die Aufwertung des Gesprächs, hat Novalis sich zu eigen gemacht. Er dient dazu, dem Roman einen eigenen Rhythmus zu geben, der dem Gang von Progression und Regression angemessen ist und die Wechselrepräsentation der Reisen durch die äußere und durch die innere Welt, von Objekt- und Subjektbezug gestalten hilft. Den identitätsphilosophischen Voraussetzungen entsprechend verlaufen die Gespräche nie wirklich kontrovers, sondern eröffnen Heinrich neue Welten und fordern ihn, sofern sie, wie bei der Begegnung mit den Kreuzrittern und Zulima, widersprüchlich sind, auf, sie zu einer höheren Einheit zu vermitteln.

4. Melodischer Stil: In jener Aufzeichnung, in der Novalis den *Wilhelm Meister* für einen romantischen Roman zu hal-

ten scheint, hatte er dies insbesondere als eine Frage des Stils behandelt: »Die Accente sind nicht logisch sondern (metrisch und) melodisch – wodurch eben jene wunderbare romantische Ordnung entsteht – die keinen Bedacht [...] auf Rang und Werth, Erstheit und Leztheit – Größe und Kleinheit nimmt. Die Beywörter gehören zur Umständlichkeit – in ihrer geschickten Auswahl und ihrer oeconomischen Vertheilung zeigt sich der poëtische Takt. Ihre Auswahl wird durch die Idee des Dichterwercks bestimmt« (III,326:445). Es geht also um einen Stil, der, im Gegenzug zu dem Gewicht der erzählten Einzelheiten, die Idee des Ganzen überall fühlbar werden läßt, mithin um den Vorrang der Konstruktion vor der Nachahmung, der Darstellung vor dem Dargestellten. Die Wahl unbestimmter, abgegriffener und wenig plastisch beschreibender Adjektive im *Ofterdingen* ist auf dieses Stilideal der »Ruhe und Oeconomie des Styls« (III,640:510) zurückzuführen, aber auch das Diskontinuierliche, Unvermittelte und Sprunghafte der Syntax (vgl. Walzel, B 7: 1915/19).

Diese Kompositionsregeln bedeuten, wie zuletzt Manfred Engel (B 7: 1993) hervorgehoben hat, einen weitgehenden Bruch mit den Konventionen realistisch-psychologischen Erzählens. Novalis folgt statt dessen konstruktivistischen Erzählprinzipien. Das dient der Darstellung des philosophischen Grundkonzeptes zweier entgegengesetzter Grundtriebe, deren Einheit nur der Dichter aufzeigen und vergegenwärtigen kann, indem er sie symbolisiert.

Diese Wechselrelation beider wird im Roman auch mehrfach ausdrücklich thematisiert in Gesprächen über den Weg der Erfahrung und den der inneren Betrachtung, über das Verhältnis von Held und Dichter oder von Gemüt und Verstand (Klingsohr). Auch die Figuren lassen sich zwei entsprechenden Reihen zuordnen, einer außenorientierten (z. B. Heinrichs Vater, die Kaufleute, die Kreuzritter, der Bergmann, Schwaning) und einer innenorientierten (Zulima, der Graf von Hohenzollern, Klingsohr, Sylvester).

Allerdings wird in vielen Figuren eine relative Synthese angedeutet: Beim Bergmann und dem Grafen von Hohenzollern stand früher ein arbeitsreiches bzw. kämpferisches Leben im Vordergrund, im Alter mehr die abgeklärte Betrachtung der Welt. Auch Klingsohr verbindet beide Seiten, aber ebenfalls nur relativ. Er glaubt nicht an die Möglichkeit einer Gestaltung der Synthese von Dichter und Held. Sie sollte erst in Heinrich erscheinen.

Gleichzeitig ist die Synthese aller Antinomien immer schon vorhanden. Deshalb ist der Weg nach außen zugleich einer nach innen, ist die lineare Kontiguität zugleich Simultaneität und kann das utopische Ziel in sinnbildlicher Form antizipiert werden. Diese Symbole, allen voran die blaue Blume, sind Verdichtungen dessen, was der *Ofterdingen* insgesamt sein will, ein Gegenbild zur eigenen Zeit. Dabei verbindet sich die Darstellung einer wechselseitigen Durchdringung von unendlicher Idee und raum-zeitlicher Wirklichkeit mit der Kritikfunktion der Utopie. Diese utopiegeschichtliche Lesart des Romantisierens ist ein geeigneter roter Faden für eine *Ofterdingen*-Interpretation.

Poetisierung der Geschichte

Der Titel des *Ofterdingen* besaß um 1800 Signalwert: Heinrich von Ofterdingen galt unter den Gebildeten nicht als fiktive, sondern als historische Figur und als bedeutender mittelalterlicher Dichter. Als solcher erschien er im *Sängerkrieg auf der Wartburg*, einem um die Mitte des 13. Jahrhunderts entstandenen mittelhochdeutschen Gedichtzyklus, der von dem sagenhaften Wettstreit u. a. der Dichter Wolfram von Eschenbach, Walther von der Vogelweide, Reinmar von Hagenau und Heinrich von Ofterdingen berichtet. Ähnliches galt für Klingsohr, den Zauberer in Wolframs von Eschenbach *Parzival* (1200–10), der in verschiedenen thüringischen Chroniken in Zusammenhang mit dem Sängerkrieg um 1205 erwähnt wird.

Diesen antiquarischen Quellen wie Johannes Rothes (gest. 1434) *Cronicon Turingae* und seiner *Vita S. Elisabethae* sowie Cyriacus Spangenbergs *Mansfeldische Chronica* (1572) entnahm Novalis viele Details und die Schreibung des Namens »Afterdingen«. Dieser wurde erst mit dem Erstdruck des Romans 1802 zu »Ofterdingen«. Damit folgten die Herausgeber Tieck und Schlegel der Schreibweise in Bodmers Edition der *Großen Heidelberger Liederhandschrift*, der sogenannten *Manessischen Handschrift*. Das verweist einmal mehr darauf, daß die Romantiker das Mittelalter nicht ›wiederentdeckt‹ haben, sondern daß ihre Mittelalter-Rezeption vor dem Hintergrund einer bereits erfolgten bzw. bereits begonnenen Hinwendung verstanden werden muß. Möglicherweise kannte Novalis sogar die erste neuere literarische Bearbeitung des Wartburgkriegstoffes und der *Geschichte Heinrichs von Afterdingen* in Benedikte Nauberts *Wallfahrten oder Erzählungen der Pilger* (1793).

Auch in der Deutung des Mittelalters knüpfen die Frühromantiker oft an Bekanntes bzw. zu ihrer Zeit Aktuelles an. So gehörte der Minnesang für Herder zum Beginn der neuen europäischen Kultur. Das nehmen die Frühromantiker auf, wenn sie die christlich-romantische Literatur vom Mittelalter bis zur Gegenwart als »modern« absetzen von der der Antike. Die romantische Bewegung konnte dadurch insofern Profil gewinnen, als sie sich abgrenzte von der in der Renaissance ausgebildeten und in der Aufklärung fortbestehenden Abwertung des Mittelalters als finsterer Zwischenzeit.

Im *Heinrich von Ofterdingen* geht es daher nicht nur um eine positive Sicht auf die mittelalterliche Dichtung, sondern um eine umfassendere Neubewertung der Zeit. Novalis hatte mit der *Europa* die Erfahrung gemacht, daß die Form der Rede dafür schlecht geeignet war, weil sie Widerstände gegen die »historische Ansicht« provozierte. Mit der

Romanform, die das Erzählte unter den Fiktionalitätsvorbehalt stellt, entging er diesem Problem. Gleichwohl bemüht er sich wie bei der *Europa*-Rede um historische Glaubwürdigkeit (vgl. Kasperowski, B 5: 1994, 133–227). Dem dient das Studium nicht nur antiquarischer Quellen, sondern auch zeitgenössischer historiographischer Darstellungen, insbesondere Funks *Geschichte Kaiser Friedrichs des Zweiten* (1792) und Edward Gibbons *Geschichte des Verfalls und Untergangs des Römischen Reichs* (1776–88).

Die im Roman entwickelte neue Sicht des Mittelalters knüpft also an Bekanntes an, führt es aber auch weiter, und natürlich werden die Quellen wieder selektiv rezipiert. So läßt sich das Mittelalter-Bild nur dann angemessen verstehen, wenn man seine Funktion in einem Roman beleuchtet, der auf die Betonung des Ökonomischen in *Wilhelm Meisters Lehrjahren* mit einer »Apotheose der Poësie« antwortet: Novalis verlegt die Handlung seines Romans in das Mittelalter, um so ein positives, poetisches Gegenbild zu seiner eigenen Zeit, der durch einen prosaischen Zweckutilitarismus geprägten Gegenwart, zu gewinnen.

Diese Gegenbildfunktion des Mittelalters wird gestützt durch historische Glaubwürdigkeit. Die Zeichnung des Mittelalters schließt daher an Zeitgenössisches an, die »liebliche Armut« etwa an Herders Suche nach positiven Gegenbildern zur Mechanisierung des modernen Lebens im Mittelalter und die »Einfalt« an deren Wertschätzung in der zeitgenössischen Kulturkritik. Auch die Grundidee Hardenbergs, daß diese und andere positive Eigenschaften dem Charakter des Mittelalters als einer Zeit des Übergangs zu verdanken seien, war in der damaligen Geschichtsschreibung nicht ungewöhnlich. Novalis folgt, gegen die herrschende Abwertung, einer Tendenz der Aufwertung des Mittelalters, die es als eine für die geistige Produktivität besonders günstige Zeit sah. Diese Einschätzung findet sich schon bei Bodmer, sie wurde aber auch von einigen Vertretern der zeitgenössischen Historiographie und Kulturgeschichte (Iselin, Müller, Gleim, Herder, Gibbon, Funk) mehr oder weniger geteilt. Das verbindet sich mit einer Wertschätzung für den Stauferkaiser Friedrich II., der als historische Figur gewürdigt und noch nicht mit der nationalen Kaiserprophetie verbunden wird, und für den Großhandel als Beförderer menschlicher Kultur.

Vor diesem Hintergrund erscheint das Mittelalter bei Novalis nicht als goldenes Zeitalter, wohl aber als Zeit der »*Übergänge* und heterogène[n] Mischungen« (III,587:221), des Umbruchs, des möglichen Übergangs in eine bessere Welt und in diesem Sinne als »romantische Zeit« (I,204). Diese Tendenz sei im 13. Jahrhundert jedoch nicht realisiert worden.

Novalis' Deutung des Hochmittelalters als einer Übergangszeit ist also eine Interpretation auf der Grundlage eines damals gültigen, gegenüber rationalistischen Auffassungen sicher als avanciert zu bezeichnenden Geschichtsbildes. Insoweit darf man im *Ofterdingen* durchaus einen Vorläufer des historischen Romans sehen, des historischen Romans als »Mythologie der Geschichte« (III,668:607).

Novalis' originäre Zutat gegenüber auch den avanciertesten Neudeutungen des Mittelalters besteht darin, daß im *Ofterdingen* aus der bloßen Tendenz der vollendete Übergang werden sollte. Innerhalb der Romanfiktion sollte Heinrich von Ofterdingen das neue goldene Zeitalter heraufführen.

Die Wahl des Mittelalters als Zeit der Handlung erklärt sich also aus dem Gegensatz von Poesie und Ökonomie, Schönheit und Nutzen, der auf den von Mittelalter und Neuzeit/Moderne übertragen wird. Die Leitopposition und der Wunsch, die Synthese der Antinomien anders anzugehen als Goethe, modulieren auf vielfache Weise die Darstellung des Mittelalters, etwa bei der positiven Sicht auf die Kaufleute und den mittelalterlichen Großhandel als Beförderer menschlicher Kultur oder auf die Religiosität des Bergmanns.

Gewichtiger und besonders interessant ist aber die mehrperspektivische Darstellung der Kreuzzüge. Scheinbar schroff stehen sich zwei Antithesen gegenüber: Abendland und Morgenland, Christentum und Heidentum, Ritter und Mädchen, Krieg und Poesie. Noch die Gesänge der beiden Parteien spiegeln den Gegensatz: auf der einen Seite, in Jamben, der kriegerische Kreuzgesang der Ritter, auf der anderen, in Trochäen, die elegische Klage Zulimas. Auf den ersten Blick scheint klar, daß es nicht nur um Antithesen, sondern auch um eine unterschiedliche Bewertung geht. Insgesamt erhält denn auch die als Identifikationsfigur und unschuldiges Opfer angelegte Zulima das höhere Gewicht. Andererseits liegt schon in der Tatsache, daß beide Seiten Kunst hervorbringen, in der sie Paradies-Vorstellungen beschwören, der Vorschein einer Versöhnung.

Das Problem liegt vor allem auf der Seite der Christen, und zwar, damit schließt Novalis an Gibbon an, im Verhältnis von (grundsätzlich positiv bewerteter) Kreuzzugsidee und Kreuzzugswirklichkeit: Beide klaffen weit auseinander. Letztere ist durch den Raub von Menschen und Gütern gekennzeichnet und durch eine Brutalität (»Wir waschen bald in frohem Muthe / Das heilige Grab mit Heydenblute«; I,233), die von der Idee der Kreuzzüge nicht mehr viel erkennen lassen. Das angebliche Heldentum der Ritter wird außerdem durch ihre Darstellung als sauflustiger, lärmender Haufen persifliert. Von der Idee der Kreuzzüge ist eher im Kreuzgesang die Rede, der zumindest durch die in ihm erwähnten überirdischen Zeichen (ein apokalyptischer Sturm, ein aufrüttelndes Klagegeschrei, Engelserscheinungen) auf einen substantiellen religiösen Gehalt verweist. Die Widersprüche zwischen Idee und Wirklichkeit kulminieren in der Vorstellung des Besitzes nicht nur von Gütern und Frauen, sondern auch des Heiligen Grabes. Um diesen Besitz kreisen die Reden und Gesänge der Ritter, während Zulima fragt: »Was lag an dem Namen des Besitzers?« (I,237).

Den Kreuzzügen liegt eine Verkennung zugrunde, die die Idee, den religiösen Enthusiasmus, die Erweckung des heiligen Sinns, verkehrt und auf falsche Ziele lenkt und so zu ihrer Verdinglichung führt. In dem zunächst von der kriegerischen Begeisterung mitgerissenen Heinrich klären sich die Verhältnisse nach seiner Entfernung von den Rittern noch vor seiner Begegnung mit Zulima: »Das kriegerische Getümmel verlor sich, und es blieb nur eine klare bilderreiche Sehnsucht zurück« (I,234). Diese Sehnsucht führt ihn zu ihrer Poesie, und sie ist es, die den eigentlichen, höheren Gehalt der Kreuzzüge ausmacht.

Im 5. Kapitel wird Heinrich einem weiteren Kreuzfahrer begegnen, dem Grafen von Hohenzollern. Auch ihn trieb »der hohe poetische Geist, der ein Kriegsheer begleitet« (I,257), aber auch er benötigt den Abstand, in seinem Falle die Distanz des Alters, um den »wahren Zusammenhang« (ebd.) zu begreifen. Das Schicksal seiner beiden im »Orient« (I,263) geborenen Kinder mag das begrenzte Verständnis Europas für die Poesie symbolisieren: »Die Seefahrt und die rauhere Abendländische Luft [zer]störte ihre Blüte. Ich begrub sie wenig Tage nach meiner Ankunft in Europa« (ebd.). Vor allem aber hat der Graf von Hohenzollern aus Jerusalem die Handschrift in provenzalischer Sprache mitgebracht, in der Heinrich seine eigene Lebensgeschichte erkennt.

Das eigentliche, von den Rittern nicht erkannte und in der Geschichte nicht vollendete Ziel der Kreuzzüge ist also nicht die Vernichtung der Heiden und der Besitz des Heiligen Grabes, sondern die religiöse Erweckung Europas. Das ist auch das zentrale Thema des Kreuzgesangs.

Es geht daher auch nicht so sehr um die Situation in Jerusalem, die im Kreuzgesang negativer beschrieben wird als von Zulima, die vom freien Zugang zum Heiligen Grab für die Pilger und sogar einer Ehrung des Grabes auch durch Morgenländer spricht. Wichtiger ist vielmehr Zulimas Trauer darüber, daß, wie sie meint, die Kreuzzüge »auf immer« (I,237) das Morgenland von Europa getrennt haben. Das sollte durch den Roman widerlegt werden. Er zielte auf die »Aussöhnung der kristlichen Relig[ion] mit der heydnischen« (I,347) und hätte Zulimas Versprechen, das Heilige Grab hätte »die Wiege eines glücklichen Einverständnisses, der Anlaß ewiger wohlthätiger Bündnisse werden können« (I,237), eingelöst. Ähnlich wie in Lessings *Nathan der Weise* (1779) wäre also Jerusalem zum Ort der Aussöhnung der Religionen gewählt worden (vgl. Mahoney, B 7: 1987).

Der romantische Roman bewahrt nicht nur Lessings Toleranzgedanken, sondern auch die aufklärerische Idee der praktischen Humanität, in der sich wahre Religiosität erweisen muß. Das spiegelt sich bereits in Heinrichs Haltung gegenüber der verzweifelten Zulima, der er eine »innere Freude« (I,238) bereitet, so daß er sich nicht ohne Grund als »ihr Retter« (ebd.) fühlt, und die ihm wiederum eine »besondere Kraft« (ebd.) vermittelt. Auf das praktische Leben verweist Zulima ferner, wenn sie sagt, daß das Leben im goldenen Zeitalter des Morgenlandes auf einem »durch Fleiß, Thätigkeit und Neigung verherrlichten Boden« (I,237) stattfand.

Lessings Botschaft von der »vernünftigen Religion« wird aber zugleich überboten unter dem frühromantischen Vorzeichen einer »poetischen Weltreligion«, deren Grundlage die »reine starke Empfänglichkeit für die Poesie des Lebens und die wunderbare, geheimnißvolle Anmuth der Natur« (I,236) ist. Mißt die »vernünftige Religion« die Offenbarung an der Vernunft, so verweist die frühromantische Kritik der reinen Vernunft auf deren Grenzen und symbolisiert dies in den »buntfarbigen, hellen, seltsamen Züge[n] und Bilder[n] auf den alten Steinplatten« (ebd.), die unenträtselt, aber nicht wirkungslos bleiben: »Der unbekannte Geist derselben erregt ein ungewöhnliches Nachdenken, und wenn man auch ohne den gewünschten Fund von dannen geht, so hat man doch tausend merkwürdige Entdeckungen in sich selbst gemacht, die dem Leben einen neuen Glanz und dem Gemüth eine lange, belohnende Beschäftigung geben« (I,237). Auch die »dunkle Erinnerung unter der durchsichtigen Gegenwart« (ebd.), durch die die Welt »das Schwere und Gewaltsame verliert und die zauberische Dichtung und Fabel unserer Sinne wird« (ebd.), macht deutlich, in welch erstaunlichem Ausmaß die christliche Sicht durch die morgenländische korrigiert und erweitert wird. In dieser Hinsicht findet die »Aussöhnung der kristlichen mit der heydnischen Religion« im 4. Kapitel bereits statt, wobei sich zeigt, daß das Morgenland die Poesie der Transzendenz bereits kennt und mindestens so sehr die Heimat der frühromantischen Poesie und Religiosität ist wie das christliche Mittelalter Europas.

Das zeigt sich jedoch nicht nur darin, daß Zulima für Heinrich zur Verkörperung der Poesie wird. Schon im Atlantis-Märchen werden Poesie und Morgenland (Persien) verbunden. Ferner spricht Zulima einmal von einem »dunklen«, also poetischen »Zug«, der die Menschen im Morgenland geleitet habe, der aber auch »die Menschen aus neuen Gegenden, sobald eine gewisse Zeit ihres Erwachens kömmt, mit so zerstörender Ungeduld nach der alten Heymath ihres Geschlechts treibt« (I,237). Das erinnert an die Auffassung des Bergmanns, auch seine »Kunst«, »uralt und weit verbreitet«, möge »wohl aus Morgen, mit der Sonne, wie unser Geschlecht, nach Abend gewandert seyn, und von der Mitte nach den Enden zu« (I,260). Und dies wiederum deckt sich mit dem Weg des Sängers in der 5. *Hymne an die Nacht*: Er kommt aus dem Osten.

Diese Sicht auf die Kreuzzüge, die als deren eigentliche Tendenz oder als ihre Potenz die Heraufführung einer poetischen Zeit benennt, wird ferner bestätigt durch das Gespräch zwischen Klingsohr und Heinrich zu Beginn des 8. Kapitels über den »Kampf der Poësie und Unpoësie« (III,639:510). Was hier gesagt wird, läßt sich unmittelbar auf die Kreuzzüge beziehen. Gegenüber den Zeiten und Räumen, die »ganz unter der Botmäßigkeit dieser Feindinn der

Poesie« (I,284) stehen, erscheint der Krieg als »eine poetische Wirkung« (I,285): »Die Leute glauben sich für irgendeinen armseligen Besitz schlagen zu müssen, und merken nicht, daß sie der romantische Geist aufregt, um die unnützen Schlechtigkeiten durch sich selbst zu vernichten. Sie führen die Waffen für die Sache der Poesie, und beyde Heere folgen Einer unsichtbaren Fahne« (ebd.).

Kriege können also das Zeugungselement neuer Ideen und Verhältnisse sein, und wenn diese »poetisch« sind, kann einem Krieg ein philosophisch-theoretischer Wert zugesprochen werden. Diese Struktur wird am deutlichsten im »Religionskrieg«, zu dem Klingsohr auch die Kriege aus »Nationalhaß« (ebd.) zählt. Sie sind, wie alle Kriege, Ausdruck der Verwirrung einer Übergangszeit und als solche einerseits, insofern sie »gerade zu auf Untergang« (ebd.) gehen, »Wahnsinn« (ebd.). Andererseits bieten sie, insofern ihre Helden »unwillkührlich von Poesie durchdrungene Weltkräfte sind« (ebd.), die Möglichkeit, den Enthusiasmus für das Unsichtbare und damit den »heiligen Sinn« zu befördern.

Das ist, zumal aus heutiger Perspektive, eine nicht unproblematische Sichtweise. Schon Herder wäre Novalis nicht gefolgt, aber der Grundgedanke vom Krieg als Zeugungselement menschheitsgeschichtlich höherer Zustände findet sich etwa bei Kant, Schiller und A.W. Schlegel. Es kommt hinzu, daß der Krieg, in den Heinrich verstrickt werden sollte, diesen auch in »Gefangenschaft« und »schmählichste Noth« (I,196) geführt hätte, das Leid also nicht ausgeblendet worden wäre. Vor allem aber hätte dieser Krieg nicht mit der Brutalität der Kreuzzüge geführt werden sollen, sondern »wie ein Zweykampf – durchaus *generoes* – philosophisch – human« und vom »Geist der alten Chevalerie« (III,676:628) beseelt. Offensichtlich sollte der Krieg im Roman nicht durch ein Gemetzel beendet werden, sondern, wie ein mittelalterliches Gottesurteil, auf der Grundlage der beiderseitigen Anerkennung einer höheren Instanz. Den

Zeitangaben im Roman kann man entnehmen, daß Heinrich sich am Kreuzzug Friedrichs II. von 1228/29 beteiligen sollte. Ist die Vermutung so abwegig, daß dieser Kreuzzug im Roman ein ähnliches Ende nehmen sollte wie in der Wirklichkeit, nämlich in Gestalt eines förmlichen Vertragsschlusses, der Jerusalem allen Parteien öffnete?

Die Zeiten eines Krieges der Poesie gegen die Unpoesie, d. h. gegen »die dumpfe Begierde und die stumpfe Gefühllosigkeit und Trägheit« (I,284), sind schließlich, wie Klingsohr bemerkt, »die Geburtszeiten der Dichter« (ebd.). In den Kreuzzügen kulminiert also der Charakter des Mittelalters als einer der geistigen Produktivität besonders günstigen Übergangszeit. Das ist der wichtigste Grund dafür, warum der Roman über die Poesie zur Zeit der Kreuzzüge spielt: »Divinatorische, magische ächtpoëtische Menschen können unter Verhältnissen, wie die Unsrigen sind, nicht entstehn« (II,533:33).

Was Novalis den Grafen von Hohenzollern über die Geschichtsschreibung sagen läßt – daß es darauf ankomme, nicht alles buchstäblich zu nehmen, es aber auch nicht mutwillig zu ordnen, sondern einen tieferen Zusammenhang zu verstehen, weshalb man dies am besten den Dichtern überlasse –, das beschreibt sehr schön die poetische Geschichtsschreibung des Mittelalters, wie sie der *Ofterdingen* vorführt. Der historische Roman des Novalis reagiert damit auf Probleme der eigenen Gegenwart. Dabei wird der nur am historischen Ambiente orientierte Roman seiner Zeit zur »Mythologie der Geschichte« (III,668:607), die deren divinatorische Vollendung erlaubt.

Die schöne Ökonomie

Die Gestaltung des Bergmanns geht zurück auf Rothes Elisabethlegende, die Novalis so rezipiert hat, wie es Herder für den Umgang mit der Geschichte generell gefordert

hatte: als historische Quelle, die Aufschlüsse gibt über die Mentalität ihrer Entstehungszeit. Die Frömmigkeit und die Andacht sowie die freiwillige Armut, mit denen Novalis seinen Bergmann ausstattet, sind also in den Augen des Autors Elemente gelebter mittelalterlicher Religiosität. Sie verleihen dem Bergmann eine Heiterkeit der Seele und einen Blick für das Wesentliche des Lebens. Zugleich geht es natürlich um spezifisch romantische Themen, so daß der Bergmann auch eine romantische Idealfigur ist. Er steht in vertrautem Umgang mit der Natur und bewahrt sich trotz seiner theoretischen Neugierde seinen Sinn für das geheimnisvolle Sein der Natur und ihre innere Harmonie.

Diese Sicht kulminiert im ersten Bergmannslied: Dem Bergmann ermöglichen Natur und Arbeit ein Begreifen seiner selbst als eines Teiles einer großen Allnatur, einer Harmonie, die durch die geschäftige Welt bedroht und zerstört wird. Naturbearbeitung erscheint nicht als Unterjochung und Ausbeutung, sondern als fast schon freundschaftliche Zusammenarbeit zwischen Mensch und Natur. Novalis hat hier durchaus Realia verarbeitet: Berufsstolz, Gemeinschaftsgefühl und Religiosität der Bergleute hatten Tradition, und auch die Bildlichkeit steht in einer langen Überlieferung des Bergmannsliedes und der bergmännischen Erbauungsliteratur. So konnte das erste Bergmannslied seinerseits Bestandteil der Tradition werden: Gerhard Schulz hat für *Der ist der Herr der Erde* 32 verschiedene Drucke in bergmännischen Liedersammlungen nachgewiesen (vgl. I,630).

Novalis legt seinem Bergmann einige sehr prägnante Kommentare zur ökonomischen Dimension eines sol-

---

Die Saline in Artern an der Unstrut

Stich, 1829

chen geglückten Lebens in den Mund. Die »metallischen Mächte« haben, wie er sagt, für ihn »keinen Reiz mehr, wenn sie Waaren geworden sind« (I,244). Er verbindet dies mit einer Grundsatzreflexion: »Die Natur will nicht der ausschließliche Besitz eines Einzigen seyn. Als Eigenthum verwandelt sie sich in ein böses Gift, was die Ruhe verscheucht, und die verderbliche Lust, alles in diesen Kreis des Besitzers zu ziehn, mit einem Gefolge von unendlichen Sorgen und wilden Leidenschaften herbeylockt. So untergräbt sie heimlich den Grund des Eigenthümers, und begräbt ihn bald in den einbrechenden Abgrund, um aus Hand in Hand zu gehen, und so ihre Neigung, Allen anzugehören, allmählich zu befriedigen« (I,245).

Diese Verbindung von Bergbau und Ökonomie hat ebenfalls eine lange Tradition. Schon Ovid thematisierte die Ambivalenz des Bergbaus, dessen Schätze Habsucht, Eitelkeit und Gewalttätigkeit fördern und dessen Metalle den Krieg erst ermöglichen, dessen Beitrag zur Zivilisation aber andererseits unersetzlich ist (*Metamorphosen* 1,128–150). Das Für und Wider hatte zu Novalis' Zeiten geradezu topischen Charakter, er fand es schließlich schon in Agricolas berühmter Schrift *De re metallica* (1556), die an der Freiberger Akademie ein Klassiker war.

Auch andere romantische Darstellungen des Bergbaus haben die ökonomisch-gesellschaftliche Dimension aufgegriffen, und in der Forschung ist das häufig als »romantischer Antikapitalismus« bezeichnet worden. Das ist nicht unplausibel, darf aber nicht verwechselt werden mit einer Verklärung der Armut und einem Plädoyer für das Festhalten an zurückgebliebenen Verhältnissen.

Schon bei seinem Porträt des Lausitzers namens Werner, mit dem Novalis seinem Lehrer Abraham Gottlob Werner im Roman ein Denkmal gesetzt hat, betont der Bergmann: »Durch ihn ist das Bergwerk in großen Flor gekommen, und hat dem Herzoge von Böhmen zu ungeheuren Schätzen verholfen. Die ganze Gegend ist dadurch bevölkert und wohlhabend, und ein blühendes Land geworden« (I,243). Und im Anschluß an die Erzählung des Bergmanns überlegen die Kaufleute, die sich unter den Zuhörern befinden, »ob sie vielleicht durch den Bergmann ein vortheilhaftes Verkehr mit Böhmen anspinnen und Metalle daher zu guten Preisen erhalten möchten« (I,251).

Mit den Kaufleuten begegnet Heinrich im 2. Kapitel einer Welt, die er bislang nicht kannte; im Grunde verkörpern sie sogar, trotz vollständiger Einbindung in die mittelalterliche Gesellschaft, die Anfänge einer neuen Zeit. Dieser Wechsel kommt in der Figurenkonstellation in der (vorübergehenden) Ablösung des Hofkaplans durch die Kaufleute und räumlich in der Reise Heinrichs in der Gemeinschaft dieser Kaufleute von Eisenach nach Augsburg zum Ausdruck. Die Kaufleute bringen ihre Welt treffend auf den Begriff: »Geld, Thätigkeit und Waren erzeugen sich gegenseitig, und treiben sich in raschen Kreisen, und das Land und die Städte blühen auf« (I,206).

Das liegt metaphorisch wie der Sache nach durchaus auf der Linie dessen, was der Bergmann später formuliert, und es dürfte denn auch Novalis' Hoffnung gewesen sein. Er notiert einmal: »Vom *merkantilischen* Geiste. / Der Handelsgeist ist der *Geist der Welt.* Er ist der *großartige* Geist schlechthin. Er sezt alles in Bewegung und verbindet alles. Er weckt Länder und Städte – Nationen und Kunstwercke. Er ist der Geist der Kultur – der Vervollkommnung des Menschengeschlechts. Der *historische* Handelsgeist – der sklavisch sich nach den *gegebenen Bedürfnissen* – nach den Umständen der Zeit und des Ort [sic!] richtet – ist nur ein Bastard des ächten, *schaffenden* Handelsgeistes« (III,464:1059).

Das aufklärerische Erbe ist unverkennbar. Die Ausweitung des Geld- und Warenverkehrs wird gebunden an eine Bedingung, die »Vervollkommnung des Menschengeschlechts«. Solche Einbindung der Ökonomie in die Bildung des Menschengeschlechts sah Novalis in früheren

Zeiten noch gewährleistet: »Der edle Kaufmannsgeist, der ächte Großhandel, hat nur im Mittelalter und besonders zur Zeit der deutschen Hanse geblüht. Die Medicis, die Fugger waren Kaufleute, wie sie seyn sollten. Unsere Kaufleute im Ganzen, die größten nicht ausgenommen, sind nichts als Krämer« (II,439:67). In diesem Zusammenhang ist vielleicht auch zu sehen, daß Novalis Heinrich ausgerechnet nach Augsburg reisen läßt, die spätere Fugger-Kapitale.

Daß neben dem Bergmann auch die Kaufleute im Blick auf die Synthese von Schönheit und Nutzen oder von Poesie und Ökonomie konzipiert sind, zeigt auch die von ihnen erzählte Arion-Sage. Zum einen sind es ausgerechnet die Kaufleute, bei denen Heinrich erstmals der Dichtkunst begegnet; auch die zweite Geschichte, das Atlantis-Märchen, erzählen sie ihm. Zum zweiten thematisiert die Sage auch inhaltlich das Verhältnis von Schönheit und Nutzen. Der Sänger Arion ist »reich an schönen Kleinodien und köstlichen Dingen, die ihm aus Dankbarkeit verehrt worden waren« (I,211). Diese Schätze sind ihm teuer »als Zeichen der Liebe und Dankbarkeit« (I,212). Die »Habsucht« (I,211) der Seeleute dagegen reduziert diese schöne Ökonomie, von der später, im letzten Satz des Romans, auch Sylvester spricht, auf den Tauschwertstandpunkt. Die von der Poesie verlassene Ökonomie nimmt dann selbstzerstörerische Züge an: Die Räuber geraten noch auf dem Meer in einen Streit über die Beute, bei dem die meisten umkommen und die übrigen nichts als ihr nacktes Leben retten können.

Der Dichter und Sänger Arion dagegen aktualisiert noch einmal seine Ökonomie und benutzt, als sein letztes Stündlein geschlagen zu haben scheint, »sein wunderthätiges Werkzeug« (I,212). Die Seeleute ahnen den Zweck des Ganzen und verstopfen sich die Ohren, aber damit befördern sie nur ihre fatale Einseitigkeit, während der Sänger auf anderem Wege seinen Zweck erreicht und das schöne Ganze wiederhergestellt wird.

Die Bezüge zur Diskussion über die Ökonomie hat Novalis dadurch hervorgehoben, daß er den Kaufleuten am Ende ihrer Erzählung, als sie vom Untergang der Seeleute berichten, während der gerettete Sänger auch noch seine Schätze zurückerhält, seine eigene *Wilhelm Meister*-Kritik in den Mund legt. Die Kaufleute stellen förmlich die Verhältnisse des *Wilhelm Meister* vom Kopf auf die Füße und paraphrasieren dabei Novalis' Brief an Tieck, in dem es hieß, der *Wilhelm Meister* sei »ein Candide gegen die Poësie«, er sehe jetzt so klar und »so deutlich die große Kunst, mit der die Poësie durch sich selbst im Meister vernichtet wird – und während sie im Hintergrunde scheitert, die Oeconomie sicher auf festen Grund und Boden mit ihren Freunden sich gütlich thut, und Achselzuckend nach dem Meere sieht« (IV,323).

In diesem weiteren, *alle* Mittel-Zweck-Relationen umfassenden Sinne ist von der Ökonomie in jedem Kapitel des Romans die Rede: beim Gespräch über den Sinn und Zweck der Träume (1), in der Arion-Sage (2), im Atlantis-Märchen (3), im Besitz-Denken der Kreuzritter (4), in den Reden des Bergmanns (5), in der Erzählerreflexion über Menschen, die zum Handeln, und solche, die zur Betrachtung geboren sind (6), in den Kunstgesprächen zwischen Klingsohr und Heinrich (7 und 8) und in Klingsohrs Märchen (9), dort vor allem im Verhältnis von Fabel und Schreiber.

In utopiegeschichtlicher Sicht läßt sich die Thematisierung der Ökonomie im Roman mit den zahlreichen einschlägigen Überlegungen im übrigen Werk – zur Geldpolitik, zur Technologie, zur Betriebswirtschaft, zu den »Staatsbedienungen«, zur »Polizey«-Wirtschaft usw. – verbinden. Sie sind Teil eines kameralistisch gedachten Gemeinwohlkonzeptes, das sich nicht mehr an der gegebenen Produktions- und Bedürfnisstruktur orientiert, sondern am »schaffenden Handelsgeist« einer kulturfördernden Ökonomie. Deren Leitvorstellung, die »Vervollkommnung des Menschengeschlechts«, wird freilich nur verständlich, wenn man sie im Kontext der im *Allgemeinen Brouillon* skizzierten »Ökonomie des Lebens« sieht. »*Oekonomie* im weitesten Sinne begreift auch die Lebens-Ordnungslehre. Es ist die *practische* Wissenschaft im Ganzen. Alles practische ist oeconomisch« (II,606:382).

Insofern ist auch die politische Ökonomie Teil der frühromantischen Universalutopie: Nur *die* Ökonomie, die sich an einer Vorstellung vom guten Leben orientiert und ihre empirischen und politischen Konzepte darin integriert, ist poetisch, ist eine schöne Ökonomie (vgl. III,469:1097).

Auch diese Verbindung der Ökonomie mit der Utopie steht in einer langen Tradition, die zurückreicht bis zu Aristotelischen Überlegungen über die Polis und ihre Bürger; sie hat im ausgehenden 18. Jahrhundert eine besondere Aktualität erhalten. So enthalten, wie Parallelstellen im Werk zeigen, die Ausführungen des Bergmanns über die Natur, die nicht der Besitz eines einzelnen sein wolle, eine Auseinandersetzung mit der naturrechtlichen Verknüpfung von Eigentum und Ich-Philosophie, wie sie bei Hobbes und vor allem bei Fichte zu finden ist. Davon setzt sich Novalis, pietistische Traditionen (Bengel, Oetinger) und Gedanken von Hemsterhuis weiterführend, ab. Nicht das Ich und das Eigentum sollten Grund der Freiheit sein, sondern die Liebe, genauer und in Anlehnung an Herder und Hemsterhuis gesagt: die Wechselrelation, der Ordo inversus von Liebe und Selbstheit (vgl. dazu vor allem Peter, B 5: 1980, 98–103). Das ist als Fortsetzung der Kritik an Fichtes Ich-Philosophie nur konsequent und fügt sich zugleich nahtlos ein in eine andere philosophisch-religiöse Tradition: Im goldenen Zeitalter gibt es kein Eigentum.

Diese Verknüpfung von Utopie und Liebe unter dem Vorzeichen einer schönen Ökonomie wird, abgesehen von Klingsohrs Märchen, vor allem im Atlantis-Märchen anschaulich entfaltet. Es erzählt von einem alten König, der für seine Tochter einen geeigneten Mann und damit, da sie sein einziges Kind ist, zugleich für sich einen Nachfolger sucht. Unglücklicherweise hat die Königsfamilie ein überzogenes »Gefühl des Abstandes« (I,215) von der übrigen Menschheit entwickelt. Vor allem der König selbst, dessen früh verstorbene Gattin »der letzte Zweig der Nachkommenschaft des berühmten Helden Rustan gewesen« (ebd.) war, träumt unter dem Einfluß seiner Dichter vom »Abstand seiner Herkunft von dem Ursprunge der andern Menschen« (ebd.). Auch von der Prinzessin heißt es einmal: »Es war, als flößte ihr die Erhabenheit ihrer Herkunft eine geheime Furcht ein« (I,220). Eben deshalb findet sie ihr Glück außerhalb der Sphäre ihrer Herkunft, als sie bei einem Ritt in den Wald einen jungen Mann kennenlernt, der gar nicht weiß, wen er vor sich hat. Wie es sich für ein Märchen gehört, verliert sie ihr Herz und gewinnt das seine. Bezeichnenderweise wird das symbolisiert im Verlust eines Karfunkelsteins aus ihrem Halsband, »der ein Andenken ihrer Mutter und noch dazu ein Talisman war, dessen Besitz ihr die Freyheit ihrer Person sicherte, indem sie damit nie in fremde Gewalt ohne ihren Willen gerathen konnte« (I,219).

Dieser Talisman ist offenbar zum Symbol einer falsch verstandenen Autonomie der Person geworden. Erst als er verlorengeht und vom Jüngling gefunden wird, wird er zum Medium der wahren, durch Liebe begründeten und in wechselseitigem Austausch sich bewahrenden Selbstheit. Diese Liebe umfaßt schließlich nicht nur das Verhältnis zwischen Menschen, sondern auch das zwischen Mensch und Natur sowie zwischen Macht und Poesie. Sie führt, symbolisch antizipiert im Kind, der Frucht der Verbindung von Natur (Jüngling) und Poesie (Prinzessin), und damit Sinnbild der höheren Poesie, dann auch zur Erneuerung des poetischen Staates.

Diese Staatsutopie läßt sich, wie O'Brien (B 5: 1995, 290–296) gezeigt hat, als Reflexion über das Verhältnis von Politik und Dichtung im Anschluß an Platons *Staat* lesen. Zu Beginn ist Atlantis durch die unbegrenzte Lizenz der Dichter und die Vernachlässigung des Staates geprägt, die für Platon hervorstechenden Merkmale der schlechtesten Staatsformen, nämlich der Demokratie einerseits und der Tyrannei andererseits. Novalis thematisiert nun die Rolle der Dichtung bei der Einsetzung der neuen (und guten) Herrschaft. Sie ist insbesondere deswegen problematisch, weil es keine Kontinuität geben kann, nachdem der Ursprung ins unglaublich Reine überhöht worden ist. Das Überraschende ist nun, daß die Dichtung die Nachfolge des illegitimen Sohnes ganz natürlich erscheinen läßt. Novalis zeigt also, daß Herrschaft keinen ›reinen‹ Ursprung beanspruchen kann, sondern auf der Wunderkraft der Fiktion beruht. Es gibt keine notwendige Relation zwischen König und Königtum, sondern die Zeichen der Macht werden ihm übertragen in einer öffentlich akzeptierten Fiktion.

Die Dichter können der politischen Macht also sowohl schaden wie auch sie allererst errichten; vor allem aber zeigt die romantische Dichtung – in Gestalt des Atlantis-Märchens – den Abgrund, über dem der Staat gegründet wird: die Ununterscheidbarkeit von Legitimität und Illegitimität. Ununterscheidbar sind sie für politisch-philosophische Letztbegründbarkeitsversuche. Nicht nur beim Jüngling, sondern auch beim König bleibt die Frage der Legitimation offen: Er selbst gehört der Rustan-Linie, die er fortführen will, ja gar nicht an.

Vor diesem Hintergrund kann man sagen, daß das Atlantis-Märchen sich gegen eine mit Platons Staat beginnende und bis zur Naturrechtslehre der Aufklärung reichende philosophische Tradition wendet, die politische Legitimität auf unveränderliche Wahrheit und Wissen zu gründen versucht. Bei Novalis bleibt der höhere Sinn der Zeichen verborgen, aber sie erhalten Sinn und damit legitimitätsstiftende Funktion durch Rituale und Konventionen (im Krönungsakt), auch wenn ihre eigentliche Bedeutung verborgen bleibt. Der tiefere Grund der Legitimität, den es gibt, kann nie direkt erscheinen, sondern nur durch Analogien umschrieben werden. So zeigt die romantische Dichtung, und das gehört zu ihren Besonderheiten als literarischer Utopie, wie das Legitime und das Illegitime einander durchkreuzen, zerstören und stützen.

Liebe

Der *Ofterdingen* ist ein Liebesroman. Er ist es auf vielfache Weise, denn erzählt wird nicht nur von der Liebe zwischen Heinrich und Mathilde, sondern zwischen vielen Figuren; die Liebe erscheint auch in allegorischer Verkörperung, als Eros, in Klingsohrs Märchen, und sie bezeichnet letztlich, wie schon der Traum von der blauen Blume deutlich macht, ein umfassendes erotisches Weltverhältnis.

Will man dieser durchgängigen Erotisierung im Roman gerecht werden und sie nicht vorschnell einengen, muß man zunächst einmal sehen, daß Novalis hier in einer geistigen Tradition steht, die in der griechischen Antike mit der Vorstellung des Eros als ordnendem Urprinzip der Weltentstehung begann und im Christentum als Liebesreligion wie in der idealistischen Philosophie entscheidend umgeformt wurde.

Der Gott der Liebe verkörpert in der Antike als kosmogonischer Eros das Weltprinzip der Zeugung und des schöpferischen Lebens sowie als platonischer Eros den Drang nach philosophischer Erkenntnis, die Kraft des Aufschwungs von der Sinnenwelt zu den Ideen. Sie entzündet sich am Anblick des Schönen, das an das von der Seele vor der Geburt erfahrene Urschöne erinnert, und findet als Forschungs- und Schaffensdrang, als geistiger Vereinigungs- und Zeugungstrieb erst Befriedigung im Schauen des Wahren, Schönen, Guten, dem Reich der Ideen.[7] Plotin unterschied zwischen der emporsteigenden (platonischen)

7 Vor diesem Hintergrund hat Heftrich (B 5: 1969, 70–115) den Roman gedeutet.

und einer komplementären, herabsteigenden Liebe (Eros/Agape).

Liebe ist hier und in späteren Entwürfen ein Streben nach Vereinigung, das hervorgeht aus einer ursprünglichen Einheit mit dem ersehnten Gegenstand der Vereinigung. Was in psychoanalytischer Verengung so häufig als »narzißtisch« erscheint, ist also zunächst einmal als philosophischer Versuch zu würdigen, die Einheit und Mannigfaltigkeit der Welt zu denken. Kantianischen Kritikern wiederum ist entgegenzuhalten, daß in den Liebesphilosophien Sollen und Sein nicht verwechselt werden, sondern ersteres in letzterem fundiert wird. Das ist vor allem im Christentum so, das die Liebe nicht mehr als Entwicklungsprinzip faßt, sondern als das sich Erschließende und Absolute überhaupt: »Wer nicht liebt, kennt Gott nicht, Gott ist Liebe« (1. Joh. 4,8). An diese Vorstellung knüpfen die Frühromantiker an, wenn sie die Liebe als Stifterin einer neuen Einheit über der durch das Denken und Handeln in Subjekt und Objekt aufgespaltenen Welt feiern. So ist die Liebe Trieb zur neuen Einheit und deren Zustand zugleich. Diese letztlich philosophisch-metaphysische Dimension der Liebe darf nicht übersehen werden, obgleich es sich lohnt, den *Ofterdingen* auch in anderer Hinsicht als Liebesroman zu lesen.

Denn wenn die Romantiker über die Liebe schreiben, dann geht es fast immer auch um die Geheimnisse der Sexualität. Viele romantische Erzählungen und Gedichte lassen sich als geradezu proto-psychoanalytische Darstellungen von Reifungskrisen lesen, die junge Männer in der Adoleszenz durchstehen müssen, um erwachsen, d. h. – mit Freud – den Ansprüchen von Arbeit und Liebe gerecht werden zu können. Die meisten romantischen Helden scheitern an dieser Aufgabe, sie werden entweder, wie etwa Christian in Tiecks *Runenberg*, wahnsinnig oder sterben, wie z. B. Elis Fröbom in Hoffmanns *Falun*-Erzählung. Beide Helden machen, wie Heinrich von Ofterdingen, ihre ersten Entgrenzungserfahrungen im Innern eines Berges, in Räumen, die an Tristans Minnegrotte oder Tannhäusers Venusberg erinnern und in denen es um erotische Mächte geht. Novalis' Helden bleibt das Schicksal eines Christian oder Elis jedoch erspart. In der psychoanalytischen Romantikforschung ist Novalis deshalb gelegentlich die Rolle dessen zugefallen, der es auch im psychosexuellen Bereich zu keiner Konfrontation und damit zu keiner Entwicklungsmöglichkeit kommen lasse und statt dessen in narzißtischen und inzestuösen Phantasien schwelge; nicht umsonst sei der *Ofterdingen* der einzige Roman der Weltliteratur, in dem der Held ständig von seiner Mutter begleitet werde.

Schon ein erster Blick auf Heinrichs Gänge in die Tiefe lehrt etwas anderes: Der Eröffnungs-Traum ist keineswegs regressiv, sondern von höchster Bewußtheit und von der Erfahrung eines Mangels, eines Bruchs geprägt (s. S. 218–220). Und während die Helden Tiecks und Hoffmanns im Berginnern dämonischen Frauen begegnen, läßt Heinrich im 5. Kapitel seine Mutter im Dorf zurück, begibt sich in Begleitung einiger Männer ins Innere der Erde und trifft dort auf eine Vaterfigur. Von Weiblichkeit ist hier gar nicht die Rede, sondern von der Initiation in seinen künftigen Beruf, der die Ablösung von den Vätern voraussetzt. Sie ist möglich, weil Heinrichs Vater ein gewährenlassender Vater ist und die späteren Vaterfiguren des Romans sich in erster Linie als Mentoren verstehen.

Es bleiben die von der Forschung gelegentlich kritisch kommentierten Lieder des Bergmanns, in denen die Fahrt in die Grube als Einfahrt in den »Schooß« der »Braut« (I,247) beschrieben wird und von der »Mutter weißem Blut« (I,249) die Rede ist. Statt das vorschnell dem Autor als eskapistische Regression anzulasten, sollte man erst einmal wahrnehmen, daß sich Novalis hier einer zu seiner Zeit in den Bergmannsliedern längst topisch gewordenen Metaphorik bedient, nach der etwa der »Mutter weißes Blut« eine goldhaltige Quarzader bezeichnet.

Wichtiger noch ist, daß in beiden Bergmannsliedern etwas geschieht, was bei Tieck und Hoffmann gerade nicht zu finden ist: Während dort die Helden beim Anblick überwältigender Weiblichkeit geradezu erstarren, wird bei Novalis im Innern der Natur gearbeitet; der »Schooß« wird zugleich, im selben Lied, »Werkstatt« (I,247) genannt. Statt Regression werden – auch das hat seine Tradition – »Fleiß« (ebd.) und »Muth« (I,250) beschworen. Ein solcher Bergmann »[v]ertreibt die Geister durch die Geister« (ebd.), d. h. durch Erkenntnis, und er »[m]acht sich der wilden Fluten Meister, / Und heißt sie selbst heraus sich ziehn« (ebd.), d. h., er setzt Pumpwerke zur Grubenentwässerung ein. Es geht nicht an, diese Dimension der literarischen Sprache zu übergehen und einseitig ihren Gegenpol, die Metaphorik der Verflüssigung und der Entgrenzung, zu favorisieren. Gerade die erotische Topik steht im Dienste einer Versöhnung von Arbeit und, wie vor allem die alchimistische Tönung des zweiten Liedes deutlich macht, Erkenntnis im Zeichen der Liebe.

Wenn man dies nicht übersieht, wird erkennbar, daß Novalis im *Ofterdingen* nicht pathologisch-regressive, sondern anspruchsvolle Geschichten von überwundenen Adoleszenzkrisen erzählt. Das ist auch in der Haupthandlung des Romans der Fall, bei der Heinrich Mathilde nach Abschluß seiner ›Bildungsreise‹ begegnet und die Verbindung der beiden auf vielfache Weise mit seiner Entwicklung und Ausbildung zum Dichter verknüpft wird. Aus psychoanalytischer Sicht aufschlußreicher sind aber die Nebenhandlungen und eingelegten Erzählungen, vor allem, wie abschließend noch gezeigt werden soll, Klingsohrs Märchen. Zuvor sei aber ein kurzer Hinweis auf die Lebensgeschichte gestattet.

Daß Novalis solche Geschichten schreiben wollte und konnte, ist angesichts seiner Lebenssituation in Freiberg leicht verständlich. Das wird vor dem Hintergrund des Falun-Stoffes besonders deutlich. In dessen Bearbeitungen geht ein junger Bergmann eine Verbindung mit der Tochter eines Grubenbesitzers ein, erliegt dann aber im entscheidenden Moment, unmittelbar vor der Hochzeit, der Faszination der Mutter-Repräsentantin im Berginnern. Novalis befand sich in Freiberg biographisch in einer vergleichbaren Ausgangslage. Er war mit Julie von Charpentier verlobt, der Tochter eines Freiberger Berghauptmanns. Die erwünschte Heirat setzte einiges an beruflichem Erfolg voraus, und das wiederum zwang zu verstärkter Selbstdisziplinierung und Selbstbestimmung, von denen Novalis' Briefe und Tagebücher auch zu anderen Zeiten schon häufig genug sprechen. Dieselbe Konstellation wiederholt sich im *Ofterdingen* in der Jugendgeschichte des Bergmanns, die dieser Heinrich erzählt. Wie im Falle von Novalis liegt der Akzent auf dem Zusammenhang von Arbeit und Liebe. Voraussetzung für Verlobung und Heirat ist, daß er »ein rechtlicher Bergmann«, ein »Häuer« (I,244), wird. Während Elis Fröbom am Hochzeitstag vor der wirklichen Frau in die Tiefe zur imaginären Mutter flieht, kommt die Hochzeit im *Ofterdingen* tatsächlich zustande. Sie ist deutlich als Vermittlung der Ansprüche von Arbeit und Liebe gekennzeichnet: Noch als Lehrhäuer findet der Bergmann eine reiche Ader und empfängt vom Herzog eine goldene Kette, die er dann am Hochzeitstag seiner Braut umhängen wird, und er erhält vom Landesherren das Versprechen, einst den Dienst seines Schwiegervaters übernehmen zu dürfen.

Novalis hat die Parallele zur eigenen Lebensgeschichte noch verstärkt, indem er den Bergmann erstmals an einem »sechzehnten März« (I,242) Gold finden läßt, dem Geburtstag Julie von Charpentiers. Alles in allem also ein sehr freundlicher Umgang mit dem Problem der ödipalen Entmachtung.

Im Innern eines Berges, also durch Absperrung von der Außenwelt, ein ewiges Leben zu leben, sich die Lebensfrische eines zu Falun verschütteten Bergmanns zu bewahren oder im Uterus des Kyffhäusers alterslos zu bleiben wie Christian im Runenberg – all dies waren keine Wunschbilder von Novalis. Sein Weg nach innen führt auch wieder heraus.

Im *Ofterdingen* wird das unter dem Vorzeichen der Liebe auf komplexe und eindrucksvolle Weise in Klingsohrs Märchen gestaltet. In ihm sind die beiden Bedeutungsebenen der romantischen Liebe, die der zwischenmenschlichen Beziehung und die der Metaphysik, besonders dicht.

Als Beziehungs- und Reifungsgeschichte erzählt Klingsohrs Märchen vom Knaben Eros, und das ist aus psychoanalytischer Perspektive deswegen besonders interessant, weil Novalis seinen Helden vorübergehend einen Irrweg gehen läßt. Dabei geht es um die inzestuöse Verstrickung, der andere romantische Helden so gerne erliegen.

Auf der (Lebens-)Reise von den Eltern zur künftigen Geliebten, Freya, wird Eros von Ginnistan begleitet, seiner Amme, die jedoch die Gestalt seiner Mutter angenommen hat. Sohn und Muttergestalt geben sich bald einem »verbotenen Rausche« (I,305) hin und überlassen sich »den wollüstigsten Genüssen« (I,300) eines inzestuösen Verhältnisses. Die Folgen für Eros sind unübersehbar: Ihm wachsen Flügel aus den Schultern, in der Kunst das traditionelle Attribut des Eros, hier aber Zeichen für eine Regression eines jungen Mannes zum geflügelten Knaben: »Die Kraft, die ihn so plötzlich aus einem Knaben zum Jünglinge quellend getrieben, schien sich ganz in die glänzenden Schwingen gezogen zu haben, und er war wieder zum Knaben geworden« (I,305).

Das liest sich wie eine Vorwegnahme der Ansicht Freuds, die Errichtung der Inzestschranke sei für eine geglückte psychosexuelle Entwicklung unabdingbar. Friedrich A. Kittler (B 7: 1981) hat aber gezeigt, daß man auch noch Einsichten Lacans in Klingsohrs Märchen wiederfinden kann. So scheint es sich bei Eros' Begehren nach der Gestalt (Imago) der Mutter nicht um einen ursprünglichen Wunsch zu handeln, sondern um die Folgen einer Wunschverschreibung in Gestalt eines paradoxen Verbots: Das Inzesttabu wird im selben Satz errichtet und unterlaufen, wenn Sophie über Ginnistan zu Eros sagt: »Sie wird die Gestalt deiner Mutter annehmen, um dich nicht in Versuchung zu führen« (I,296). Ferner scheint das Ziel des Inzests wie bei Lacan die imaginäre Tilgung eines Mangels zu sein. Das wird Eros bildhaft vorgeführt im Schauspiel des Mondes, dessen Schlußtableau Eros selbst in der Umarmung eines Mädchens zeigt: »Eine [...] Blüthe schloß sich um beyde her, so daß sie von den Hüften an in Eine Blume verwandelt zu seyn schienen« (I,300). Kittler hat dies als Herstellung einer imaginären Ganzheit gelesen, wie sie Lacan als Effekt des Spiegelstadiums beschrieben hat: Das gespiegelte Ideal-Ich verdeckt die Erfahrungen eines zu früh geborenen, sich als abhängig und körperlich mangelhaft erlebenden menschlichen Wesens. Diese narzißtische Liebe zum Ideal-Ich ist wiederum Reflex des Begehrens eines Anderen. Der dem Schauspiel folgende Beischlaf von Eros und Ginnistan zeige Eros als den von der Mutter begehrten Phallus. Damit komme zu dem paradoxen Verbot und der imaginären Ganzheit als dritte Bedingung für den Inzest die Imagination einer idealen Geliebten (Freya) hinzu.

Auch in dieser Sicht beschreibt Klingsohrs Märchen also einen klassischen Ödipus, an dessen notwendiger Auflösung der Held vorerst scheitert. Mit dem nomadisierenden und »überall Verwüstungen« (I,306) anrichtenden Eros erreicht diese Fehlentwicklung ihren Höhepunkt und das Märchen seine Antiklimax. Die Wende wird dann dadurch erreicht, daß Perseus Eros die Flügel abschneidet, eine Handlung, die sich aus psychoanalytischer Sicht als symbolische Kastration verstehen läßt. Dabei übernehmen weder Perseus, der »alte Held«, noch eine der anderen Vaterfiguren die Funktion des imaginären Phallus. Das Ganzheitsphantasma wird also nachhaltig zerstört. Deshalb führt die Beschneidung zu den Paarbildungen des Schlußtableaus, zunächst zwischen Ginnistan und dem Vater, dann zwischen Eros, der zuvor bezeichnenderweise sein Schwert wegwirft, und Freya und schließlich zwischen Sophie und Arctur; hinzu kommen die vom Volk gebildeten Liebespaare. Die Normierung des Begehrens ist also Ausdruck der Integration eines Mangels »im Namen des Vaters« (Lacan).

Novalis wäre kein Romantiker, wenn er es einfach dabei beließe. Schon das über dem Ganzen schwebende Paar Phönix und Fabel setzt der neuen Ordnung ein kleines Irrlicht auf. Vor allem aber ist die Mutter, das Bild des gemeinsamen Ursprungs, nicht einfach ausgeschlossen, sondern, nachdem alle vom Aschetrank Sophies gekostet haben, anwesend. Das ist, anders als Kittler meint, keine vollständige Zurücknahme der soeben errichteten symbolischen Ordnung. Denn deren Repräsentanten, die in Lacans Psychoanalyse die leere Stelle des Dritten, des Vaters besetzen, sind auch am Schluß des Märchens anwesend: Perseus, der Mond und Eros' Vater. Vor allem aber ergibt sich die »geheimnißvolle Anwesenheit« (I,312) der Mutter daraus, daß sie ihre Abwesenheit einschließt. Die Mutter ist erst nach der Trennung von ihr, nach ihrem Tod als innere Repräsentanz anwesend. Das entspricht dem Verhältnis von Zeit und Ewigkeit, wie es von Anfang an im Uroboros, dem Schlangenkreis, symbolisiert wird: »So, wie im Schlangenkreis die getrennten Pole noch als Kopf und Schwanz sichtbar sind, bleibt die Zeit der Trennung in der Ewigkeit präsent, da sie sich nur im unendlichen Prozeß der Selbstentäußerung verwirklichen kann. Das Zentrum der neuen Liebe ist das Bewußtsein des Verlustes der Mutter, und die zeitlichen Ekstasen sind das notwendige Darstellungsmittel der Ewigkeit« (Vietor, B 7: 1995, 106). Auch am Ende von Klingsohrs Märchen steht somit keine narzißtische Regression, sondern die Darstellung einer Ordnung des Begehrens, die zugleich affirmiert und unterlaufen wird.

So aufschlußreich und faszinierend solche psychoanalytischen Sichtweisen sind: Die Bedeutung der Erotik gerade in Klingsohrs Märchen kommt dadurch nur unzureichend in den Blick, denn es thematisiert nicht nur die Liebe zwischen

Menschen, sondern darüber hinaus die Liebe als umfassendere, metaphysische Macht. Beides überlagert sich auf vielfache Weise, u. a. deshalb, weil die Figuren Allegorien sind und weil das Märchen in drei unterschiedlichen Welten, der Astralwelt, der Menschenwelt und der Unterwelt, spielt. So ist die Liebesgeschichte zwischen Eros und Freya vor allem ein den ganzen Kosmos umfassendes Erlösungsmärchen. Zentrale Bildelemente – gerade was die metaphysische Liebe betrifft – hat Novalis dabei der Theosophie Böhmes entlehnt, den er im Dezember 1799, also unmittelbar vor der Niederschrift des Märchens, studierte (vgl. Paschek, B 5: 1966). Von daher stammt das zentrale Motiv der Krönung der Braut durch den Bräutigam und der – Alchimistisches aufgreifenden – »chymischen Hochzeit«, und die Figur der Sophie erinnert an Böhmes »göttliche Sophia«. Beide sind Mittlerinnen zu einem als »mütterlich« qualifizierten Urgrund aller Dinge und erscheinen als »himmlische Braut« und als »Weisheit«. Hinzu kommen Entsprechungen zwischen Sophies Aschentrank und der theosophischen Auslegung der Taufe als geistiger Wiedergeburt.

Im *Allgemeinen Brouillon* hat Novalis den Bezug der Theosophie zur romantischen Naturphilosophie im Zeichen der Liebe hervorgehoben:

> THEOSOPHIE. Gott *ist die Liebe*. Die Liebe ist das höchste *Reale* – der Urgrund.
> ENC[YCLOPÄDISTIK]. Theorie der Liebe ist die *höchste* W[issenschaft] – die NaturWissenschaft – oder WissenschaftNatur.
> *Philielogia* (oder auch Philologie.)
>
> (III,254:79)

Von da aus ließe sich der ganze *Ofterdingen* als naturphilosophischer Roman lesen (vgl. Mahoney, B 5: 1980, 53–72). Schon der Traum von der blauen Blume führt auf eine metaphysische Konstruktion der Natur, und am Ende sollte Heinrich die Einheit mit ihr in Metamorphosen durchleben.

Der Weg dazwischen ist, gemäß der Grundkonzeption des Romans, als sich allmählich beruhigender »Kampf der Poësie und Unpoësie« (III,639:510) angelegt. Klingsohr sieht ihn auch in der Natur walten, die man keineswegs »zu allen Zeiten« wie einen »Poeten« ansehen dürfe: »Es ist in ihr, wie in dem Menschen, ein entgegensetztes Wesen, die dumpfe Begierde und die stumpfe Gefühllosigkeit und Trägheit, die einen rastlosen Streit mit der Poesie führen« (I,284).

Schon im 5. Kapitel hatte der Graf von Hohenzollern im Gespräch mit dem Bergmann die Naturgeschichte als Katastrophengeschichte dargestellt, allerdings auch als fortschreitende, sich vergrößernde Evolution, die in der Gegenwart zu einer »allmählige[n] Beruhigung der Natur« (I,261) geführt habe: »[...] je mehr sich ihre erzeugende Kraft erschöpft hat, desto mehr haben ihre bildenden, veredelnden und geselligen Kräfte zugenommen, ihr Gemüth ist empfänglicher und zarter, ihre Fantasie mannichfaltiger und sinnbildlicher, ihre Hand leichter und kunstreicher geworden. Sie nähert sich dem Menschen« (I,262).

Im zweiten Teil des Romans, in dem die Verwandlung der Welt eingesetzt hat und die Erfüllung bevorsteht, bestätigt sich diese Sicht an entscheidender Stelle: Die Vision des verzweifelten Pilgers Heinrich wird dadurch eingeleitet, daß er weinend einen Felsen umarmt und um Hilfe fleht.

Klingsohrs Märchen verdichtet diese naturphilosophische Bedeutungsebene auf faszinierende Weise durch die große Rolle des Galvanismus und, ihm zugeordnet, des Magnetismus als belebende Kräfte (vgl. Diez, B 7: 1933; Wetzels, B 7: 1973; Esselborn, B 7: 1987). Im Hintergrund stehen dabei romantische Vorstellungen von der Weltseele und Novalis' Überlegung, ob der Galvanismus »vielleicht nichts, als höheres Bewußts[eyn] – der Natur – Naturseele – Geist des Ganzen – politische Action der Naturkörper« (III,603:306) sei, »*innres Licht*. Spur der Empfindung im anorgischen Reiche« (III,604:307).

Das gipfelt im Märchen in der letzten Erweckung, mit der der Anbruch der neuen Zeit besiegelt wird. Die Begegnung zwischen Eros und Freya ist als Kombination elektrostatischer und galvanischer Effekte angelegt, die durch das klassische Mittel der Märchenerlösung, den Kuß, vollendet werden. Solche Motivlegierungen suggerieren Analogien zwischen unterschiedlichen Vorstellungsbereichen und erzeugen Ideeninterferenzen, die im Sinne der Utopie, der Hypothese außerhalb des Märchens wirksam werden sollen.

Die zentrale Rolle der Liebe in Klingsohrs Märchen führt aber nicht nur auf die Theosophie und die Naturphilosophie, sondern auch auf die Beziehungen zwischen klassischer und romantischer Weltsicht. Wichtiger noch als die Beziehungen zu Böhme sind die zu Goethes *Märchen* aus den *Unterhaltungen deutscher Ausgewanderten* (1795). Viele Figuren (die wichtigste Ausnahme ist Sophie), Requisiten, Motive und Themen in Klingsohrs Märchen haben ihre Entsprechung bei Goethe, sie werden bei Novalis aber in charakteristischer Weise umgeformt (vgl. dazu zuletzt Vietor, B 7: 1995). In der Motivik steigert sich dies bis zur pointierten Entgegensetzung: Während bei Goethe die Sonne eine positive, ordnende Funktion hat, muß sie bei Novalis durch die Flamme des Scheiterhaufens, auf dem die Mutter verbrannt wird, entmachtet werden, damit das Märchen zu einem glücklichen Ende kommen kann. Inhaltlich betrifft die Umformung vor allem die Rolle der Liebe. Beide Märchen erzählen von einem Wunder der Verwandlung, aber bei Goethe hat dieses zu tun mit dem Gesetz der Verwandlung und Entwicklung alles Lebendigen, mit den Prinzipien der Metamorphose, Steigerung und Organisation. Dieser Prozeß kommt am Märchenende zur Ruhe und umfaßt auch keine Erlösung der Natur oder gar des ganzen Kosmos. Klingsohrs Märchen dagegen inszeniert eine umfassendere poetische Auflösung und Verwandlung gedanklicher Strukturen, an seinem Ende lösen sich die starren

Grenzen der räumlich und zeitlich getrennten Reiche auf und gehen ineinander über. »Und während die Liebe bei Goethe nur ›bildet‹, aber nicht herrscht, wird ihr bei Novalis die Königswürde übertragen. Ihr Geltungsanspruch wie auch ihr Geltungsbereich sind im Klingsohr-Märchen umfassender« (Stadler, B 7: 1981, 149). So ist die Liebe bei Novalis die Macht unendlicher Verwandlungen.

Wie bei Goethe hat aber auch bei Novalis die Liebe eine politisch-utopische Dimension. Goethe entwirft im *Märchen* das Ideal einer repräsentativen Monarchie, ähnlich wie Novalis in *Glauben und Liebe*. Am Ende von Goethes *Märchen* wird die alte Herrschaft durch Liebe neu legitimiert, wobei das Volk von der moralischen Entwicklung ausgeschlossen bleibt. Bei Novalis wird – symbolisiert durch die Verwandlung des Throns in ein Hochzeitsbett und dadurch, daß »man lichte Ringe um jedes Haupt« (I,314) sieht – die Herrschaftsordnung aufgelöst, und alle Menschen werden thronfähig. Alle politischen, äußerlichen Formen lösen sich auf, die Welt wird »ein großes Gemüth«. »An die Stelle der Sozialutopie [Goethes] tritt die Utopie der Welterlösung durch Poesie und Liebe« (Vietor, B 7: 1995, 118).

Romantisieren – Poetisieren

Der frühromantische Roman ist bei Novalis konzipiert als Fortführung und Überbietung dessen, was theoretische Systeme entwerfen, durch die Dichtung. Deshalb ist der *Ofterdingen* zuletzt und zuerst ein Roman über die Dichtung.

Er beginnt mit einem Weg nach innen, ins Innere des Ich, des träumenden Heinrich. In einem Traum begibt sich Heinrich durch einen Gang ins Innere eines Berges,

> bis zu einer großen Weitung, aus der ihm schon von fern ein helles Licht entgegen glänzte. Wie er hineintrat, ward er einen mächtigen Strahl gewahr, der wie aus einem Springquell bis an die Decke des Gewölbes stieg, und oben in unzählige Funken zerstäubte, die sich unten in einem großen Becken sammelten; der Strahl glänzte wie entzündetes Gold; nicht das mindeste Geräusch war zu hören, eine heilige Stille umgab das herrliche Schauspiel. [...] Die Wände der Höhle waren mit dieser Flüssigkeit überzogen, die nicht heiß, sondern kühl war, und an den Wänden nur ein mattes, bläuliches Licht von sich warf. Er tauchte seine Hand in das Becken und benetzte seine Lippen. Es war, als durchdränge ihn ein geistiger Hauch, und er fühlte sich innigst gestärkt und erfrischt. Ein unwiderstehliches Verlangen ergriff ihn sich zu baden, er entkleidete sich und stieg in das Becken [...]; eine himmlische Empfindung überströmte sein Inneres; mit inniger Wollust strebten unzählbare Gedanken in ihm sich zu vermischen; neue, niegesehene Bilder entstanden, die auch in einander flossen und zu sichtbaren Wesen um ihn wurden, und jede Welle des lieblichen Elements schmiegte sich wie ein zarter Busen an ihn. Die Flut schien eine Auflösung reizender Mädchen, die an dem Jüngling sich augenblicklich verkörperten.
>
> Berauscht von Entzücken und doch jedes Eindrucks bewußt, schwamm er gemach dem leuchtenden Strome nach, der aus dem Becken in den Felsen hineinfloß. Eine Art von süßem Schlummer befiel ihn, in welchem er unbeschreibliche Begebenheiten träumte, und woraus ihn eine andere Erleuchtung weckte. (I,196 f.)

Diese Passage beschreibt eine geistige Initiation. Sie läßt sich lesen als allegorische Darstellung der intellektualen Anschauung, wie Novalis sie konzipiert hat. Es geht nicht um einen mystischen Sinn für die Einheit der kosmischen

Kräfte der Natur, also um das, was Schelling als ein »spinozistisches« Sich-Verlieren in der Unendlichkeit kritisiert hat, sondern es geht um die intellektuale Anschauung eines transzendentalen Selbst (vgl. Neubauer, B 7: 1980, 475 f.). Der goldene Strahl wird erst nach der Brechung seiner Ursprungskraft am Gewölbe zum allerneuernden Lebensquell. Sein Ursprung bleibt Geheimnis. Auch das höchste uns mögliche Bewußtsein zeigt das Absolute als Verfehltes, Mangelndes, zeigt die Uneinholbarkeit des Grundes. Anschaubar ist die ihm entspringende Kraft, »berührt« wird nur das reflektierte und vermannigfaltigte »Geisteswasser«.[8] Die intellektuale Anschauung führt bis zu jenem Schnitt- oder Umkehrpunkt des Ordo inversus, der Inversionsbewegung von Gefühl und Gedanke, die Hardenberg hier anschaulich gestaltet in paradoxen Fügungen wie »der innigen Wollust der Gedanken« oder »berauscht und bewußt« und im beständigen Wechsel und Gestaltwandel der Empfindungen und Gedanken. Hier wird jene »*lebendige* Reflexion« (II,525:13) poetisch dargestellt, von der Novalis in der Freiberger Zeit spricht. Nach seiner Brechung wird der goldene Strahl zu einer bläulich schimmernden Flüssigkeit. Das leitet im Roman über zum nächsten Traum, in dem die Welt in unterschiedlichen Blautönen erscheint und Heinrich die blaue Blume sieht.

Ihre Farbe dürfte sie vor allem Goethes frühen Beiträgen zur Optik verdanken, die Novalis kannte. Goethe zufolge entstehen die Farben an der Tangente des Gegensatzes von hell und dunkel. Dabei ergeben sich Gold und Blau als die beiden absoluten Farben, in denen die polare Spannung zur Auflösung kommt. Novalis hat diese beiden Farben zu den Leitfarben seines Romans gemacht. Blau erhellt, bei Goethe wie Novalis, die Einheit der Gegensätze vom Dunklen her (vgl. von Molnár, B 7: 1973). So wird die blaue Blume zum Sinnbild *unendlicher* Anziehung. Das Bad vermittelt Hein-

8 Zur Interpretation dieser Passage vgl. u. a. Strack, B 5: 1982, 45 f.

rich das Gefühl einer unendlichen Vereinigung, die sich als unablässiger Gestaltwandel vollzieht. Sie soll dann auch in Raum und Zeit eingelöst werden; deshalb ist es nur folgerichtig, daß Heinrich an dieser Stelle aus seinen Träumen geweckt wird.

Diese Beziehung zwischen zeitlosem Absoluten und Leben oder Geschichte im Medium der Dichtung wiederholt sich noch mehrfach im Roman. Besonders prägnant ist dies bei Heinrichs zweitem, realen Gang in die Tiefe, im 5. Kapitel, als er im Berginnern auf den Einsiedler, den Grafen von Hohenzollern, stößt.

Heinrich entdeckt bei dieser Begegnung ein Buch in fremder, provenzalischer Sprache. Es enthält, wie er den Bildern entnehmen kann, seine eigene Lebensgeschichte in Vergangenheit und Zukunft, so wie sie der Roman erzählt. Vom Einsiedler erfährt er, daß es sich um einen »Roman von den wunderbaren Schicksalen eines Dichters« handle, »worinn die Dichtkunst in ihren mannichfachen Verhältnissen dargestellt und gepriesen wird« (I,265).

Heinrich, »das Organ des Dichters« (I,340), trifft also auf sich selbst, die Dichtung reflektiert sich, potenziert sich im Blick auf mögliche Abschließbarkeit oder Erfüllung. Romantisieren heißt aber auch Logarithmieren: Die poetische Geschichte in provenzalischer Sprache macht den Roman *Heinrich von Ofterdingen* ebensowenig überflüssig wie die ästhetische Utopie die utopiegeleitete Praxis überflüssig machen soll.

Deshalb macht es Sinn, daß die Transzendentalpoesie in Gestalt des gefundenen Buches den Index eines Mangels trägt: Nur die Bilder sind verständlich, nicht aber der Text, und vor allem: der Schluß der Handschrift fehlt. Damit wird Heinrich wieder an die Erdoberfläche und die Weiterreise verwiesen.

Sein Blick soll – wie der des Lesers – auf den unabschließbaren Weg gelenkt werden, ohne den alle Rede von Synthesis wahnhafte Züge annimmt. Das entspricht der Gesamtstruktur des Romans, der beständig unterschiedliche Räume, Zeiten und Figuren ineinander spiegelt und so ein immer dichter werdendes Netz von Korrespondenzen und Analogien knüpft. Pointiert hat Novalis in den *Blüthenstaub*-Fragmenten festgehalten:

> Der Gang der Approximation ist aus zunehmenden Progressen und Regressen zusammengesezt. Beyde retardieren – Beyde beschleunigen – beyde führen zum Ziel. So scheint sich im Roman der Dichter bald dem Ziel zu nähern, bald wieder zu entfernen und nie ist es näher, als wenn es am entferntesten zu seyn scheint.
> (II,456:98)

In dieser Bewegung, die Novalis »Romantisieren« genannt hat, liegt das Ziel des Buches, nicht einfach in der poetischen Illustration einer abgeschlossenen Synthesis. Die »höhere Welt« bleibt Postulat, »Glaubensconstruction – Construction durch Annahmen« (II,387:44), und diesen Postulatcharakter macht die Dichtung deutlich. In diesem Sinne war die Poesie für Novalis »*Gemütherregungskunst*« (III,639:507). Noch die Bilder der Versöhnung, die die Träume, Märchen und Lieder des Romans enthalten, sind durch das Bewußtsein eines Mangels charakterisiert, der auf die Geschichte zurückverweist – und umgekehrt. In diesem weiteren Sinne wäre letztlich das bereits zitierte Diktum zu verstehen: »Der Roman ist aus Mangel der Geschichte entstanden« (III,668:607). Das war denn auch die Lehre des Grafen von Hohenzollern über das Verhältnis von Geschichtsschreibung und Dichtung, mit der Heinrich wieder an eine offene Zukunft verwiesen wurde.

Daß sie prinzipiell offenbleibt und die Geschichte, um sie zu erkennen und zu befördern, eingespannt werden muß zwischen zwei zeitlose Pole, Erinnerung und Ahnung, das demonstriert auf besondere Weise das Märchen, das Klingsohr im 9. Kapitel des Romans erzählt. Es steht am Ende des ersten Teils, also am Ende der »Erwartung«, und es enthält in symbolischer Überhöhung den Roman in nuce, nimmt also auch den zweiten Teil, die »Erfüllung«, vorweg.

Klingsohrs Märchen nimmt seinen Ausgang von einer erstarrten Welt und endet mit ihrer Verflüssigung. Die anfänglich getrennten Reiche bewegen sich aufeinander zu, die Figuren können ihre Plätze wechseln und werden zu »Variationen Eines vollständigen Individuums« (II,564:198). Sie sind, was an die Kinder- und Hausmärchen der Grimms gewöhnte Leser immer wieder gestört hat, als Allegorien angelegt, d. h. als Personifikationen abstrakter Begriffe. Viele von ihnen lassen sich mit Aufzeichnungen im *Allgemeinen Brouillon* über die verschiedenen Kräfte des Gemüts in Verbindung bringen. So verkörpert Eros die Liebe, der Vater die Sinne oder das Gedächtnis, die Mutter das Herz, Ginnistan die Phantasie, Fabel die Poesie, der Schreiber den Verstand, Sophie die Weisheit oder die Vernunft. Gleichwohl läßt sich gerade Klingsohrs Märchen nicht entschlüsseln. Das liegt zum einen daran, daß die Allegorien nicht auf bekannte Begrifflichkeiten verweisen, sondern auf eine interpretationsbedürftige romantische Anthropologie. Hinzu kommt, daß sich mehrere Verweisungszusammenhänge überlagern, u. a. griechische und nordische Mythologie, andere Märchenvorlagen, Theosophie und Naturphilosophie. Weitere Deutungsmöglichkeiten ergeben sich aus den Entsprechungen zwischen dem Märchen und der Romanhandlung. So mag die irdische Welt des Märchens die Familie von Ofterdingen spiegeln, wobei jede Romanfigur durch zwei Märchenallegorien verkörpert wird: Heinrich durch Eros und Fabel, der Vater durch den Vater und den Schreiber, die Mutter durch die Mutter und Ginnistan. Weitere Bezüge ließen sich zu Mathildes Familie und zur Romanhandlung herstellen. Dennoch führen alle Versuche einer allegorischen Entschlüsselung im traditionellen Sinne in die Räume des Unsinns. Novalis selbst hat in einem Brief an Schlegel vom 18. Juni 1800 einen Hinweis darauf gegeben, wie statt dessen zu lesen sei: »Die Antipathie gegen Licht und Schatten, die Sehnsucht nach klaren, heißen, durchdringenden Aether, das *Unbekannt Heilige*, die Vesta, in Sofieen, die Vermischung des Romantischen aller Zeiten, der Petrificirende und Petrificirte Verstand, Arctur, der Zufall, der Geist des Lebens, Einzelne Züge blos, als Arabesken – so betrachte nun mein Märchen« (IV,333).

Entscheidend ist also, bei jeder Deutung des Märchens im Blick zu behalten, daß in der frühromantischen Dichtung die Bedeutungen in Fluß geraten und sich verschieben. Eben dies hat Walter Benjamin als Besonderheit der romantischen Allegorie hervorgehoben und den Grund dafür in ihrem besonderen Verhältnis zur Zeit gesehen.[9] Im Anschluß an die romantischen Mythologen Creuzer und Görres definiert er die romantische Allegorie als verzeitlichtes Abbild der Idee, nicht als anschauliche Vergegenwärtigung einer stillgestellten Totalität, wie sie nach Benjamin das Symbol kennzeichnet.

Ob diese Unterscheidung von Allegorie und Symbol stichhaltig ist, sei dahingestellt; Novalis hat begrifflich nicht zwischen beidem differenziert. Jedenfalls aber trifft Benjamins Beschreibung der romantischen Allegorie die Bildlichkeit des Novalis im Kern: In ihr geht es um unendliche Prozessualisierung und Approximation und natürlich nur um eine zeichenhafte Vergegenwärtigung des Absoluten, nicht um dessen Präsenz. Noch die Bilder des Abschlusses enthalten diesen Index. Dies gilt auch für das scheinbar nicht mehr allegorische, sondern symbolische, die Erfüllung in der Zuständlichkeit des Sinnbildes repräsentierende Schlußtableau von Klingsohrs Märchen.

Denn zum einen ist es in sich als Kette von Verwandlungen konzipiert. Schon nach Sophies Aschentrank heißt es in Anspielung auf das Figuralschema von Erwartung und Erfüllung: »Die Erwartung war erfüllt und übertroffen«

9 Vgl. Walter Benjamin, *Ursprung des deutschen Trauerspiels*, Frankfurt a. M. 1990.

(I,312). Von jetzt an herrscht ein ewiger »mächtiger Frühling« (ebd.), die Jahreszeit unendlicher Verwandlungen. Die folgende Begegnung von Eros und Freya, die ihren »ewigen Bund« (I,313) schließen, die Verbindung Arcturs mit Sophie, die den beiden die Königswürde übertragen, und die Hochzeit des Vaters und Ginnistans, die zu den »Statthaltern« des Königspaars »auf Erden« (I,314) werden – all das sind eigentlich bereits Variationen auf das Thema der Erlösung, wobei in den Paaren, wie so oft bei Novalis, die Gegensätze nur vorübergehend zum Ausgleich kommen, um etwas Neues zu zeugen. Diese Wechselrelation von Prozeß und Zustand der Erlösung zeigt sich auch darin, daß die räumlichen Grenzen ebenfalls in Auflösung begriffen sind: die Unterwelt hebt sich in die Menschenwelt, die Astralwelt senkt sich zu ihr herab, und auch das Zwischenreich des Mondes tritt hinzu. Das bedeutet nicht, daß alles eins wird, sondern es symbolisiert die Strukur des ›Eins und Alles‹ als Folge zahlloser unendlicher Verwandlungen.

Sophia Vietor hat in einer sorgsam verfahrenden Interpretation gezeigt, daß sich diese Poetik von der des *Märchens* von Goethe unterscheidet. Gerade der von Novalis wohl bewußt geschaffene Kontrast der Schlußbilder – hier die Stillstellung aller Verwandlungsprozesse in einer an Rom erinnernden Stadtarchitektur, dort die Verwandlung einer kristallinen Stadt in bewegliche Bilder – verweist auf unterschiedliche poetologische Konzepte: »Während in Goethes *Märchen* das Gewebe der Bilder und Figuren auf den Prozeß des Symbolisierens verweist, der die veränderliche, bewegliche Natur in ein gesetzmäßiges, harmonisches Kunstwerk verwandelt, inszeniert das Klingsohr-Märchen ein allegorisches Schauspiel der poetischen Auflösung und Verwandlung gedanklicher Strukuren« (Vietor, B 7: 1995, 125 f.).[10] Die Gemeinsamkeit beider Texte besteht darin, daß

10 Zum Verhältnis zur Klassik vgl. auch Uerlings, B 5: 1990.

sie entschieden zur Aufwertung des Wunderbaren als poetischer Kategorie beigetragen haben. Dennoch lassen sich Goethes und Novalis' »Grundideen nicht vereinbaren. Der klassischen Selbstbeschränkung der schöpferischen Phantasie im Totalität vermittelnden Symbol steht die romantische Entgrenzung des Symbols im unendlichen Streben nach Vermittlung gegenüber« (ebd., 126).[11]

Diese Unabschließbarkeit der Vermittlung wird am Ende von Klingsohrs Märchen noch auf eine zweite Weise symbolisiert: indem sehr pointiert mit Fabel die Selbstreflexion der Poesie in Szene gesetzt wird. Sie ist es, die über allem schwebt und »einen goldnen unzerreißlichen Faden« (I,314) spinnt, den Faden der romantischen Poesie, die alles mit allem verbindet. Fabel hat das letzte Wort im Märchen, und nur mit ihrer Hilfe können die getrennten Kräfte miteinander verbunden und die Erlösung vollbracht werden.

Diese Rolle der Kunst ist der Theosophie und Alchimie ebenso fremd wie dem klassischen Goethe das Unstete, Flüssige, Unendliche und Allumfassende des Erlösungsgeschehens. Sogar die Grundfigur romantischer Geschichtspoetik wird davon erfaßt, wenn Fabel den drei Erweckungen mit der des Atlas noch eine vierte hinzufügt. »Der triadische Aufbau des Geschehens wird von Fabel relativiert, indem sie ihn als hypothetische Konstruktion darstellt, die sich bei ihrer Erfüllung von selbst wieder auflöst und ins Unendliche erweitert« (Vietor, B 7: 1995, 91).

In der Figur der Fabel reflektiert sich somit das Bewußtsein, daß all dies eine narrative Konstruktion ist, »ein verwirrendes Maskenspiel ohne festen Grund und Boden« (ebd., 99). Ob man dies nun als Reallegorisierung des Symbols (vgl. Grob, B 7: 1976, 166–169) oder als »Resymbolisierung der Allegorien« (Vietor, B 7: 1995, 99) faßt, ist

11 Daß Vietor statt von romantischer Allegorie von »romantischer Entgrenzung des Symbols« spricht, liegt daran, daß sie sich hier auf eine Definition des Symbols durch Goethe stützt, die diesem zuspricht, was Benjamin in der romantischen Allegorie erkannte, die Zeitlichkeit.

zweitrangig, denn gemeint ist dasselbe, die Unendlichkeit der romantischen Poesie.

Das für Klingsohrs Märchen Gesagte gilt auch für den *Ofterdingen* und die romantische Dichtung insgesamt im Unterschied zu allen Formen theoretischen Denkens. Nur in der Poesie wird in Novalis' Augen »die höchste Sympathie und Coactivitaet – die innigste, herrlichste Gemeinschaft wircklich. / D[urch] d[ie] Philosophie – möglich« (II,373:32). Während also Philosophie und Wissenschaften über die unendliche Approximation nicht hinauskönnen, kann die Poesie die unendlichen Korrespondenzen der Ideen zu einer »Coexistenz« (II,363:23) verdichten und aus ihnen die »größesten Wahrheiten« (II,368:27) hervorgehen lassen, aber eben nur »sinnbildsam« (II,564:197). Die Poesie »bildet die *schöne* Gesellschaft, oder das *innere Ganze*« (II,372:32).

Bibliographie

Zur Zitierweise

Zitate aus den Werken, Tagebüchern und Briefen von Novalis werden im Text nach der Historisch-kritischen Ausgabe (*Schriften. Die Werke Friedrich von Hardenbergs*, Stuttgart 1960 ff.) nachgewiesen. Die einzelnen Bände werden nach der jüngsten Auflage zitiert. Die Zitatnachweise erfolgen in runden Klammern mit Bandzahl, Seitenzahl und Nummer der Aufzeichnung. In den Zitaten wurden die Zeichen der Historisch-kritischen Ausgabe übernommen:

[ ]	von den Herausgebern hinzugefügt,
< >	von Novalis gestrichen,
kursiv	von Novalis einmal unterstrichen,
g e s p e r r t kursiv	von Novalis doppelt oder mehrfach unterstrichen.

Auf die nachfolgend verzeichneten Titel der Bibliographie (B) wird jeweils in Klammern mit dem Verfassernamen, der Nummer des bibliographischen Abschnitts, dem Publikationsjahr und der Seitenzahl verwiesen (z. B.: Hardenberg, B 5: 1873, 13 f.).

1. Ausgaben

Schriften. Hrsg. von Friedrich Schlegel und Ludwig Tieck. 2 Tle. Berlin 1802. 2. Aufl. 1805. 3. Aufl. 1815. 4., verm. Aufl. 1826. 5. Aufl. 1837. Tl. 3. Hrsg. von Ludwig Tieck und Eduard von Bülow. Berlin 1846.

Schriften. Kritische Neuausgabe auf Grund des handschriftlichen Nachlasses. Hrsg. von Ernst Heilborn. 2 Tle. in 3 Bdn. Berlin 1901.

Schriften. Hrsg. von Jacob Minor. 4 Bde. Jena 1907.

Sämtliche Werke. Hrsg. von Ernst Kammnitzer. 4 Bde. München 1924.

Schriften. Im Verein mit Richard Samuel hrsg. von Paul Kluckhohn. Nach den Hs. erg. und neugeord. Ausg. 4 Bde. Leipzig 1929.

Briefe und Werke. Hrsg. von Ewald Wasmuth. 3 Bde. Berlin 1943.

Werke, Briefe, Dokumente. Hrsg. von Ewald Wasmuth. 4 Bde. Heidelberg 1953–57.

Schriften. Die Werke Friedrich von Hardenbergs. Hrsg. von Paul Kluckhohn und Richard Samuel. 2., nach den Hs. erg., erw. und verb. Aufl. in 4 Bdn. und 1 Begl.-Bd. [Maßgebliche Historisch-kritische Ausgabe.]

Bd. 1: Das dichterische Werk. Hrsg. von Paul Kluckhohn und Richard Samuel unter Mitarb. von Heinz Ritter und Gerhard Schulz. Stuttgart 1960. 3., erw. und verb. Aufl. 1977.

Bd. 2: Das philosophische Werk I. Hrsg. von Richard Samuel in Zsarb. mit Hans-Joachim Mähl und Gerhard Schulz. Stuttgart 1965. 3., erw. und verb. Aufl. 1981.

Bd. 3: Das philosophische Werk II. Hrsg. von Richard Samuel in Zsarb. mit Hans-Joachim Mähl und Gerhard Schulz. Stuttgart 1968. 3., von den Hrsg. durchges. und rev. Aufl. 1983.

Bd. 4: Tagebücher, Briefwechsel, Zeitgenössische Zeugnisse. Hrsg. von Richard Samuel in Zsarb. mit Hans-Joachim Mähl und Gerhard Schulz. Stuttgart 1975.

Bd. 5: Materialien und Register. Hrsg. von Hans-Joachim Mähl und Richard Samuel. Stuttgart 1988.

Ausgewählte Werke. Hrsg. von Claus Träger. Leipzig 1962.

Monolog. Die Lehrlinge zu Sais. Die Christenheit oder Europa. Hymnen an die Nacht. Geistliche Lieder. Heinrich von Ofterdingen. Ludwig Tieck: Novalis' Lebensumstände. Mit einem Essay »Zum Verständnis der Werke« und einer Bibliogr. von Curt Grützmacher. Reinbek bei Hamburg 1963.

Heinrich von Ofterdingen. Ein Roman. Textrev. und Nachw. von Wolfgang Frühwald. Stuttgart 1965. Rev. Ausg. 1987.

Werke. Hrsg. und komm. von Gerhard Schulz. München 1969. Studienausg. 1977. ^{3}1987.

Dichtungen und Prosa. Hrsg. von Claus Träger und Heidi Ruddigkeit. Mit Einl. und Erl. von Claus Träger. Leipzig 1975.

Werke, Tagebücher und Briefe Friedrich von Hardenbergs. Hrsg. von Hans-Joachim Mähl und Richard Samuel.

Bd. 1: Das dichterische Werk, Tagebücher und Briefe. Hrsg. von Richard Samuel. München/Wien 1978.

Bd. 2: Das philosophisch-theoretische Werk. Hrsg. von Hans-Joachim Mähl. München/Wien 1978.
Bd. 3: Kommentar. Von Hans Jürgen Balmes. München. Wien 1987. [Wichtige Ergänzung zum Kommentar der Historisch-kritischen Ausgabe.]
Werke in einem Band. Hrsg. von Hans-Joachim Mähl und Richard Samuel. Komm. von Hans-Joachim Simm unter Mitw. von Agathe Jais. München/Wien 1981. Taschenbuchausg. der 3. Aufl. 1984: München 1995.
Hymnen an die Nacht. Kommentierte Studienausgabe von Bjørn Ekmann. Kopenhagen 1983.
Werke in einem Band. Ausgew. und eingel. von Hans-Dietrich Dahnke. Textrev. und Komm. von Rudolf Walbiner. Berlin/Weimar 1983.
Gedichte. Die Lehrlinge zu Sais. Hrsg. von Johannes Mahr. Stuttgart 1984. Bibliogr. erg. Ausg. 1997.
Fragmente und Studien. Die Christenheit oder Europa. Hrsg. von Carl Paschek. Stuttgart 1984. Bibliogr. erg. Ausg. 1996.

2. Bibliographie, Forschungsbericht

Uerlings, Herbert: Friedrich von Hardenberg, genannt Novalis. Werk und Forschung. Stuttgart 1991. [Umfassende Gesamtdarstellung; enthält auf S. 627–698 eine vollständige Novalis-Bibliographie von 1801–1991.]

3. Sammelbände

Blüthenstaub. Rezeption und Wirkung des Werkes von Novalis. Hrsg. von Herbert Uerlings. Tübingen [i. Vorb.]. (Schriften der Internationalen Novalis-Gesellschaft. 3.)
Die literarische Frühromantik. Hrsg. von Silvio Vietta. Göttingen 1983.

Novalis. Beiträge zu Werk und Persönlichkeit Friedrich von Hardenbergs. Hrsg. von Gerhard Schulz. Darmstadt 1970. 2., erw. Aufl. 1986. (Wege der Forschung. 248.)
Novalis und die Wissenschaften. Hrsg. von Herbert Uerlings. Tübingen 1997. (Schriften der Internationalen Novalis-Gesellschaft. 2.)

4. Epochenüberblick

Behler, Ernst: Frühromantik. Berlin / New York 1992.
Pikulik, Lothar: Frühromantik. Epoche – Werke – Wirkung. München 1992.
Ribbat, Ernst: Die Romantik: Wirkungen der Revolution und neue Formen literarischer Autonomie. In: Geschichte der deutschen Literatur vom 18. Jahrhundert bis zur Gegenwart. Hrsg. von Viktor Zmegac. Bd. I/2. Königstein i. Ts. 1978. S. 92–215.
Romantik-Handbuch. Hrsg. von Helmut Schanze. Stuttgart 1994.
Schulz, Gerhard: Die deutsche Literatur zwischen Französischer Revolution und Restauration. Erster Teil: 1789–1806. München 1983. Zweiter Teil: 1806–1830. München 1989. (Geschichte der deutschen Literatur von den Anfängen bis zur Gegenwart. Bd. 7.1 und 7.2.)
– Romantik. Geschichte und Begriff. München 1996.
Stockinger, Ludwig: Die Auseinandersetzung der Romantiker mit der Aufklärung. In: Romantik-Handbuch, B4: 1994, 79–105.

5. Darstellungen zu Leben und Werk

Albertsen, Leif Ludwig: Novalismus. In: Germanisch-Romanische Monatsschrift 48 (1967) S. 272–285.
Dilthey, Wilhelm: Novalis. In: Preußische Jahrbücher 15 (1865) S. 596–650. – Wiederabgedr. in: W. D.: Das Erlebnis und die Dichtung. Lessing – Goethe – Novalis – Hölderlin. Göttingen [14]1965. S. 187–241.

Dyck, Martin: Novalis and Mathematics. A Study of Friedrich von Hardenberg's Fragments on Mathematics and Its Relation to Magic, Music, Religion, Philosophy, Language and Literature. Chapel Hill 1960.
Frank, Manfred: Die Philosophie des sogenannten »magischen Idealismus«. In: Euphorion 63 (1969) S. 88–116.
– Das Problem »Zeit« in der deutschen Romantik. Zeitbewußtsein und Bewußtsein von Zeitlichkeit in der frühromantischen Philosophie und Tiecks Dichtung. München 1972.
– »Intellektuelle Anschauung«. Drei Stellungnahmen zu einem Deutungsversuch von Selbstbewußtsein: Kant, Fichte, Hölderlin/Novalis. In: Die Aktualität der Frühromantik. Hrsg. von Ernst Behler und Jochen Hörisch. Paderborn/München/Wien/Zürich 1987. S. 96–126.
– Philosophische Grundlagen der Frühromantik. In: Athenäum. Jahrbuch für Romantik 4 (1994) S. 37–130.
– / Kurz, Gerhard: Ordo inversus. Zu einer Reflexionsfigur bei Novalis, Hölderlin, Kleist und Kafka. In: Geist und Zeichen. Fs. Arthur Henkel. Hrsg. von Herbert Anton, Bernhard Gajek und Peter Pfaff. Heidelberg 1977. S. 75–92.
Gaier, Ulrich: Krumme Regel. Novalis' »Konstruktionslehre des schaffenden Geistes« und ihre Tradition. Tübingen 1970.
Goodbody, Axel: Natursprache. Ein dichtungstheoretisches Konzept der Romantik und seine Wiederaufnahme in der modernen Naturlyrik (Novalis – Eichendorff – Lehmann – Eich). Neumünster 1984.
Hamburger, Käte: Novalis und die Mathematik. Eine Studie zur Erkenntnistheorie der Romantik. In: Romantik-Forschungen. Halle 1929. S. 113–184. – Überarb. wiederabgedr. in: K. H.: Philosophie der Dichter. Stuttgart 1966. S. 11–82.
[Hardenberg, Sophia von:] Friedrich von Hardenberg (genannt Novalis). Eine Nachlese aus den Quellen des Familienarchivs. Hrsg. von einem Mitglied der Familie. Gotha 1873. ^{2}1883.
Haslinger, Josef: Die Ästhetik des Novalis. Königstein i. Ts. 1981.
Heftrich, Eckhard: Novalis. Vom Logos der Philosophie. Frankfurt a. M. 1969.
Heselhaus, Clemens: Die Wilhelm-Meister-Kritik der Romantiker und die romantische Romantheorie. In: Nachahmung und Illusion. Kolloquium Gießen, Juni 1963. Vorlagen und Verhandlungen. Hrsg. von Hans Robert Jauß. München 1964. (Poetik und Hermeneutik. 1.) S. 113–127.

Hörisch, Jochen: Die fröhliche Wissenschaft von der Poesie. Der Universalitätsanspruch von Dichtung in der frühromantischen Poetologie. Frankfurt a. M. 1976.
Janke, Wolfgang: Enttönter Gesang – Sprache und Wahrheit in den Fichte-Studien des Novalis. In: Erneuerung der Transzendentalphilosophie im Anschluß an Kant und Fichte. Hrsg. von Klaus Hammacher und Albert Mues. Stuttgart-Bad Cannstatt 1979. S. 168–203.
Janz, Rolf-Peter: Autonomie und soziale Funktion der Kunst. Studien zur Ästhetik von Schiller und Novalis. Stuttgart 1973.
Kapitza, Peter: Die frühromantische Theorie der Mischung. Über den Zusammenhang von romantischer Dichtungstheorie und zeitgenössischer Chemie. München 1968.
Kasperowski, Ira: Mittelalterrezeption im Werk des Novalis. Tübingen 1994.
Kurzke, Hermann: Romantik und Konservatismus. Das »politische« Werk Friedrich von Hardenbergs (Novalis) im Horizont seiner Wirkungsgeschichte. München 1983.
– Novalis. München 1988.
Kuzniar, Alice A.: Delayed Endings. Nonclosure in Novalis and Hölderlin. Athens, Georgia, 1986.
Lindemann, Klaus: Geistlicher Stand und religiöses Mittlertum. Ein Beitrag zur Religionsauffassung der Frühromantik in Dichtung und Philosophie. Frankfurt a. M. 1971.
Link, Hannelore: Abstraktion und Poesie im Werk des Novalis. Stuttgart 1971.
Lützeler, Paul Michael: Einleitung. In: Europa. Analysen und Visionen der Romantiker. Hrsg. von P. M. L. Frankfurt a. M. 1982. S. 9–53.
Lukács, Georg: Novalis (1907). In: Novalis, B3: 1970, 20–35.
Mähl, Hans-Joachim: Novalis und Plotin. Untersuchungen zu einer neuen Edition und Interpretation des *Allgemeinen Brouillon*. In: Jahrbuch des Freien deutschen Hochstifts 1963. S. 139–250. – Gekürzt wiederabgedr. in: Novalis, B 3: 1970, 357–423.
– Novalis' Wilhelm-Meister-Studien des Jahres 1797. In: Neophilologus 47 (1963) S. 286–305. [1963a.]
– Die Idee des goldenen Zeitalters im Werk des Novalis. Studien zur Wesensbestimmung der frühromantischen Utopie und zu ihren ideengeschichtlichen Voraussetzungen. Heidelberg 1965. 2. Aufl. Tübingen 1994.
– Goethes Urteil über Novalis. Ein Beitrag zur Geschichte der Kri-

tik an der deutschen Romantik. In: Jahrbuch des Freien deutschen Hochstifts 1967. S. 130–270.
– Der poetische Staat. Utopie und Utopiereflexion bei den Frühromantikern. In: Utopieforschung. Interdisziplinäre Studien zur neuzeitlichen Utopie. Hrsg. von Wilhelm Voßkamp. Bd. 3. Frankfurt a. M. 1985. S. 273–302.
– Utopie und Geschichte in Novalis' Rede *Die Christenheit oder Europa*. In: Aurora 52 (1992) S. 1–16.
– Verfremdung und Transparenz. Zur theoretischen Begründung der »Tropen und Räthselsprache« bei Novalis. In: Jahrbuch des Freien deutschen Hochstifts 1992. S. 161–182. [1992a.]
Mahoney, Dennis F.: Die Poetisierung der Natur bei Novalis. Beweggründe, Gestaltung, Folgen. Bonn 1980.
– Novalis' *Glauben und Liebe*, oder die Problematik eines »poetischen Staats«. In: Revolution und Autonomie. Deutsche Autonomieästhetik im Zeitalter der Französischen Revolution. Ein Symposium. Hrsg. von Wolfgang Wittkowski. Tübingen 1990. S. 192–202.
Malsch, Wilfried: *Europa*. Poetische Rede des Novalis. Deutung der französischen Revolution und Reflexion auf die Poesie in der Geschichte. Stuttgart 1965.
Mandelkow, Karl Robert: Kunst- und Literaturtheorie der Klassik und Romantik. In: Europäische Romantik I. Hrsg. von Karl Robert Mandelkow. Wiesbaden 1982. (Neues Handbuch der Literaturwissenschaft. 14.) S. 49–82.
Menninghaus, Winfried: Unendliche Verdopplung. Die frühromantische Grundlegung der Kunsttheorie im Begriff absoluter Selbstreflexion. Frankfurt a. M. 1987.
Molnár, Géza von: Romantic Vision, Ethical Context. Novalis and Artistic Autonomy. Minneapolis 1987.
Naumann, Barbara: »Musikalisches Ideen-Instrument«. Das Musikalische in Poetik und Sprachtheorie der Frühromantik. Stuttgart 1990.
Neubauer, John: Bifocal Vision. Novalis' Philosophy of Nature and Disease. Chapel Hill 1971.
– Intellektuelle, intellektuale und ästhetische Anschauung. Zur Entstehung der romantischen Kunstauffassung. In: Deutsche Vierteljahrsschrift für Literaturwissenschaft und Geistesgeschichte 46 (1972) S. 294–319.
– Novalis. Boston 1980.
– Novalis und der Postmodernismus. In: Geschichtlichkeit und

Aktualität. Studien zur deutschen Literatur seit der Romantik. Fs. Hans-Joachim Mähl zum 65. Geburtstag. Hrsg. von Klaus-Detlef Müller, Gerhard Pasternack, Wulf Segebrecht und Ludwig Stockinger. Tübingen 1988. S. 207–220.

Neumann, Gerhard: Ideenparadiese. Untersuchungen zur Aphoristik von Lichtenberg, Novalis, Friedrich Schlegel und Goethe. München 1976.

O'Brien, William Arctander: Novalis. Signs of Revolution. Durham/London 1995.

Paschek, Carl: Der Einfluß Jakob Böhmes auf das Werk Friedrich von Hardenbergs (Novalis). Bonn 1966.

Peter, Klaus: Stadien der Aufklärung: Moral und Politik bei Lessing, Novalis und Friedrich Schlegel. Wiesbaden 1980.

– Einleitung. In: Die politische Romantik in Deutschland. Eine Textsammlung. Hrsg. von K. P. Stuttgart 1985. S. 9–73.

– Novalis, Fichte, Adam Müller. Zur Staatsphilosophie in Aufklärung und Romantik. In: Novalis und die Wissenschaften, B3: 1997, 239–267.

Samuel, Richard: Die poetische Staats- und Geschichtsauffassung Friedrich von Hardenbergs (Novalis). Studien zur romantischen Geschichtsphilosophie. Frankfurt a. M. 1925.

Schanze, Helmut: Romantik und Aufklärung. Untersuchungen zu Friedrich Schlegel und Novalis. Nürnberg 1966. 2., erw. Aufl. 1976.

Schulz, Gerhard: Novalis in Selbstzeugnissen und Bilddokumenten. Reinbek 1969.

Sohni, Hans: Die Medizin der Frühromantik. Novalis' Bedeutung für den Versuch einer Umwertung der »Romantischen Medizin«. Freiburg i. Br. 1973.

Sommer, Wolfgang: Schleiermacher und Novalis. Die Christologie des jungen Schleiermacher und ihre Beziehung zum Christusbild des Novalis. Bern / Frankfurt a. M. 1973.

Stadler, Ulrich: Hardenbergs »poetische Theorie der Fernröhre«. Der Synkretismus von Philosophie und Poesie, Natur- und Geisteswissenschaften und seine Konsequenzen für eine Hermeneutik bei Novalis. In: Die Aktualität der Frühromantik. Hrsg. von Ernst Behler und Jochen Hörisch. Paderborn/München/Wien/Zürich 1987. S. 51–62.

– Friedrich von Hardenberg / Novalis. Ein Autor, der mehr sein möchte als bloß Poet. In: Metamorphosen des Dichters. Das Selbstverständnis deutscher Schriftsteller von der Aufklärung bis

zur Gegenwart. Hrsg. von Gunter E. Grimm. Frankfurt a. M. 1992. S. 135–150.
– »Ich lehre nicht, ich erzähle«. Über den Analogiegebrauch im Umkreis der Romantik. In: Athenäum. Jahrbuch für Romantik 3 (1993) S. 83–105.
Stockinger, Ludwig: »Tropen und Räthselsprache«. Esoterik und Öffentlichkeit bei Friedrich von Hardenberg (Novalis). In: Geschichtlichkeit und Aktualität. Studien zur deutschen Literatur seit der Romantik. Fs. Hans-Joachim Mähl zum 65. Geburtstag. Hrsg. von Klaus-Detlef Müller, Gerhard Pasternack, Wulf Segebrecht und Ludwig Stockinger. Tübingen 1988. S. 182–206.
– Religiöse Erfahrung zwischen christlicher Tradition und romantischer Dichtung bei Friedrich von Hardenberg (Novalis). In: Religiöse Erfahrung. Historische Modelle in christlicher Tradition. Hrsg. von Walter Haug und Diethmar Mieth. München 1992. S. 361–393.
Strack, Friedrich: Im Schatten der Neugier. Christliche Tradition und kritische Philosophie im Werk Friedrich von Hardenbergs. Tübingen 1982.
Striedter, Jury: Die Fragmente des Novalis als »Präfigurationen« seiner Dichtung. Diss. Heidelberg 1953. Buchausg.: München 1985.
Timm, Hermann: Die heilige Revolution. Das religiöse Totalitätskonzept der Frühromantik. Schleiermacher – Novalis – Friedrich Schlegel. Frankfurt a. M. 1978.
– Universalität und Individuation. Das Konzept des frühromantischen »Christianismus«. In: Romantik in Deutschland. Ein interdisziplinäres Symposion. Hrsg. von Richard Brinkmann. Stuttgart 1978. (Deutsche Vierteljahrsschrift für Literaturwissenschaft und Geistesgeschichte. Sonderbd.) S. 443–462. [1978a.]
Uerlings, Herbert: Novalis und die Weimarer Klassik. In: Aurora 50 (1990) S. 27–46.
– B 2: 1991.
– Novalis in Freiberg. Die Romantisierung des Bergbaus – Mit einem Blick auf Tiecks *Runenberg* und E. T. A. Hoffmanns *Bergwerke zu Falun*. In: Aurora 56 (1996) S. 57–77.
– Tiecks Novalis-Edition. In: Ludwig Tieck. Literaturprogramm und Lebensinszenierung im Kontext seiner Zeit. Hrsg. von Walter Schmitz. Tübingen 1997. S. 135–159.
Vordtriede, Werner: Novalis und die französischen Symbolisten.

Zur Entstehungsgeschichte des dichterischen Symbols. Stuttgart 1963.

Wöbkemeier, Rita: Erzählte Krankheit. Medizinische und literarische Phantasien um 1800. Stuttgart 1990.

6. Lyrik

Davis, William Stephen: »Menschwerdung der Menschen«: Poetry and Truth in Hardenberg's *Hymnen an die Nacht* and the *Journal* of 1797. In: Athenäum. Jahrbuch für Romantik 4 (1994) S. 239–259.

Gardiner, Janet: Novalis. *Das Gedicht*. In: Jahrbuch des Freien deutschen Hochstifts 1974. S. 209–234.

Gumpel, Peter E.: The Structural Integrity of the Sixth of Novalis' *Hymnen an die Nacht*. In: Germanic Review 55 (1980) S. 41–54.

Kaiser, Gerhard: Geschichte der deutschen Lyrik von Goethe bis Heine. Ein Grundriß in Interpretationen. Frankfurt a. M. 1988.

Kommerell, Max: Novalis' *Hymnen an die Nacht* (1942). In: Novalis, B 3: 1970, 174–202.

Kudszus, Winfried: Geschichtsverlust und Sprachproblematik in den *Hymnen an die Nacht*. In: Euphorion 65 (1971) S. 298–311.

Pfaff, Peter: Geschichte und Dichtung in den *Hymnen an die Nacht* des Novalis. In: Text & Kontext 8 (1980) S. 88–106.

Ritter, Heinz: Novalis' *Hymnen an die Nacht*. Ihre Deutung nach Inhalt und Aufbau auf textkritischer Grundlage. Heidelberg 1930. 2., wesentlich erw. Aufl. mit dem Faks. der Hymnen-Handschrift. Heidelberg 1974.

Schrimpf, Hans Joachim: Novalis. *Das Lied der Toten*. In: Die deutsche Lyrik. Form und Geschichte. Hrsg. von Benno von Wiese. Bd. 1 Düsseldorf 1956. S. 414–429. – Rev. wiederabgedr. in: H. J. Sch.: Der Schriftsteller als öffentliche Person. Berlin 1976. S. 107–125.

Schulz, Gerhard: »Mit den Menschen ändert die Welt sich«. Zu Friedrich von Hardenbergs 5. *Hymne an die Nacht*. In: Gedichte und Interpretationen. Bd. 3: Klassik und Romantik. Hrsg. von Wulf Segebrecht. Stuttgart 1984. S. 202–215.

– »Potenzierte Poesie«. Zu Friedrich von Hardenbergs Gedicht *An*

Tieck. In: Gedichte und Interpretationen. Bd. 3: Klassik und Romantik. Hrsg. von Wulf Segebrecht. Stuttgart 1984. S. 245–255. [1984a.]

Seidel, Margot: Novalis' *Geistliche Lieder*. Frankfurt a. M. / Bern / Nancy / New York 1983.

Uerlings, Herbert: Spee – Schiller – Novalis. Frühromantische Religiosität in der Lyrik Friedrich von Hardenbergs. In: Von Spee zu Eichendorff. Zur Wirkungsgeschichte eines rheinischen Barockdichters. Hrsg. von Eckhard Grunewald und Nikolaus Gussone. Berlin 1991. S. 37–60.

Vietta, Silvio: Sprache und Sprachreflexion in der modernen Lyrik. Bad Homburg v. d. H. / Berlin / Zürich 1970.

7. Prosa

Apel, Friedmar: Die Zaubergärten der Phantasie. Zur Theorie und Geschichte des Kunstmärchens. Heidelberg 1978.

Behler, Ernst: Der Roman der Frühromantik. In: Handbuch des deutschen Romans. Hrsg. von Helmut Koopmann. Düsseldorf 1983. S. 273–301.

Diez, Max: Novalis und das allegorische Märchen (1933). In: Novalis, B 3: 1970, 131–159.

Engel, Manfred: Der Roman der Goethezeit. Bd. 1: Anfänge in Klassik und Frühromantik: Transzendentale Geschichten. Stuttgart/Weimar 1993.

Esselborn, Hans: Poetisierte Physik. Romantische Mythologie in Klingsohrs Märchen. In: Aurora 47 (1987) S. 137–158.

Grob, Karl: Ursprung und Aporie. Aporien des Textes. Versuche zu Herder und Novalis. Bonn 1976.

Kittler, Friedrich A.: Die Irrwege des Eros und die »absolute Familie«. Psychoanalytischer und diskursanalytischer Kommentar zu Klingsohrs Märchen in Novalis' *Heinrich von Ofterdingen*. In: Psychoanalytische und psychopathologische Literaturinterpretation. Hrsg. von Bernd Urban und Winfried Kudszus. Darmstadt 1981. S. 421–470.

Kreuzer, Ingrid: Novalis' *Die Lehrlinge zu Sais*. Fragen zur Struk-

tur, Gattung und immanenten Ästhetik. In: Jahrbuch der Deutschen Schiller-Gesellschaft 23 (1979) S. 276–308.
Kuzniar, Alice: Hearing Woman's Voices in *Heinrich von Ofterdingen*. In: Publications of the Modern Language Association 107 (1992) S. 1196–1207.
Leroy, Robert / Pastor, Eckart: Die Initiation des romantischen Dichters. Der Anfang von Novalis' *Heinrich von Ofterdingen*. In: Romantik. Ein literaturwissenschaftliches Studienbuch. Hrsg. von Ernst Ribbat. Königstein i. Ts. 1979. S. 38–57.
Leusing, Reinhard: Die Stimme als Erkenntnisform – zu Novalis' Roman *Die Lehrlinge zu Sais*. Stuttgart 1993.
Mahoney, Dennis F.: »Stages of Enlightenment«: Lessing's *Nathan der Weise* and Novalis's *Heinrich von Ofterdingen*. In: Seminar 23 (1987) S. 200–225.
– The Critical Fortunes of a Romantic Novel. Novalis's *Heinrich von Ofterdingen*. Columbia 1994.
Mandelkow, Karl Robert: Der Roman der Klassik und Romantik. In: Europäische Romantik I. Hrsg. von Karl Robert Mandelkow. Wiesbaden 1982. S. 393–428.
Molnár, Géza von: Novalis' »blaue Blume« im Blickfeld von Goethes Optik (1973). In: Novalis, B 3: 1986, 424–449.
Neubauer, John: The Mines of Falun: Temporal Fortunes of a Romantic Myth of Time. In: Studies in Romanticism 19 (1980) S. 475–495.
Pfaff, Peter: Natur-Poesie. Zu den *Lehrlingen zu Sais* des Novalis. In: Was aber bleibet stiften die Dichter? Zur Dichter-Theologie der Goethezeit. Hrsg. von Gerhard vom Hofe, Peter Pfaff, Hermann Timm. München 1987. S. 89–103.
Pfotenhauer, Helmut: Aspekte der Modernität bei Novalis. Überlegungen zu Erzählformen des 19. Jahrhunderts, ausgehend von Hardenbergs *Heinrich von Ofterdingen*. In: Zur Modernität der Romantik. Hrsg. von Dieter Bänsch. Stuttgart 1977. S. 111–142.
Samuel, Richard: Novalis. *Heinrich von Ofterdingen*. In: Der deutsche Roman. Struktur und Geschichte. Hrsg. von Benno von Wiese. Bd. 1. Düsseldorf 1963. S. 252–300.
Schulz, Gerhard: Die Poetik des Romans bei Novalis. In: Jahrbuch des Freien deutschen Hochstifts 1964. S. 120–157. – Wiederabgedr. in: Deutsche Romantheorien. Hrsg. von Reinhold Grimm. Frankfurt a. M. 1968. S. 81–110.
– Novalis: *Heinrich von Ofterdingen*. In: Romane des 19. Jahrhunderts. Interpretationen. Stuttgart 1992. S. 109–143.

Schumacher, Hans: Narziß an der Quelle. Das romantische Kunstmärchen: Geschichte und Interpretationen. Wiesbaden 1977.
Stadler, Ulrich: »Die theuren Dinge«. Studien zu Bunyan, Jung-Stilling und Novalis. Bern 1980.
– Novalis: *Heinrich von Ofterdingen* (1802). In: Romane und Erzählungen der deutschen Romantik. Neue Interpretationen. Hrsg. von Paul Michael Lützeler. Stuttgart 1981. S. 141–162.
Striedter, Jury: Die Komposition der *Lehrlinge zu Sais* (1955). In: Novalis, B 3: 1970, 259–282.
Thalmann, Marianne: Das Märchen der Moderne. Zum Begriff der Surrealität im Märchen der Romantik. Stuttgart 1961.
Vietor, Sophia: Das Wunderbare in den Märchen von Goethe und Novalis. Halle/Zürich 1995.
Walzel, Oskar: Die Formkunst von Hardenbergs *Heinrich von Ofterdingen* (1915/19). In: Novalis, B 3: 1970, 36–95.
Wetzels, Walter D.: Klingsohrs Märchen als Science-Fiction. In: Monatshefte 65 (1973) S. 167–175.

Verzeichnis der Abbildungen

Der Verlag Philipp Reclam jun. dankt für die Reproduktionsgenehmigung den Rechteinhabern, die durch den Genehmigungsvermerk bezeichnet sind. Für einige Abbildungen waren die Inhaber der Rechte nicht festzustellen. Hier ist der Verlag bereit, nach Anforderung rechtmäßige Ansprüche abzugelten.

Namenregister

Bei den Mitgliedern der Familie Hardenberg und den Personen aus deren engster Umgebung sind alle Vornamen aufgeführt, die Rufnamen sind kursiv gesetzt.